KB075820

레드 예니

Die Rote Jenny: Ein Leben Mit Karl Marx

DIE ROTE JENNY: EIN LEBEN MIT KARL MARX
by Heinz Frederick Peters

© 1984 by Kindler Verlag GmbH, Munich

Korean Translation Copyright © 2015 by Maybooks
All rights reserved.

The Korean language edition is published by arrangement with Rowohlt
Verlag GmbH through MOMO Agency, Seoul.

카를 마르크스와 함께한 삶,
예니 마르크스 평전

레드 예니

Die Rote Jenny: Ein Leben Mit Karl Marx

하인츠 프레데릭 페터스 지음

김보성 외 옮김 · 이재유 감수

오월의봄

차례

들어가는 말

예니가 영국에 도착했을 때 출입국 카드에는 '카를 마르크스 부인, 바로네스 예니 폰 베스트팔렌 가문'이라고 적혀 있었다. 그렇지만 그녀가 자신이 귀족 출신이라는 것을 강조함으로써 영국 사람들에게 깊은 인상을 줄 수 있다고 생각했다면, 이는 오해였을 것이다. 영국 사람들은 그녀가 살아 있는 동안에도, 그 이후에도 그녀에 대해 거의 아는 바가 없었다. 붉은 메시아 roten Messias의 이름이 전 세계에 긍정적인 또는 부정적인 반응을 불러일으켰을 때에도, 즉 카를 마르크스의 이름을 둘러싼 전쟁의 소용돌이 속에서도 그녀의 이름은 희미한 메아리로만 남아 있었다. 그러나 예니는 거의 40년 동안 카를 마르크스의 부인이었고, 프롤레타리아트 독재의 건설을 통해서만 자본주의의 저주에서 벗어날 수 있을 것이라는 그의 말을 굳게 믿고 살았던 사람이었다. 예니는 마르크스가 망명생활을 할 때 겪었던 모든 불행을 같이 나누었고, 읽기 힘든 원고들을 다시 옮겨 적었으며, 빚쟁이들과 싸웠고, 마르크스에게 식사를 차려주었고, 그의 일곱 아이들을 낳았다.

두 사람이 결혼했던 1843년에 그녀의 나이는 마르크스보다 네 살 많은 스물아홉 살이었다. 그러나 그녀의 운명은 결혼하기 전부터 마르크스의 운명과 얽혀 있었다. 예니는 마르크스의 소꿉동무였고, 소년 시절 마르크스가 비밀을 털어놓을 만큼 절친한 친구 사이였으며, 비밀리에 약혼한 이후에는 성서의 7년(구약성서 출애굽기 20장 2절에 다음과 같은 구절이 나온다. "여섯 해 동안 종살이를 하던 사람이 일곱 해가 되면, 아무런 몸값을 내지 않고서도 자유의 몸이 된다."—옮긴이) 동안 그의 약혼녀로 지냈다. 예니는 명랑하고 아름다운 아가씨였다. 아버지의 고향인 트리어의 미의 여왕이어서 많은 젊은 사무관들과 법관들이 그녀가 자신의 여인이 되길 꿈꿨다. 하지만 그녀는 모든 청혼을 거절했다. 왜냐하면 그녀의 인생에는 오로지 한 사람뿐이었고, 좋든 싫든 그녀는 그의 것이었다.

사람들은 흔히 모든 위대한 남성 뒤에는 여성이 있다고 말한다. 그 남성을 이해하기 위해서는 '여성을 탐구해야 한다'고 말한다. 위대한 남성의 뒤에 있는 여성이 예술, 음악, 과학, 사업이나 정치에 대해 그가 가진 열정의 희생자라는 것은 사실이다. 예니는 그렇다는 것을 알았고, 많은 근대 여성들과 다르게 기꺼이 그 사실을 받아들였다. 사랑하는 남편 카를에게 보낸 편지에서 그녀는 "여성의 사랑은 남성의 사랑과 다르며, 달라야만 한다"[1]고 썼다. 그녀는 여성은 남성을 위해 희생해야 한다고 암시했다. 인간적인 행복의 측면에서 예니가 얼마나 많이 희생했는지 독자들은 판단할 수 있을 것이다. 나는 한 여성의 고단한 운명을 동정하기 위해서가 아니라 우리를 편집증적인 것으로 몰아가려는 것이 위험하다는 것을 보여주기 위해 이 책을 썼다. 인류 역사의 각 시기는 열정적인 사람, 인류를 약속의 땅으로 이끌고 가려는 세계 구원자의 역할을 말하고 있다. 이러한 사람들을 추종하는 사람들에게는 자신의 적들에게 영원한 저주를 퍼부어야 한다는 맹목적인 믿음이 필요하다. 이들의 권위는 해야 한다 그리고 하지 말아야 한다는 명령에서 나온다.

《공산당 선언》의 10개 항목은 내용과 형식 면에서 성경의 십계명과 아주 다르지만, 그 영향 면에서는 다르지 않다. 새로운 세계질서의 예언자로서 마르크스를 존경하고 있는 수백만의 사람들에게 이 10개 항목은 오늘날 여전히 사람들의 삶을 담금질하는 교리라고 할 수 있다.

마르크스가 예니 폰 베스트팔렌과 결혼했을 때 그는 산업혁명의 결과로 임금노동자와 자본가의 계급 격차가 계속 커지다 마침내 폭발하면서 주인과 노예, 지배자와 피지배자, 부자와 빈자라는 전통적인 사회계급 분할 상태가 지양된다는 역사의 법칙을 막 발견하려던 참이었다. 산업사회에서 프롤레타리아트의 혁명적인 권력 장악은 중력법칙에 견줄 만한 것이었다. 낡은 체제는 무너질 것이고 모든 곳에서 공산주의 체제가 수립될 것이다. 이미 정해진 역사적 과정에서 그의 역할은 전 세계의 노동자들에게 그들의 명백한 운명을 상기하고, 그들에게 다가올 혁명을 위한 지적 무기를 주는 것이었다. 청년 마르크스는 이 속에서 자신의 삶의 과제를 보았다.

이러한 목표를 추구하는 남편을 둔 여성의 삶이 결코 평탄하지 않을 것이라는 점은 미루어 짐작할 수 있다. 예니는 자신의 약혼자가 정치에 뛰어들려 한다는 말을 들었을 때 미래를 걱정했다. 그러나 그에 대한 그녀의 사랑은 미래에 대한 불안을 뛰어넘었다. 또한 그녀는 마르크스가 '영원히 울고 있는 예니'에 대해 불평할 때나, 육체적으로나 정신적으로 아팠던 몹시 힘든 시절에조차 그의 곁을 지켰다. 고단한 삶을 마치고 그녀는 1881년 12월 그의 팔에 안겨 숨을 거두었다.

그렇지만 비록 마르크스와 결혼하던 1843년 6월 어느 날에 그녀가 자기 앞에 펼쳐질 것이 무엇인지 알았다고 하더라도, 그녀는 흔들리지 않았을 것이다. 하지만 마르크스는 지난날을 회상하며 미래의 사위인 폴 라파르그에게 다음과 같이 편지를 썼다.

> 자네도 알다시피 혁명적 투쟁에 나의 모든 힘을 다 바쳤다네. 나는 후회하지 않는다네. 다시 살아야 한다고 하더라도 똑같이 살 거야. 그렇지만 결코 결혼은 하지 않을 걸세. 내게 힘이 있는 한 내 딸의 어머니의 삶을 망가뜨린 불행에서 내 딸을 구해내고 싶네.[2]

혁명적 마르크스주의자들과 그들의 반대자들 사이에서 여전히 이어지고 있는 거대한 드라마라는 암초에 걸려 수많은 삶들이 만신창이가 되었다. 그리고 공산주의 사회가 현존하고 있는 세계 여러 지역에서조차 '인간의 얼굴을 한 공산주의'에 관한 문제는 지금까지 해결되지 못하고 있다. 공산주의 이념이 인간은 단지 유물론적 결정론의 역사적 과정에 묶인 존재이며, 개인의 모든 영감, 희망, 꿈들은 집단 의지에 종속될 수밖에 없다는 비인간적인 관념에 기초해 있기 때문에 인간적인 해결책을 찾을 수 없는 것이다. 예니 마르크스는 이러한 운명적인 신념의 소용돌이 가운데서 살다가 숨을 거두었다.

1. 예니, 태어나다

예니의 출생을 둘러싼 정황은 명확히 밝혀지지 않았다. 예니 폰 베스트팔렌은 1814년 2월 12일 독일 북부의 작은 도시 잘츠베델에서 태어났다. 그녀는 1813년 5월 어느 날에 잉태되었을 것이다. 그렇지만 나폴레옹 전쟁의 우여곡절로 인해 그녀의 부모는 이 시기를 함께 보내지 못했다. 프랑스 지배 아래 있던 잘츠베델의 영향력 있는 관료였던 그녀의 아버지 루트비히 폰 베스트팔렌은 1813년 4월 1일 반역죄로 프랑스인에 의해 체포되어 잘츠베델에서 수백 킬로미터 떨어져 있는 도시 기프호른의 요새에 수감되었다. 예니에 관한 전기를 쓴 옛 동독의 전기 작가 루이제 도르네만(《예니 마르크스: 한 여성 사회주의자의 생애Jenny Marx.: Der Lebensweg einer Sozlalistin》)의 말대로 예니의 아버지가 기프호른 요새 감옥에 3개월 동안 있었다면 그가 감옥에 가기 전에도, 그리고 출감하여 고향에 돌아온 후에도 결코 예니의 아버지가 될 수 없었을 것이다. 서독의 예니 전기 작가 루츠 그라프 슈베린 폰 크로지크(《예니 마르크스: 카를 마르크스 그늘 아래서의 사랑 그리고 불행Jenny Marx : Liebe und Leid im Schatten von Karl Marx》)는 그녀의 아버지가 3주 만에 석방되어 다시 체포되기 전까지 약 한 달 동안 부인과 함께 지냈다는 좀 더 그럴듯한 설명을 하고 있다. 이에 따르면 예니는 부모님이 기쁨의 재회를 하고 근심으로 가득 찬 이별을 한 지 1년 뒤에 태어났다.

예니의 아버지 루트비히 폰 베스트팔렌은 필리프 폰 베스트팔렌과 그의 스코틀랜드인 아내 지니 위샤트 사이에서 태어난 네 명의 아들 중 막내였다. 그는 인간적으로 매우 따뜻했으며 자유주의 이념과 문학에 관심이 있던 사람이었다. 그러나 그의 아버지가 풍부하게 가지고 있었던 두 가지 자질인 의지력과 결단력이 부족했다. 이 점에서 예니는 그녀의 아버지보다 할아버지를 더 닮았다. 시민계급이었던 가족을 귀족의 반열로 올려놓은 인물이 바로 필리프였다. 그는 자식들에게 작위와 재산을 남겨주었으며, 이에 대해 예니는 할아버지에게 매우 고마워했다. 마르크스 역시 아내가 프로이센 귀족 출신이라는 것을, 또한 예니가 망명생활 시절에 아이들의 빵을 사기 위해 조부모에게서 물려받은 은과 아마포로 짠 무늬 비단을 여러 번 전당포로 가지고 갈 수밖에 없었던 사실을 자랑스럽게 여겼다.

18세기 중반까지 베스트팔렌 사람이라고 불렸던 베스트팔렌 가족이 무명의 시민계급에서 상류사회의 저명인사로 신분이 올라갔다는 사실은 의미 있는 사건이며 당연히 주목할 만하다. 이는 예니의 삶에도 엄청난 영향을 미쳤기 때문이다.

필리프의 아버지 이사크 크리스티안 베스트팔은 하노버의 우체국장이었고 말년에는(그는 1753년 사망했다) 브라운슈바이크에서 궁정 우체국장을 역임했다. 다비드, 야콥, 아브라함과 같은 구약성서의 이름들이 기독교 집안에서 세례명으로 종종 사용되긴 했지만, 이사크라는 이름은 필리프의 아버지가 유대교인이라는 걸 짐작하게 해준다. 그러나 이사크란 이름은 영국에선 아이작 뉴튼, 아이작 와츠 등의 예에서처럼 비유대인 집

안의 세례명으로도 빈번하게 쓰인다. 그 이름이 독일에서 드물게 사용된다고 해서 예니의 할아버지 이사크 베스트팔이 유대인 태생이라고 할 수는 없다.

가문의 족보를 거슬러 추적하기 위한 모든 노력은 실패했다. 또한 반유대주의 정서를 가지고 있던 프로이센 정부 내무부 장관이었던 예니의 이복오빠이자 가족 역사학자 페르디난트 폰 베스트팔렌이 그의 증조부 이전까지 거슬러 올라가는 계보 연구는 수행하지 않았는데, 그가 알고 싶지 않은 사실을 발견하게 될까봐 두려워 연구를 그만두었다고 추측해볼 수 있다.

예니의 증조부가 그 당시 가톨릭교도였는지, 청교도였는지 또는 유대교인이었는지 하는 것은 상대적으로 비본질적인 것이어서 도대체 왜 이러한 고찰을 해야 하는지 의문을 제기할 수 있다. 그렇지만 유감스럽게도 고찰이 필요하다. 다음과 같은 경우는 반유대인 정서가 늘 강하게 존재했음을 보여준다. 실로 마르크스는 〈유대인 문제에 대하여〉라는 자신의 논문에서 고대 랍비 가문의 자손들에게는 책임이 없다고 말하면서도, 화폐야말로 이스라엘의 참된 신이라고 주장했다. 자신의 증조부가 유대인일 수 있다는 것이 불쾌했던 예니의 이복오빠 페르디난트는 청년 마르크스의 반유대인 정서가 담긴 이 논문에 동의했다. 그러나 페르디난트의 아버지는 이 논문에 동의하지 않았을 것이며 그의 조부이며 가족들에게 명예와 부를 물려준 크리스티안 하인리히 필리프 역시도 결코 동의하지 않았을 것이다.

필리프 폰 베스트팔렌은 1724년에 블랑켄부르크 하르츠에서 태어났으며 할레와 헬름슈테트 대학에서 법학을 공부했고 대학을 졸업한 후에 젊은 귀족과 함께 유럽 대륙 순회 여행을 떠났다. 이 여행은 독일 귀족 자제들의 전통적인 교육과정이었다. 이 여행에서 그의 동행인이 어떤 것을 얻었는지는 알 수 없지만 필리프는 이 여행을 통해 탐구심을 기를 수 있었고, 프랑스어, 이탈리어, 영어를 유창하게 구사할 수 있게 되었다.

1751년 그가 독일로 돌아왔을 때 필리프보다 겨우 세 살 많은 프로이센의 육군 장군 페르디난트 폰 브라운슈바이크-볼펜뷔텔 공작은 그에게 자신의 개인 보좌관 자리를 제안했다. 두 젊은이 사이의 공식적인 관계는 곧 친구 관계로 무르익었다. 공작은 필리프를 자신의 분신이라고 생각했고, 영국에서 여우 사냥을 하거나 프로이센 군사 작전을 수행하는 동안 그에게 개인적인 서신 관리와 재정, 공작 가문의 운영을 맡겼다. 그는 두 나라의 왕족들과 관계를 맺었고, 용기와 품성으로 모두에게 존경받았다. 1756년 7년전쟁의 발발은 페르디난트 폰 브라운슈바이크에게 그의 군사력을 증명할 기회를 제공했고, 필리프에겐 군사 작전을 계획하고 수행하는 비범한 능력을 보여줄 기회를 주었다.

마땅히 7년전쟁(1756~1763)을 제1차 세계대전이라고 부를 수 있다. 왜냐하면 비록 전쟁의 주요 무대는 유럽이었지만 결정적인 전투는 다른 대륙에서 일어났는데, 거기서 양대 식민 국가인 영국과 프랑스가 싸웠기 때문이다. 하지만 7년전쟁이 일어난 원인은 두 세력 간의 오래된 적대감 때문이 아니라 프로이센의 왕인 프리드리히 대제의 침략 행위 때문이었다. 그는 자신의 회고록에서 야심 때문에 그리고 사람들이 자신을 알아주길 원했기 때문에 전쟁을 결심했다고 썼다. 그것은 위험한 도박이었다. 오스트리아, 프랑스, 러시아로 이루어진 유럽 국가들의 연합체와 맞서야 했기 때문이다. 오직 영국만이 그의 편이었고 자금과 군대를 지원했다.

독일 내에서 프리드리히의 유력한 동맹자였던 페르디난트 폰 브라운슈바이크는 1756년 전쟁이 일어났을 때 연합부대의 총사령관으로 임명되었다. 이 연합부대는 영국과 하노버-브라운슈바이크, 헤센 그리고 작센-고타의 부대로 이루어진 약 5만 명 규모의 부대였다. 그는 프리드리히가 오스트리아와 러시아에 맞서 싸우는 동안 프랑스를 저지하라는 명령을 받았는데 이는 만만치 않은 일이었다. 프랑스 군대는 페르디난트의 군대보다 두 배 이상 수가 많았고 리슐리외 공작과 마샬 브로글리 같은 뛰어난 장군들이 이끌었기 때문이었다. 그런데도 페르디난트가 성공했다는 사실은 그의 지도력을 잘 보여주는 것이었다. 모든 전투에서 그는 부대의 맨 앞에 섰고, 그를 본보기로 부대의 병사들은 용감하게 적을 격퇴했다. 그리고 7년 동안 프랑스를 저지했다.

세상은 페르디난트를 승리자로 찬미했지만 그는 이 승리가 오직 자신의 보좌관 필리프 베스트팔렌의 천재적인 전략 설계 때문이라는 것을 잘 알았다. 필리프는 모든 전투에 앞서 페르디난트에게 교전계획서를 넘겨주었는데, 이 교전계획서는 밤에 미리 작성되었으며 거기에는 언제 어디서 공격을 개시해야 할지가 정확하게 정리되어 있었다. 수백 개의 교전계획서가 전해오고 있다. 여기에는 전방의 어떤 측면에서 공격해야 하는지, 어디로 퇴각해야 하는지, 적의 전열을 어떻게 해야 더 붕괴시킬 수 있는지, 월등한 적을 어떻게 지속적으로 유인 공격해야 하는지가 정확한 프랑스어로 적혀 있다. 필리프는 비범한 군사적 능력이 있었다. 그는 전진과 후퇴, 유인 그리고 추격을 제안했다. 또 적의 강점과 약점에 대해 정확하게 분석했고, 기병부대가 언제 공격해야 하고 보병부대가 언제 돌격해야 하는지 공작에게 조언했다. 요컨대 그는 페르디난트의 참모장이었다.

게다가 필리프는 전쟁 내내 공작의 이름으로 프로이센 왕, 영국 왕과 상세한 서신을 주고받았다. 그는 연합 군대의 현 상황에 대해 지속적으로 그들의 관심이 집중되도록 만들면서 보충 부대를 요청하거나 재정 지원을 요구했다. 영국이 주로 재정 지원을 책임졌기 때문에 필리프는 영국의 수상 윌리엄 피트에게 장문의 편지를 써야 했다. 이는 엄청난 외교적인 재능을 요구하는 매우 까다로운 작업이었다. 왜냐하면 피트가 일정한 액수를 받아들인 후에도 이 돈은 의회의 승인을 받아야 했고 재무부를 거쳐 지급되어야 했기 때문이었다. 이런 모든 과정을 거쳐 영국 돈이 하노버에 도착한 후에도 자금을 얻기 위해 필리프는 독일 정부의 몇몇 관료들과 싸워야 했다. 그런 후에야 그는 자기 부대를 위해 돈을 쓸 수 있었다. 모든 군대 관료들이 멍청이거나 악당이라고 생각했던 프리드리히 대제는 이 영역에서 필리프의 재능에 강한 인상을 받았고 영국 역시 그랬다. 그래서 그에게 고급부관(주로 장성들 중에서 임명된다—옮긴이)의 칭호와 연간 200파운드의 연금을 주었다. 그러나 영국은 필리프에게 돈과 칭호보다 훨씬 더 중요한 것을 주었다. 그는 영국인 가운데서 인생의 여인을 찾은 것이다.

격렬한 전쟁의 한복판에서 필리프가 에든버러 목사의 딸인 지니 위샤트를 만난 것은 연애소설 같은 일이었다. 서로 너무나 다른 배경과 성격을 지닌 두 사람(근엄하고 꼿꼿한, 전쟁을 이끄는 데 전적으로 헌신하는 마흔 살의 독일 남성과 그의 나이보다 절반은 어린 명랑한 스코틀랜드 여성)의 만남은 믿기 어려운 것이었다. 지니는 독일에 주둔하고 있는 영국군 총사령관이었던 백위스 장군과 결혼한 언니를 방문하기 위해 독일에 왔던 것 같다. 독일에 머무르는 동안 그녀는 페르디난트 공작의 독일 군대와 영국 군대 사이의 연락장교가 공적이 매우 큰 사람이며 군대에서 신임이 두터운 사람으로 영어를 잘할 뿐만 아니라 전쟁에서 일어난 일을 누구보다 잘 설명할 수 있는 사람이라는 소리를 들었다. 그녀는 형부인 백위스 장군에게 이 독일 장교를 영국군 사령부에서 열리는 저녁 만찬에 초대해야 한다고 요구했다. 필리프는 이 자리에서 지니를 만났으며 그녀의 마음을 사로잡았다. 첫눈에 둘은 사랑에 빠졌다.

그러나 전쟁이 지속되는 한 사랑을 위한 시간은 없었다. 게다가 필리프는 지니의 부모님에게 결혼 승낙을 받아야 했다. 페르디난트가 영국 정부에 구두 형식의 전쟁보고서를 전달하기 위해 필리프를 영국으로 보내자 그는 지니의 부모님을 만날 수 있었다. 필리프는 임무를 마친 뒤 에든버러에 가서 정식으로 그녀의 아버지에게 그녀와 결혼하게 해달라고 간청했다. 지니가 독일에서 독일군 장교에게 반했다는 사실을 몇 달 전에 이미 알고 있었던 조지 위샤트는 필리프의 모습과 행동에 깊은 인상을 받아 결혼을 승낙했다. 예비 사위와 허물없는 대화를 나눈 그는 필리프에게 위샤트 가문이 스코틀랜드에서 가장 오래된 귀족 가문인 아가일 가문, 앵거스 백작 가문과 친척

관계라는 것을 말해주었다. 이 가문의 가장 유명한 조상 중 하나는 카를 2세의 명령에 따라 대역죄로 에든버러 광장에서 사형되었던 아가일의 8대손 백작이라고 했다. 아가일 가문 계보를 추적한 좀 더 새로운 연구에 따르면 그 유명한 조상은 아가일의 2대손 백작이지 8대손 백작이 아니라고 한다. 그러나 사형당한 백작들의 운명은 베스트팔렌 가문의 소중한 대화 주제였으며, 마르크스 역시도 이 사실을 자랑스럽게 말했다. "내 아내의 스코틀랜드 조상 중 한 분은 독립전쟁에서 제임스 2세에 대항해 자유를 쟁취하기 위한 전쟁을 벌였던 반역자였고 에든버러의 광장에서 사형당한 사람이다."[1]

필리프가 예비 아내의 귀족 혈통 선조들에게 깊은 인상을 받았는지는 논란의 여지가 있다. 그는 자의식과 자부심이 강한 사람이었다. 그의 아버지가 일개 우체국장이었다는 사실, 그리고 그가 아는 한 조상들 가운데 귀족과 인연이 있는 사람이 아무도 없었다는 사실은 그에게 전혀 중요한 일이 아니었다. 그에게 중요한 것은 그의 아내가 독일을 모국처럼 느끼며 아름다운 집에서 평안하게 살 수 있도록 하는 것이었다. 그러기 위해서 그는 돈이 필요했다. 그가 영국에서 받는 200파운드의 연금과 페르디난트에게 받는 500탈러를 검소한 생활을 하며 관리하면, 전쟁이 끝날 무렵에는 대농장을 하나 사서 지니와 결혼하여 대지주로 정착할 수 있을 터였다. 그리고 그는 바로 그렇게 했다.

7년전쟁은 1763년에 끝났다. 1년 후 필리프는 브라운슈바이크 공작령에 있는 농장을 샀다. 그는 같은 해 전쟁 공로를 인정받아 귀족 작위를 받았다. 그래서 1765년 지니 위샤트와 결혼할 때는 시민 필리프 베스트팔렌이 아닌 필리프 폰 베스트팔렌 남작이었다. 그의 친구이자 후원자인 페르디난트 공작은 전쟁 후에도 그가 자기 밑에서 계속 복무하길 바랐지만 필리프는 거절했다. 여생을 사랑하는 아내 곁에서, 그녀를 즐겁게 해주고 그녀에게 독일어를 가르치면서 보내기로 결심했기 때문이다. 지니는 비록 사랑스러운 스코틀랜드식 억양을 죽을 때까지 간직하기는 했지만 독일어를 빠르게 배웠고 곧 잘할 수 있게 되었다. 그녀는 독일 친구들과 지인들이 지니라는 이름을 예니로 발음하는 것에 익숙해졌다. 기록에 따르면 그들의 결혼생활은 행복했고 네 아이를 낳았다.

그녀가 가장 사랑했던 아이는 막내아들 요한 루트비히였는데, 루트비히는 엄마의 매력을 아주 많이 물려받았다. 하지만 아버지의 야심과 추진력은 제대로 물려받지 못했다. 그의 아버지의 성격은 7년전쟁을 통해 형성되었던 반면, 루트비히의 성격은 프랑스혁명과 나폴레옹에게서 전혀 영향을 받지 못했다.

그는 1770년 보르눔에서 태어나 유복한 어린 시절을 보내고 이후 아버지가 구매한 메클렌부르크의 대농장 브뤼허에서 지냈다. 그리고 형들처럼 브라운슈바이크의 카롤리눔 학교에 다녔다. 그 뒤 비록 정신과학에 훨씬 더 관심이 있었지만 괴팅엔 대학에서 법학을 공부했다. 그는 셰익스피어와 단테, 프랑스 고전 작가들을 사랑했다. 그가 스물두 살이 되었을 때 아버지가 사망했고 가족의 재산이 많지 않았기 때문에 그는 곧 일자리를 찾아야 했다. 교수들의 추천으로 그는 1794년 1월에 브라운슈바이크 공국 최고법원의 판사 시보 자리를 얻었다. 그리고 4년 뒤에 재정국 고문관으로 승진했다. 1797년 그는 대지주의 귀족 딸인 리제트 폰 벨트하임과 사랑에 빠졌고, '그녀에게 중요한 존재가 되기 위해' 직업을 포기하고 대부분 빌린 돈으로 땅을 사 대지주가 되었다. 6년 동안 그는 자신과 전혀 어울리지 않는 일을 하며 아내와 자식들을 부양하려 애썼다. 그는 머리도 마음도 농사와 전혀 맞지 않는 사람이었다. 그는 아내를 기쁘게 해주려고 라체부르크 근처의 론데스하겐을 샀지만, 리제트조차 이것을 성급한 결정으로 여겼다. 고작 3년 후에 그는 이 땅을 되팔아서 큰 농장을 사기로 결심했고, 이런 투기로 돈을 벌 수 있길 빌었다. 그는 새로 생긴 땅을 함부르크의 부유한 상인에게 되팔 수 있을 거라고 생각했지만 그것은 착각이었다. 1804년 대지주가 되어보겠다는 그의 꿈은 산산조각이 났고 루트비히는 다시 브라운슈바이크의 공무원이 되어야 했다.

루트비히 폰 베스트팔렌은 네 아이의 아버지가 되었다. 맏이이면서 가장 성공한 페르디난트는 1799년에 태어났고, 1년 뒤에 딸 리제트가 태어났다. 둘째아들 카를이 1803년에, 마지막으로 1807년 아내가 갑작스럽게 죽기 몇 달 전에 프란치스카가 태어났다. 눈에 거슬릴 정도로 유별난 귀족적인 태도를 보였지만 그래도 너무나 사랑했던 아내를 잃은 슬픔으로 그는 큰 충격을 받았다. 다행히도 스코틀랜드 출신의 그의 어머니가 여전히 살아 있어서 그의 가정 살림을 맡아줄 수 있었다.

1807년은 루트비히 폰 베스트팔렌에게만 충격적인 해가 아니었다. 나폴레옹이 유럽에서 위대한 승리를 거둔 해였고 프로이센의 운명을 확정짓는 틸지트 조약Vertrages von Tilsit이 체결된 해였다. 브라운슈바이크는 독립된 공국의 지위를 잃고 정치적 산물의 일부가 되었다. 그는 곧 나폴레옹의 막내동생 제롬이 통치하는 베스트팔렌 왕국에 속하게 되었다. 이 때문에 루트비히는 더 이상 관료로 남아 있을 수 없었다. 그는 가족들과 함께 프로이센으로 이주하여 그곳에서 공무원 자리를 얻거나, 아니면 살던 곳에 남아 프랑스 행정부를 위해 일해야 했다. 그는 후자를 선택하기로 결정하고 프랑스 통치하에 있던 할버슈타트 지사의 사무국장이 되었다. 사람들은 그의 이러한 결정을 못마땅해했다. 프랑스와 7년 동안 싸운 아버지의 유산을 배신한 것은 아닌가? 그는 아마 가족들을 위해 그렇게 할 수밖에 없다고 대답했을 것이다. 혼란의 시대였고 '살아남을 사람만 살아남는' 시대였다. 모두가 스스로 살 길을 찾아야 했다. 그의 어머니는 그를 전적으로 뒷바라지했고, 그와 함께 살면서 아이들을 돌봐주었다.

어머니의 스코틀랜드식 지당한 충고가 없었더라면 상충하는 의무들을 수행하는 것이 몹시 어려웠을 것이다. 예를 들어 1809년 프랑스에 의해 면직된 브라운슈바이크-오엘스의 프리드리히 빌헬름 공작이 자신의 무장 조직인 '검은 군대'와 함께 할버슈타트로 진군하여 그 도시를 점령했을 때 루트비히에게는 희망이 없어 보였다. 이 공작이 그의 합법적인 군주였기 때문이었다. 그러나 지니는 경쾌한 영어 억양의 독일어로 이 공작에게 프랑스인 지사 밑에서 일하던 사무국장이 지금 없다고 알렸다. 이러한 핑계는 나름 설득력이 있었다. 그는 이전 지사에게 배반과 관련한 처벌을 받지 않았기 때문이었지만 곧 프랑스에 의해 북독일의 작은 마을 잘츠베델로 이직되었다. 그리고 비로소 안도의 한숨을 쉬었을 것이다. 그는 도시 행정개혁에 대한 명령권이 있는 부지사에 임명되었고 열심히 아주 효과적으로 이러한 개혁 과제에 몰두했다. 경제와 상업이 번창했고, 잘츠베델 시민들은 무관의 시장과 '루스티크 왕König Lustik'으로 불리길 원했던 프랑스 왕 제롬에게 만족했다.

몇 년 동안 전쟁은 계속되었다. 잘츠베델은 루트비히와 그의 가족들에게 평화의 오아시스를 제공한 공간이었다. 프로이센의 애국자들이 나폴레옹에 대항해 해방 전쟁을 준비하고 있었지만, 그는 문학적 흥미를 위한 여가활동과 좋은 친구들과의 사교생활을 즐겼고, 어머니의 도움을 받아 네 아이들이 사랑이 넘치는 집에서 행복한 어린 시절을 보내는 데 주의를 기울였다.

어머니가 돌아가시기 1년 전인 1810년 그는 총명하며, 좋은 교육을 받은 평민 출신의 여성 카롤리네 호이벨을 만났다. 그녀는 서른다섯 살이었고 미인은 아니었지만 밝고 마음이 따뜻했다. 전형적인 독일 중류층 특성을 지닌, 곧 부지런하며 결단력 있고 천부적으로 건전한 양식을 지닌 풍부한 여성이었다. 그들이 어떤 상황에서 어떻게 만났는지 모르지만 고향 도시에서 가장 영향력이 있는 사람 중 한 명인 베스트팔렌 남작이 그녀에게 청혼했을 때 그녀가 경외심을 품었다는 것을 알 수 있다. 그녀는 그가 5년 동안 홀아비였다는 것, 얼마 전에 그를 위해 집안일을 하던 어머니가 돌아가셨다는 것 그리고 그에게 배우자가 필요하다는 것을 알고 있었다. 카롤리네는 기꺼이 루트비히의 청혼을 받아들였다. 왜냐하면 "어떤 남자와도 비교할 수 없는 훌륭한 영혼과 지성을 지닌 남자에게 운명이 이끌어주었기"[2] 때문이었다. 루트비히가 1842년에 죽기까지 30년 동안 그녀는 헌신적인 아내이자 리제트가 낳은 네 아이와 자신이 낳은 세 아이의 어머니로 살았다.

그녀의 첫째딸인 예니는 1814년 2월 12일에 태어났는데 이 것은 놀라운 일이었다. 왜냐하면 예니가 태어나기 10개월 전에 예니의 아버지는 여전히 기프호른 요새의 감옥에 있었기 때문이다. 그는 다부스트 원수의 명령에 따라 프랑스인들에게 체포되었다. 그 까닭은 1813년 4월 나폴레옹에 대항한 전쟁에서 프로이센의 동맹국으로 잘츠베델로 입성한 러시아 코사크의 소규모 기동부대를 그가 환영했기 때문이었다. 러시아인들은 잘츠베델 사람들의 환대에 취해 있었고, 베스트팔렌도 프랑스 공무원으로 있었지만 러시아인들에게 경의를 표했다. 며칠 후 코사크 기동부대를 잘츠베델에서 몰아낸 다부스트 원수는 베스트팔렌의 반역죄에 관한 정보를 입수했고 그를 체포하여 기프호른 요새로 보냈다. 여기서 프랑스 감시병들은 그를 거칠게 다루었다. 게다가 카롤리네는 남편이 체포되어 연행되어가는 과정을 불안에 떨며 지켜볼 수밖에 없었다. 그녀는 그를 언제 다시 볼 수 있을지 알지 못한 채 엄마 없는 네 명의 아이들을 돌보기 위해 무거운 마음으로 잘츠베델에 남아 있었다. 몇 주 후에 예상치 못하게 그가 집으로 돌아왔을 때 그녀는 격정적인 사랑의 몸짓으로 그를 꼭 껴안았다. 예니는 이런 행복한 재회의 결과로 태어난 아이였다.

하지만 그의 고난은 이것으로 끝난 게 아니었다. 그가 잘츠베델로 돌아온 후 몇 달이 지난 후에 나폴레옹은 몰락했다. 이로 인해 베스트팔렌 왕국은 해체되었으며 브라운슈바이크 공국이 다시 세워졌다. 잘츠베델은 프로이센의 관할 구역이 되었다. 루트비히는 자신이 프랑스를 위해 일했기에 고향 브라운슈바이크의 시공무원으로 복직하기는 힘들다고 생각했다. 대신 카롤리네의 고향 잘츠베델이 마음에 들었기 때문에 그의 주지사 지위를 계속 유지할 수 있도록 프로이센에 요청했다. 그의 요청은 승인되었다. 베를린 당국은 프랑스에 의해 투옥되었던 사람은 프로이센의 지지자라 여기고 그의 지위를 지켜주기로 한 것 같았다.

마침내 루드비히의 인생에서 개인적으로도 공적으로도 평화로운 시절이 찾아왔다. 카롤리네는 그의 네 아이의 훌륭한 계모였고, 또한 카롤리네가 낳은 작은딸은 그에게 순수한 기쁨의 원천이었다. 그는 예니가 자랄수록 이름뿐만 아니라 외모도 자기 어머니를 닮아간다고 생각했다. 아이는 스코틀랜드인의 부드럽고 연한 피부색과 밤색의 머리카락, 녹색 눈, 스코틀랜드 하이랜드 주민의 장난꾸러기 기질을 가졌다. 루트비히는 예니를 안아주거나, 예니에게 자장가를 불러주거나, 언제나 즐거움에 흠뻑 빠져들게 하는 이야기를 들려주는 것을 좋아했다. 떡갈나무로 된 서까래와 돌출된 창문들이 있는 아름답고 오래된 바로크양식의 집은 지금 잘츠베델의 예니-마르크스 거리에 여전히 남아 있다. 이 집은 어린 공주님이 자라기에 이상적인 장소였다. 하지만 유감스럽게도 그 시절은 갑자기 끝나버렸다.

예니가 태어나고 2년이 지난 뒤인 1816년, 잘츠베델 지역의 대지주들은 자신들의 계급 내에서 주지사를 선출하기로 결정했다. 그들은 프랑스에 봉사했고 프랑스혁명 이념에 물든 것처럼 보이는 사람이 아니라 '진짜 프로이센인'을 원했다. 베를린 당국은 이들의 요구에 굴복해서 루트비히를 최근에야 비로소 프로이센의 관할 구역으로 포함되었으며 누구라도 자유주의 이념에 커다란 영향을 받을 수 있는 도시, 다시 말해 프랑스 국경과도 멀지 않은 라인 지방의 한 도시인 트리어로 이주시키기로 결정했다. 그곳에서 예니는 자랐으며, 친구들을 사귀고 인생을 알게 되었다. 그리고 그녀의 운명, 카를 마르크스라는 소년을 만났다.

2. 예니, 마르크스를 만나다

예니의 고향 트리어는 독일에서 가장 오래된 도시 중 하나이다. 기원전 15년경 로마인에 의해 건설되었던 트리어는 아우구스타 트레베로룸Augusta Treverorum으로 불렸다. 트리어는 구릉이 많은 지역 한가운데에 있으며 포도밭으로 유명한 모젤강가 오른쪽에 자리 잡고 있다. 트리어는 6명의 로마 황제의 공식 수도였다. 4세기에는 트리어에 8만 명의 주민이 살았다고 하는데, 그에 반해 예니가 살던 때에는 고작 1만 2,000명이 살고 있었다. 하드리아누스 황제가 통치하던 시절에 로마인들은 3만 개의 객석을 갖춘 원형극장, 황제를 위한 거대한 궁전, 로마식 온천 그리고 거대한 도시 외벽을 세웠다. 지금까지 보존되고 있는 북문北門인 포르타 니그라Porta Nigra(일명 검은 문)의 장엄함과 의연함은 트리어의 위대한 과거를 보여주는 말없는 목격자이다.

5세기 로마제국의 몰락으로 인해 트리어에서는 엄청난 일이 벌어졌다. 수많은 주민들이 떠났으며, 프랑스에 의해 약탈당했고, 게르만족에 의해 폐허가 되었다. 트리어가 세계적인 힘을 점차 회복하게 된 것은 트리어의 백작들에게서 권한을 넘겨받아 궁전과 교회를 로마양식과 고딕양식으로 지은 로마-가톨릭교회의 여러 대주교 덕분이었다. 트리어는 '성聖 트레비리스Treviris' 도시로 불렸고 수도원의 학문 중심지가 되었다. 기독교의 성유물聖遺物 중 하나인 '트리어의 성스러운 의복', 이른바 옷 가장자리의 솔깃이 없는 예수의 옷은 트리어의 대성당에 보존되어 있으며 종종 일반인들에게 전시를 하는데 이때 수십만 명의 순례자들이 이곳으로 모인다.

대부분이 가톨릭 신자였던 도시 트리어에서 가톨릭 신자가 아니었던 베스트팔렌 가족은 이방인이었다. 그러나 트리어가 20년간 프랑스의 통치 아래 있었고 그 주민들이 프랑스혁명 이념에 푹 빠져 있었기 때문에 가톨릭교회는 더 이상 예전처럼 권력의 중심에 있지 못했다. 많은 사람들이 여전히 형식적으로는 가톨릭교회에 속해 있으면서도 문학적이고 사교적인 클럽, 즉 당국에 혐의를 받고 있었으며 혁명적 이념을 유포했던 사교클럽에서 불가지론적인agnostische 논쟁을 했다.

예니의 아버지는 친구에게 보내는 편지에 이렇게 썼다. "우리는 모순되는 두 개의 원리가 전쟁을 벌이고 있는 숙명적인 시대에 살고 있네. 한 원리는 신성한 왕권을 주장하고, 새로운 원리는 모든 권력은 인민들에게 있다고 주장하네."[1] 이 전쟁은 베스트팔렌의 일생 동안 맹위를 떨쳤다. 그의 마음은 인민의 편이었지만, 그의 머리는 프로이센의 신민으로서 왕의 신성한 권리를 지켜야 한다는 생각으로 차 있었다. 프로이센 상부에게서 하달받은 반동적인 지시들 때문에 그는 해마다 다음과 같은 일을 겪게 되었다. 그가 제안한 개혁들이 취소되었고, 언론 검열이 심해졌으며, 집회의 자유가 제한되었다. 물론 베스트팔렌은 베를린의 반동적인 지시에 대해 주저하면서도 자신의 직무를 성실하게 수행하고자 했지만, 그가 마지못해 일을 하고 있다고 확신한 베를린 상부는 그에게 자질구레한 일들만 시켰고 결코 그를 승진시키지 않았다.

개인적인 차원에서 보면 이 상황은 루트비히에게 유리했는데, 덕분에 가족과 문학적인 관심을 위해 쏟을 시간이 많아졌다. 1820년 트리어에는 괴테와 레싱, 라신느와 코르네유, 말로와 셰익스피어의 작품이 정기적으로 공연되었던 훌륭한 극장과 모차르트 오페라 연출로 유명한 오페라 하우스, 그리고 활기찬 사교적 삶이 있었다. 무엇보다도 사교 사회에서 사람들은 즐겁게 대화를 할 수 있었을 뿐만 아니라 성대한 축제를 벌였고 떠들썩한 무도회를 열었으며 라인 지방 고유의 사육제의 광기를 체험할 수 있었다.

트리어 사회는 두 팔을 활짝 벌려 베스트팔렌 의원과 그의 가족들을 받아들였다. 사람들이 이 프로이센 관리를 환영한 이유는 그가 마음이 따뜻하고 자유로운 정신을 가진 사람이기 때문이었다. 예니의 평생에 걸친 연극 애호와 시 낭송, 노래에 대한 사랑은 이곳에서 시작되었다. 그녀가 트리어의 모든 사람들이 자신처럼 근심 걱정 없이 행복한 삶을 즐기지 못한다는 사실, 다시 말해서 거지가 있고, 고되게 일해야만 하고 굶주리고 피골이 상접해 보이는 농부들이 있다는 사실을 깨달았을 때 그녀는 괴로웠다.

그녀의 아버지는 베를린으로 보낸 보고서에서 "주민들 중 중간계층과 하위계층이 일자리와 생계수단이 없다"[2]는 사실을 여러 번 언급했지만, 사람들이 빈곤의 원인을 물었을 때 그는 어떤 대답도 하지 못했다. 그것은 흉작 또는 부실한 농장 경영 때문인가, 프랑스가 부과한 과도한 세금의 결과 때문인가, 나폴레옹 전쟁의 영향 때문인가? 훗날 남편의 영향을 받은 예니었다면 자기 나라의 노동자와 소작농이 가난할 수밖에 없는 이유가 바로 대지주와 부르주아에 의해 착취당하고 있기 때문이라고 대답했을 것이다. 그러나 이것은 훗날의 일이었다. 10대의 예니는 가난한 사람들에 대해 연민을 느끼긴 했지만 자신의 특별한 지위를 누리며 살았다.

그녀가 어느 학교를 다녀야 하는지 사람들은 알지 못했다. 트리어에 있는 대부분의 학교들은 가톨릭계 학교였다. 문제는 이런 것이었다. 프로테스탄트인 루트비히 폰 베스트팔렌은 자신의 사랑하는 딸을 가톨릭 학교에 보낼까, 아니면 트리어의 작은 프로테스탄트 공동체가 고용한 선생(이 선생은 약 100여 명이 넘는 소년과 소녀들을 가르쳤다)에게 보낼까? 베스트팔렌은 자신의 딸이 엄격한 프로테스탄트식 교육보다 더 좋은 교육을 받는 것에 의미를 두었기 때문에 트리어에 있는 두 개의 명문 가톨릭 사립학교 중 하나(그리고 여기서 학생들은 알파벳보다 더 많은 것을 배웠다)에 예니를 보냈을 것 같다. 우리는 예니가 1828년 프로테스탄트에 대한 확실한 믿음을 갖게 되었고 그녀가 견진성사 때 받은 문장이 "내가 살아 있지만 이제는 내가 사는 것이 아니라 그리스도께서 내 안에 사시는 것입니다"[3]라는 것을 알고 있다. 예니는 나중에 기독교뿐만 아니라 다른 어떤 신도 믿지 않았다고 힘주어 말했지만(이러한 그녀에게 남편의 학설은 타당한 것이었다), 견진성사의 이 구절을 평생 동안 간직했다.

루트비히 폰 베스트팔렌은 트리어에 도착한 직후에 이 도시에서 가장 유명한 변호사 중 한 명인 하인리히 마르크스를 알게 되었다. 그는 히르셸 하 레비 마르크스로 태어났고 대대로 이어져온 랍비 집안의 자손이었지만, 젊었을 때 조상의 발자

취를 따라가지 않고 랍비 율법 대신에 법학 공부를 했다.《나폴레옹 법전》이 라인 지방에 들어오고 프랑스의 지배와 통치를 받게 된 이후에야 비로소 유대인들은 법학을 공부할 수 있었다. 1815년 프로이센이 또다시 지배를 하게 되었을 때, 유대인들이 법학을 공부하고 독일 법을 언급해도 좋은지에 대한 문제가 새롭게 제기되었다.

1812년 3월 포고령(프로이센 칙령) 이후, 유대인들은 프로이센 당국의 공식 허가를 받아야 법을 집행할 수 있었고 이 허가마저 거부당할 수도 있었다. 나폴레옹 전쟁 이후 반동적인 프로이센 정책에 따라서 유대인들은 거의 법학을 공부할 수 없었다. 히르셀 마르크스는 라인 지방의 프로이센 주 장관에게 보내는 편지에서 유대교 신자임에도 변호사로 일하게 해달라고 비굴할 정도로 간절히 애원했다. 자신이 온전히 믿고 있는 자애로운 왕을 섬길 수 있다면 영광일 거라고 썼지만 헛수고였다. 1816년 라인 지방의 대법원장은 유대인들이 동포들에게 얼마나 존경받든지 법률 업무를 수행할 수 없다고 공표했다. 히르셀 마르크스는 신앙과 직업 가운데 한 가지를 포기해야만 했다. 개인적으로 계몽주의자로서 유대교에 강한 애정이 없었던 그는 기독교로 개종하는 것이 그의 가족, 특히 트리어의 주임랍비인 맏형 사무엘을 매우 불쾌하게 할 것을 알았지만, 마지못해 신앙을 포기했다. 1816년 4월에서 1817년 8월 사이 언제쯤 히르셀 하 레비 마르크스는 프로테스탄트 신자가 되었고 이때부터 하인리히 마르크스라는 이름으로 변호사 일을 해나가기 시작했다. 그가 트리어의 주정부 의원 루트비히 폰 베스트팔렌과 만난 것이 이때였다.

두 남자 모두 40대였고 지배자들의 반동적인 정책에 반대했다. 그들은 모두 사교 클럽의 일원이었고 프로이센 당국이 불쾌하게 여기던 단체 행사에 참여하기도 했다. 사람들에 의하면 연회에서는 라인 지방 주의회 의원들 하나하나를 위해 축배를 들긴 했지만 왕을 위해서 축배를 들지는 않았다고 하며 심지어 가끔 프랑스 애국가인 〈라 마르세예즈〉를 부르기도 했다고 한다. 베를린에서는 이런 행동을 반역으로 간주했지만, 라인 지방 사람들은 즐거워했다. 그렇지만 베스트팔렌은 1821년 9월 3일 트리어의 주법원에 의해 벌금 16프랑을 선고받고 6일 동안 감옥에 있어야 했기에 그의 아들 에드가의 출생 소식을 제때 전달받지 못했고, 그 때문에 별로 즐겁지 않았다. 에드가는 1819년 3월 26일에 태어났지만, 그의 출생신고는 4월 5일에서야 겨우 이루어졌다. 법률에 따르면 출생신고는 출생한 바로 그날 이루어져야 한다. 만약 출생신고를 하지 않게 되면 사회적 지위 고하를 막론하고 처벌받았다. 베스트팔렌은 처벌을 받는다는 소식에 깜짝 놀라서, 우선 적절한 규정을 잘 알지 못했다고 말하고 징역형은 일반 시민보다 프로이센 관리들에게 훨씬 더 가혹한 형벌이라는 점을 왕에게 직접 호소했다. 이렇게 해서 그는 징역형을 면제받았지만 정식 기소를 당했고 벌금형을 받았다.

세례, 즉 하인리히 하이네의 표현에 따르자면 "유럽문화로 들어오는 티켓"을 얻은 후에 '프로이센 왕실 법률 고문'이라는 존칭을 부여받은 법률고문관 히르셸 마르크스와 베스트팔렌 사이의 우정은 그들의 아이들에게까지 확장되었다. 그러나 그들의 부인들에게까지 확장된 것은 아니었다. 네델란드 님베겐 출신의 랍비의 딸로 프레스버그에서 태어난 히르셸 마르크스의 부인 핸리에테는 결코 독일을 고국으로 느끼지 못했고 자신이 이해하지 못하거나 흥미가 없는 주제에 대한 대화가 등장하는 자리를 불편하게 여겼다. 그녀는 신이 만들어준 대로, 즉 그녀의 가족에게 헌신하는 유대인 어머니로 남고자 했다. 그녀의 아홉 명의 아이들(5명의 아이들이 일찍 세상을 떠났다) 중에서 삶의 목적이 프롤레타리아트 독재를 전파하는 것이었던 한 아이가 그녀의 삶을 무척 힘겹게 만들었는데, 왜냐하면 카를이 평생 되풀이해서 그녀에게 돈을 요구했고 '늙은 그녀'가 죽는다면 재산을 상속받을 수 있으리라는 희망을 가졌기 때문이었다.

바로닌 폰 베스트팔렌은 그녀의 새로운 삶의 지위에 걸맞은 사회적 의무를 아주 세심하게 수행했다. 하인들은 그녀를 존경했고 남편은 사랑으로 지지했다. 그녀는 집을 활기찬 사회생활의 거점으로 만들었다. 그녀는 남편이 종종 셰익스피어 작품의 긴 구절을 즐거운 마음으로 암송하는 낭송회를 열었고, 트리어를 방문한 베를린의 고위인사들에게 저녁만찬을 대접했으며, 사랑하는 딸 예니가 자신감 있는 행동으로 내적인 안정을 다질 수 있도록 하기 위해 촌극을 발표하도록 용기를 주었다. 그녀는 늘 자기 아이들과 의붓자식들이 하는 말을 들을 준비가 되어 있었고 아이들을 잘 교육하는 것에 힘썼다. 그녀가 보여준 어머니의 모습은 예니가 평생 동안 품고 있던 어머니의 모범이었다. 대체로 복잡한 삶의 환경 때문에 아이들을 잘 교육할 수는 없었지만 예니는 늘 자신의 어머니처럼 아이들을 키우고 싶어했다.

아무 근심 걱정 없던 어린 시절에 예니가 겪은 가장 슬픈 일은 여동생 라우라가 세상을 떠난 것이었다. 라우라는 다섯 살까지 살았는데, 1817년 트리어에서 태어났고 기록에 따르자면 아주 예쁜 아이였으며 예니의 어릴 적 소꿉놀이 친구였다. 그런데 갑자기 라우라는 여러 가지 소아병(이 당시 사람들은 이 질병에 항상 신경 쓸 수밖에 없었다)으로 세상을 떠났다. 예니는 라우라를 대신할 친구를 찾았는데, 그 친구는 그녀보다 두 살 어린 조피 마르크스였다. 조피는 변호사의 딸이었고 카를의 누나였으며 예니의 가장 가깝고 오래된, 그리고 믿을 만한 친구였다. 조피의 동생 카를을 처음 보았을 때 그녀는 다섯 살이었고, 카를은 그때 엄마의 젖을 먹고 있는 한 살배기 아기였다.

예니는 소년 카를이 비상하게 단호한 인간, 누구의 방해도 허용하지 않는 강한 의지를 지닌 인간이라는 것을 알게 되었다. "고모는 종종 나에게 무어인(카를 마르크스의 딸들은 아버지를 이렇게 불렀다)이 끔찍한 독재자였다는 사실을 얘기해주었다. 그는 친구들에게 강제로 트리어의 마르쿠스베르크 산에서 수레를 전속력으로 몰고 내려가라고 시켰으며, 더 심한 것은 더러운 손으로, 게다가 더러운 반죽으로 만든 파이를 먹어야 한다고 고집을 부렸다는 것이다. 그러나 그들은 이러한 모든 것들을 순순히 받아들였는데, 카를이 그 대가로 그들에게 기가 막히게 좋은 이야기를 해주었기 때문이었다."[4] 투시로 불렸던 예니의 막내딸 엘레아노어에 의해 전해진 이 일화는 모든 집단 놀이에서 지도자 역할을 했던 카를의 성격을 보여준다.

당시 예니는 열두 살이었고 카를은 겨우 여덟 살이었지만 예니는 카를의 의지에 복종했다. 그녀만 그랬던 것은 아니었다. 카를보다 한 살 많은 그녀의 남동생 에드가는 맹목적으로 카를을 따랐다. 처음에는 학교(이 둘은 모두 프리드리히 빌헬름 고등학교에 다녔다)에서, 나중에는 공산당 당원까지 되었다. 심지어 예니의 아버지조차 카를을 까맣고 날카로운 눈을 가졌고, 항상 많은 것을 알고자 하는 호기심이 매우 강했으며, 흥미로운 질문을 던지는 아들 에드가보다 훨씬 인상 깊은 소년으로 생각했다. 오래 산책을 하면서 그는 카를에게 호머와 단테, 셰익스피어 등 자신이 좋아하는 유명한 시인들의 세계를 들려주었으며, 이 시인들의 긴 구절들을 읊어주고 괴테의 《파우스트》의 주요 테마인 "삶과 같은 자유를 얻으려고 하는 자만이 그것을 얻을 수밖에 없다"[5]는 것이 궁극적인 진리일 수도 있음을 설명해주었다.

꽃봉오리처럼 아름답던 열여섯 살의 예니는 종종 카를과 아버지의 산책에 따라나섰다. 그녀의 아버지는 그녀에게 영어를 가르쳤고, 그녀는 셰익스피어의 전 구절을 암송할 수 있었다. 그리고 그녀는 프랑스혁명 기간에, 또 그 이후에 무슨 일이 발생했는지도 배웠다. 카를도 프랑스혁명이 왜 발생했는지 알고 싶어했고, 그녀의 아버지는 혁명의 주요 원인이 배고픔에 허덕이는 사람들의 고통을 프랑스 귀족들이 냉담하게 무시했기 때문이라는 것을 설명하려고 했다. 특권층을 이루고 있는 이러한 귀족들의 태도는 다음과 같은 말 속에서 잘 드러난다. "빵을 살 돈이 없으면, 케이크를 먹어라."

카를과 예니는 민중의 고통을 무참히 짓밟는 사회는 마땅히 무너져야 한다는 루트비히 폰 베스트팔렌의 생각에 동의했다. 그렇지만 베스트팔렌은 곧바로 혁명이 로베스피에르의 테러리즘을 불러일으켰고 결국에는 나폴레옹 독재로 귀결됐기 때문에 혁명은 결코 해결책이 될 수 없지 않겠는가라는 말을 덧붙였다. 그는 가난한 이들의 고통을 덜어주고 사회 정의를 구현할 수 있는 더 나은 방법이 있을 거라고 생각했다. 그는 자신이 공유하고 있던 이념인 프랑스 사회주의의 아버지 생시몽에 대해 말했다. 사회는 최하 계층의 도덕적, 신체적 상황에 책임을 져야만 한다. 필요하다면, 사유재산을 최소화하고 상속권을 제한함으로써 사회는 모두에게 일거리를 주고 생활임금을 제공해야 한다. 나태하고 게으른 자들은 처벌받아야 하고, 사회 상황은 과학적으로 분석되어야 한다.

이러한 대화는 카를에게 깊은 인상을 주었는데, 카를은 베스트팔렌을 '친애하는 아버지 같은 친구'[6]라고 불렀고 그에게 첫 번째 학문 저작, 즉 〈데모크리토스와 에피쿠로스 자연철학의 차이〉[7]라는 박사학위 논문을 바쳤다. "나의 아버지 같은 친구, 당신은 항상 나에게 이상주의가 허상이 아닌 진리라는 것을 보여주는 살아 있는 표본입니다."[8]

예니가 열일곱 살이 되었을 때 그녀는 트리어의 사회적 소용돌이 중심에 서 있었다. 무도회의 여왕이었던 그녀는 파티, 춤, 소풍, 썰매타기와 모젤 강으로 떠나는 당일치기 여행 등에 참여할 것을 권유받았고, 한동안 열세 살 적의 친구 카를을 잊고 지냈다. 그녀의 이복형제인 페르디난트는 그녀가 호색한들에게 둘러싸여 있었다고 말했다. 그녀는 자신의 매력과 활달한 성격에 푹 빠져 그녀의 사랑을 갈구하는 사람들 — 변호사, 의사, 공무원, 군 장교 — 에게 둘러싸였다. 그녀의 아버지는 자신이 사랑하는 딸에게 일어나는 이러한 삶의 모습을 복잡한 심경으로 지켜보았지만, 그녀의 어머니는 예니의 커다란 인기를 다행스럽게 생각했고 예니의 사랑을 갈구하는 사람들한테 예니가 꽃 선물을 받았을 때에는 예니와 함께 기뻐했다.

결국 일어날 수밖에 없는 일들이 일어났다. 특히 황홀했던 한여름의 파티 후에 그녀와 밤새 춤을 췄던 젊은 중위는 그녀 앞에 무릎을 꿇고 그녀에게 청혼했다. 그의 이름 또한 카를 ― 카를 폰 파네비츠 ― 이었다. 예니는 일단 대답을 하진 않았지만 곧 잘생긴 장교의 모습에 마음이 흔들렸고 그의 청혼을 받아들였다. 그녀의 어머니는 매우 기뻐하며 모든 가족들에게 예니가 매우 기품 있는 가문의 젊은 장교와 약혼했다는 소식을 때맞춰 알렸다. 그녀의 아버지는 남모르게 속을 끓였는데, 왜냐하면 그는 첫 번째 아내 리제트의 어머니가 파네비치 가문 출신이라는 사실을 떠올렸고 그에게 별로 호감이 가지 않았기 때문이었다. 게다가 이제 군인의 길로 막 들어선 남자와 결혼을 하기에는 예니가 너무 어리다는 생각을 했다.

그 후 몇 주 동안 예니의 약혼은 가족들 사이에서 때로는 열띤 논쟁 주제가 되었다. 그들 대부분은 예니가 이렇게 성급하게 약혼 결정을 내린 것에 대한 책임을 어머니에게 물었다. 젊은 중위를 좀 더 자세하게 알기 위해서 예니는 기다렸어야 했다. 예니가 공개적으로 그와 약혼을 한 뒤에, 약혼을 깬다면 그를 웃음거리로 만들게 될 것이다. 그녀의 어머니를 제외한 거의 모든 가족들은 아주 복잡한 마음으로 이 문제를 생각했다. 결국 예니 자신도 그렇게 생각했다.

그녀는 약혼자와 춤을 추고 시시덕거리는 재미가 있긴 하지만 그의 부대에 일이 생기거나 또는 부대가 기동훈련이라도 하게 되면 재미있는 대화조차 할 수 없다는 사실을 깨닫게 되었다. 규율과 계급은 그에게 신성한 것이었다. 예니가 그에게 "그 무엇보다도 자기 자신에게 진실하게 하라"(셰익스피어의《햄릿》중 폴로니어스의 충고 중 한 대목)는 햄릿의 유명한 말에 대해 물었을 때 그는 웃으면서 시인이 그렇게 말하는 것은 전적으로 맞는 말이지만, 군인들은 상관들의 명령이 '진실한 것'이 아닐지라도 그 명령을 따라야 한다고 말했다. 예니는 1830년 7월 파리에서 그랬던 것처럼, 과연 그도 자신들의 절망적인 상황을 호소하는 맨몸의 가난한 사람들에게 총을 쐈을까를 알고 싶어 했다. 파네비츠는 슬픈 표정을 지으면서도 고개를 끄덕이며 "명령은 명령"이라고 말했다. 게다가 명령을 따르는 것이 가끔 힘들 때가 있을지도 모르지만 군인은 선택권이 없다고 했다. 예니는 격렬하게 반론을 제기했다. 그녀의 아버지는 인간이 만든 모든 법보다 인간 고유의 양심의 법이 우선되어야 한다고 그녀에게 가르쳤다. 그녀의 약혼자는 그러한 것이 민간인들에게는 타당하지만, 군인은 자신의 감정을 버리고 맹세와 명령에 따라야 하기 때문에 군인에게는 타당하지 않다고 대답했다. 이 대화 후에 그녀의 감정은 바뀌었고, 카를 폰 파네비츠와 약혼한 지 불과 몇 달 후에 결코 그의 아내가 될 수 없다고 말했다.

그는 실망했지만 절망하지는 않았다. 얼마 안 가서 그의 군대가 곧 트리어를 떠났기 때문에 예니는 사교 모임에서 그를 만나지 않을까 하는 걱정을 할 필요가 없었다. 그녀의 가족은 그녀가 퇴짜 놓은 전 약혼자의 감정을 배려하는 차원에서 몇 달 동안 어떤 파티에도 참석하지 말아야 한다는 생각을 하고 있었지만, 예니는 개의치 않고 다시 찾은 자유를 만끽했다. 예니는 사교 모임에서 그녀를 따르는 많은 친구들과 자신의 열여덟 번째 생일을 축하했다. 그러나 그녀는 파네비츠와 얽힌 일화를 통해 진지하게 결혼을 고려하는 상대에게는 좀 더 신중해야 한다는 것을 배웠다.

파네비츠와 연애하는 것을 처음부터 미심쩍어했던 그녀의 아버지는 트리어의 김나지움 학생이었던 아들 에드가와 카를 마르크스가 함께 만든 토론 모임에 그녀가 다시 참석하자 두 팔 벌려 환영했다. 김나지움 교장 휴고 비텐바흐는 진보적인 이념을 가진 사람이었다. 그의 전공은 역사학이었다. 바스티유 감옥 습격 사건에 관해 질문을 받았을 때 그는 다음과 같이 대답했다. "이날의 사건을 접하게 되었을 때 오싹한 전율을 느꼈지. 이 세계를 넘어서 있는 어떤 것을 감지했을 때 끓어오르는 감격으로 심장이 요동치지 않을 사람이 누가 있었겠는가! 자유의 서광은 이날부터 비춰지기 시작했네."[9] 비텐바흐는 지금 일어나고 있는 사건들을 강조하며 역사를 가르쳤다. 그는 과거를 이해하기 위해서는 지금 일어나고 있는 일들을 해석할 줄 알아야 한다고 믿었기 때문이다. 그리고 1830년대는 의미 있는 수업 자료로는 부족할 것이 없는 시대였다.

유럽은 대격변과 혁명들로 뒤흔들리고 있었다. 폴란드와 이탈리아, 프랑스와 벨기에에서 사람들은 현 체제에 저항하는 바리케이드를 세웠다. 독일 여러 지역에서 많은 반란이 일어났는데, 특히 많은 젊은이들이 참여했다. 가장 의미 있는 사건은 팔츠 주의 함바흐라는 작은 마을에서 약 3만 명의 독일 젊은이들이 조국의 정치 상황에 저항하기 위해 벌인 시위였다. 이른바 함바흐 축제였다. 그들이 내건 구호는 '단결과 자유'였다. 지배계급은 국민들의 급진적 요구에 깜짝 놀라서 시위 지도자를 체포하려고 했고 집회와 출판의 자유를 폐지하는 함바흐 법안을 통과시켰다. 경찰 정보원들은 자유를 전파하는 모든 독일인들을 추격했다. 비텐바흐는 경찰 정보원의 명단에 올라 있었는데, 베스트팔렌과 그의 친구인 법률 고문관 하인리히 마르크스 또한 마찬가지였다.

질풍노도 시기의 청년인 예니와 그의 친구들은 동시대의 혁명 이념에 흠뻑 빠져들었다. 그들은 함바흐 연설문을 읽고 그 주요 의제인 단결과 자유가 보장된 독일 왕국 혁신에 관해 열정적으로 토론했으며, 그때 함바흐에 함께하지 못했던 것을 아쉬워했다. 그들은 함바흐 사건에 대한 베스트팔렌의 냉철한 분석에 흥분을 감추지 못했다. 이때는 근본적으로 독일뿐만 아니라 유럽 전체에 정치적이고 경제적인 새로운 질서의 수립이 무르익은 시기였다. 그렇기 때문에 예니와 그 친구들은 러시아의 속박에서 벗어나기 위한 폴란드 민족해방 문제가 함바흐에서 제기되고 모든 사람이 환호하는 가운데 선언된다는 것은 완전히 적절하며 자유를 위해서라면 바리케이드를 칠 만한 가치가 있다고 생각했다.

베스트팔렌은 자신의 젊은 청강자들이 이러한 생각을 하고 있다는 사실에 별로 놀라지 않았다. 그는 혁명을 도모하기는 쉬워도 현실적으로 공정한 사회질서를 세우기란 매우 어렵다는 사실을 그들에게 일깨워주었다. 이에 그들은 독일의 정치 체계가 통일된 국가인 프랑스, 영국과 비교해봤을 때 어처구니없을 정도로 뒤떨어졌는데 그 이유는 독일이 수십 개의 공국, 공작령, 왕국, 자유도시로 이루어져 있기 때문이라고 말했다. 사람들은 통일 국가인 독일, 그중에서도 가장 최상의 형태인 공화국 독일을 원했다. 만약 독일이 군주제가 되어야 한다면 영국처럼 헌법과 의회가 있는 입헌군주제여야 하며 황제 또는 왕은 '신의 은총'이라는 이름으로 통치를 하는 것이 아니라 인민의지Volkswillens의 대리자로서 통치를 해야 한다고 생각했다. 베스트팔렌은 '인민의 의지'라는 문구를 그 당시 프랑스 사람들이 사용하고 있었음에도 아무런 의미 없는 문구로 간주했다. 대부분의 인민들은 무지했고 자신의 일에만 너무 관심을 둔 나머지 국가의 일에 마음을 쓸 겨를이 없었다. 인민들은 '빵과 서커스Panem et circenses'를 원한다. 현명한 통치자는 인민들이 원하는 것을 얻을 수 있도록 잘 헤아리는 것이다.

예니는 이러한 논쟁에서 그녀의 아버지가 반박하기 힘들 정도의 주장들을 제시했던 카를에 비해 동생 에드가의 설득력이 훨씬 부족하다는 것을 알아챘다. 카를은 플라톤의 말을 빌려서 현명한 통치자는 철학자가 되어야 한다고 생각했다. 그런데 독일의 군주 중에서 과연 철학자를 보았는가? 베스트팔렌은 베를린에 있는 상관들이 그의 공정한 관직 수행을 어렵게 만들었으며 관행적인 정년퇴임 연령인 예순다섯 살이 되기 4년 전에 그를 은퇴시키겠다고 위협했다는 점을 봤을 때 카를이 옳다는 것을 아주 잘 알고 있었다. 그러나 위협은 현실화되지 않았다. 그 주된 이유는 프로이센 공무원 중에 또 한 명의 베스트팔렌, 즉 시민의 의무를 수행하는 것을 삶의 첫 번째 목표로 삼았고 그리하여 베를린에서 높은 명성을 얻었던 첫째아들 페르디난트가 있었기 때문이었다.

페르디난트 폰 베스트팔렌은 마흔 살이 되기 전에 자신의 아버지가 결코 얻을 수 없었던 트리어의 상원의원에 임명되었을 정도로 베를린에 있는 상관들에게 총애를 받고 있었다. 베스트팔렌은 아들 페르디난트의 빠른 승진을 기뻐했지만, 두 사람은 같은 행정 기관에서 일했기 때문에 아버지인 루트비히의 자존심은 분명 상처입었을 것이다. 페르디난트는 아버지를 도우려고 했지만 그의 노력은 아버지의 안일한 삶의 방식 때문에 수포로 돌아갔다. 페르디난트는 아버지가 제대로 된 프로이센 관리라면 경멸해 마지않을 급진적 이념의 진원지인 사교 클럽에 출입하는 것을 결코 이해할 수 없었으며, 그의 아버지가 유대인 변호사인 하인리히 마르크스와 우정을 맺은 것 또한 신상을 곤란하게 만드는 일이라고 생각했다. 클럽의 연례 연회의 주요 연사인 하인리히 마르크스는 프로이센 왕이 민주주의에 호의를 품고 있을 것이라며 그를 찬양하는 연설을 했는데, 베를린 지배층 사람들은 이 연설 내용에 큰 충격을 받고 군주를 향한 마르크스와 베스트팔렌의 충성심에 대해 공식적인 수사를 지시했다. 페르디난트는 아름다운 이복 여동생 예니가 할 일 없이 빈둥거리는 카를 마르크스와 비밀리에 약혼했다는 소문을 들었을 때, 그리고 이 소문에 대해 사람들이 수군거렸을 때 깜짝 놀랐다. 이 소문이 정말이라면, 페르디난트는 예니에게 죽음보다 더 불행한 운명이 기다리고 있다는 것을 알려주어야 한다고 생각했다. 그리고 소문은 사실이었다.

3. 언제나 거기에 '예니'를 적겠어

1836년 8월, 주사위는 던져졌다. 예니는 스물두 살이었고 눈부시게 아름다웠다. 예니는 자신의 사랑을 얻으려는 구혼자들에게 둘러싸여 있었으나 불안했고 만족하지 못했다. 사랑의 빛이 그녀의 마음을 비추지 못했다. 마침내 사랑의 빛이 왔을 때, 그것은 그녀가 평생 동안 알아온 한 소년을 위한 것이었다. 그는 법학을 공부하러 본 대학교로 떠나야 했기 때문에 1835년 10월 그녀에게 작별인사를 했다. 그녀는 행운을 빌어주며 시간이 날 때마다 어떻게 지내는지 안부를 전해달라고 말했다. 그는 그러겠다고 약속했지만 금세 잊어버렸다.

학생 카를 마르크스는 가족과 고향의 속박에서 벗어나 마음껏 자유를 즐겼다. 그는 편지 같은 건 쓰지 않았다. 가족들에게도 무엇을 하고 지내는지 소식을 전하지 않았다. "네가 떠난 지 3주가 지났지만 네 소식이라고는 한마디도 듣지 못했다. 너도 네 엄마를 잘 알겠지만, 지금 네 엄마는 걱정이 크단다. 그런데도 너는 너무나 무심하구나! 안타깝게도, 너한테는 장점도 많지만 너의 마음을 지배하고 있는 건 결국 이기심이라고 생각한다."[1] 1835년 11월 8일 자 편지에서 아버지는 카를을 이렇게 꾸짖었다. 카를이 답장을 보내왔는데, 그의 아버지가 카를의 글씨를 "거의 알아볼 수 없다"[2]고 말했던 것, 그리고 카를이 썼던 시를 이해할 수 없었던 것 외에는 카를이 뭐라고 대답했는지 알 수 없다.

본 대학 신입생 시절 카를은 자신이 시 작문에 천부적 소질이 있다고 생각해 낮에는 시 쓰기에 열중했다. 또한 그는 신화학 강의를 즐겨 들었는데, 그의 아버지는 이를 이상하게 생각했다. 왜냐하면 카를은 본래 법학을 공부하기 위해 본에 간 것이기 때문이었다. 어쨌든 그는 법학을 거의 공부하지 않았고 대부분의 독일 대학생들과 마찬가지로 밤늦도록 술판을 벌이는 학우회에 가입해 술을 진탕 마시거나 토론을 하거나 결투를 벌이는 데 시간을 보냈다. 그는 트리어 향우회의 회원으로 보루시아 출신의 학생결사단체 학생과 싸우다 그 동급생의 왼쪽 눈에 상처를 냈다. 또한 술에 취해 소란을 피운 죄로 체포되어 감옥에서 하룻밤을 보냈으며 쾰른에서 금지된 무기(권총 같은 것)를 소지한 혐의로 기소되기도 했다. 학생들은 플뢰레와 사브르와 같은 검만을 지닐 수 있었다. 학우회에서 이루어진 모든 과외활동(논쟁하기, 결투하기, 술 마시기, 매음하기) 때문에 그의 아버지가 그를 본으로 보낼 때 예상했던 돈보다 더 많은 비용이 들었다. 공부하는 데 얼마나 많은 돈이 들어가는지를 보여주기 위해 카를은 아버지에게 미납 청구서들을 보냈다. 그의 아버지는 무엇을 위한 청구서들인지도 모르면서 아들에게 답장을 보냈다. "네가 돈이 필요하다는 것을 잘 알겠다. 그래서 너에게 50탈러를 보냈다. 네가 떠난 지 만 5개월이 되었지만 지금까지 너는 어디에 돈이 필요한지 단 한 번도 말하지 않았다. 아무튼 이게 납득이 되지 않는다. 다시 한 번 말하지만 사랑하는 카를, 내가 할 수 있는 일이라면 기꺼이 해주겠지만, 나는 많은 자식을 둔 아버지이고 너도 알다시피 부자가 아니다.

그래서 네 행복과 출세를 위해 필요한 것 외에는 돈을 더 줄 수 없고 주지도 않을 것이다."[3]

카를은 처음에는 아버지에게, 나중에는 어머니, 친척들, 친구들, 당의 동지들에게, 마지막에는 그의 후원자인 자본가 프리드리히 엥겔스에게 돈을 요구했는데, 이는 그의 일생 동안 반복된 일이었다. 그는 항상 돈이, 그것도 많은 돈이 필요했다. 그렇지만 돈을 어떻게 벌어야 하는지는 전혀 배우지 않았던 그는 돈에 관한 글을 쓰는 데 일생을 바쳤다.《자본론Das Kapital》은 그의 오랜 탐구의 결실이다.

본에서 보낸 학교생활을 끝내고 카를 마르크스는 트리어로 돌아와 아버지와 오랜 상의 끝에 베를린 대학교에서 법 공부를 계속하기로 했다. 그의 아버지는 라인 지방의 작은 마을보다 프로이센의 수도가 법학 공부를 진지하게 할 수 있는 더 나은 환경이 될 것이라고 기대했던 것 같다. 카를이 베를린에 마음이 끌렸던 이유는 독일에서 가장 유명하며 논란의 중심에 있는 철학 교수 가운데 한 명인 헤겔이 있었기 때문이다. 카를은 법학보다 철학에 훨씬 더 관심이 많았다.

카를은 고향 트리어에 돌아온 직후 자신의 친구인 베스트팔렌 가족을 방문했고, 그들은 마르크스를 따뜻하게 맞이했다. 베스트팔렌 남작은 카를이 어떤 책을 읽었는지, 그를 가르쳤던 교수들을 그가 어떻게 생각하는지 알고 싶어했다. 에드가는 마르크스에게 학우회 학생들과 본 지방 젊은 여자들에 대해 캐물었다. 예니는 자신의 감정으로 얼굴을 붉히며 그를 바라보았다. 그런데 그 감정은 예니가 이미 오랫동안 알고 있었던 한 소년을 향한 것이 아니라 그녀 앞에 서 있는 한 낯선 남자, 즉 키스를 통해 그녀를 깨워줄 동화 속의 남자를 향한 것이었다. 카를의 검은 눈은 예니를 찾으려 하고 있었고, 예니는 카를이 그녀를 이전과는 다른 시선으로 보고 있다는 것을 느꼈다. 마르크스는 검은 수염을 길렀고 머리는 숱이 많은 새까만 머리털로 뒤덮여 있었다. 그의 검은 피부와 단단한 두 팔 그리고 튼튼한 몸을 본 그녀는 머릿속에 갑자기 까만 멧돼지 그림을 떠올랐고 이내 몸을 떨었다.

예니는 연애편지에서 그를 사랑하는 '까만 멧돼지'라고 불렀다. 그러나 그녀 앞에 서 있는 이 젊은 남자는 결코 사랑스러운 까만 멧돼지가 아니었다. 그는 강인하고 자기의식이 확고한 사람이었다. 비록 그가 그녀보다 몇 살 아래이긴 했지만 그녀에게 키스를 했을 때 그녀는 그의 팔에 폭 안겼다. 사랑, 이것이 드디어 시작되었고, 그들은 서로 영원히 함께할 것을 결심했다. 그들은 신전 앞에 가서 "죽음이 우리를 갈라놓을 때까지 함께하겠다"는 맹세를 할 필요가 없었다.

절정을 향해 불타오르던 그들의 사랑은 카를이 트리어에서 베를린으로 떠나야 했을 때 시련을 겪었다. 예니는 쓸쓸하게 버려졌다는 기분이 들었다. 그녀는 누군가에게 이를 털어놓고 싶었지만 감히 부모님에게 말하지는 못했다. 다행히도 그들의 사정을 잘 알고 있으며 기쁘게 그들의 중개자가 되어준 카를의 누이동생 조피가 있었다. 또한 카를의 아버지도 있었다. 법률 고문관인 하인리히 마르크스는 카를과 예니에게 무슨 일이 일어났는지를 살피고 앞으로 어떻게 될지를 예견했는데, 그 후 그들은 그에게 모든 걸 털어놓았다. 그는 카를과 예니의 일을 기뻐했으나 주의하라고 충고했다. 그는 카를의 건방진 행동이 친구 폰 베스트팔렌 남작을 화나게 할까봐 걱정했다. 예니는 부모님이 카를을 미래의 사위로 받아들일 수 있도록 조심스럽게 준비해야 했다. 그리고 카를은 이제 열심히 공부해서 학업을 마친 뒤 괜찮은 사회적 지위를 얻어야 했다.

하인리히 마르크스는 베를린에 있는 아들에게 보내는 편지에 이렇게 썼다. "예니와 이야기를 해봤는데, 그 아이가 완전히 마음의 안정을 찾을 수 있으면 좋겠다. …… 예니는 자기 부모님들이 이 사실을 어떻게 받아들일지 잘 모르고 있더라. 또한 예니의 친척들과 세상 사람들이 어떻게 말할지도 흘려버릴 수가 없구나. …… 예니가 너를 위해 얼마나 희생을 하고 있는지 헤아릴 수도 없다. …… 혹시라도 네가 이 사실을 잊는다면 큰 벌을 받을 것이다. 이제 네가 존경받을 만한 사람이라는 걸 보여줘야 할 때다."[4]

카를은 아버지의 이러한 충고를 진지하게 받아들이지 않았지만, 누이동생의 말에는 기꺼이 귀를 기울였다. "예니 언니는 오빠를 사랑해. 만일 예니 언니가 나이 차이를 걱정하고 있다면 언니의 부모님 때문일 거야. 언니는 점차 부모님이 받아들일 수 있도록 준비하려고 해. 그러니까 오빠는 그분들께 직접 편지를 써. 언니의 부모님은 오빠를 높이 사고 있어."[5]

예니의 아버지가 카를을 아주 좋아하고 그를 훌륭한 청년이라고 생각한다는 점은 사실이지만, 그를 미래의 사위로 인정할 수 있기까지는 시간이 필요했다. 예니는 이미 7개월 전 비밀리에 카를과 약혼한 상태였지만 그는 이러한 사실을 전혀 몰랐다. 카를은 아버지에게 다음과 같은 사실을 전해 들었다. "예니는 부모님이 아무것도 모르신다는 사실에, 또는 내 생각에 아무것도 알려고 하지 않는다는 사실에 매우 괴로워하고 있다."[6] 카를은 아버지의 편지 내용 중에서 다음과 같은 내용을 보고 기뻐했다. "나 역시도 네가 예니의 끊임없는 신뢰를 얻고 있다고 느낀다. 그렇지만 착하고 사랑스러운 예니는 너를 너무 무리하게 공부하도록 만드는 건 아닌지 걱정하고 있다."[7]

카를은 감성이 풍부한 시적 언어로 답장을 썼다. "내가 당신들을 떠나왔을 때 사무치는, 그러나 열망으로 가득한 사랑의 세계가 처음으로 제 앞에 펼쳐졌습니다. 한때는 최고로 나를 매혹시키고 자연에 대한 관심을 불러일으키며 생명욕의 불꽃을 타오르게 했던 베를린 여행조차도 저의 마음을 움직이지 못했으며, 무척이나 우울하게 만들었습니다. 내가 보았던 바위도 내 영혼의 감정보다 가파르거나 대담하지 않았고, 대도시도 내 피보다 생동적이지 않았으며, 여관에서 먹는 식사들은 지나치게 많고 내가 상상해서 만들어낸 창조물보다도 소화가 되질 않았습니다. 마지막으로 예술도 예니만큼 그토록 아름답지 않았습니다."[8] 그는 베를린에서 보낸 첫 달을 사랑과 시에 바치며 보냈다. 그는 1836년 12월 크리스마스 선물로 예니에게 세 권의 시 모음집을 보냈다. 첫 번째 모음집은 두 부분으로 구성되어 있는 《사랑의 책Buch der Liebe》이었으며, '나의 소중하고 영원히 사랑할 예니 폰 베스트팔렌'에게 바친다고 적혀 있었다. 두 번째와 세 번째 모음집은 《노래의 책Buch der Lieder》이라는 제목이 붙었으며 마찬가지로 예니에게 바치는 책이었다. 카를은 여동생이 다음과 같은 소식을 전했을 때 기뻐했다. "어제 예니가 우릴 다녀갔어. 그녀는 오빠가 보낸 시집을 받고는 기쁨과 슬픔의 눈물을 흘렸어."[9]

예니는 시를 사랑했고, 사랑하는 남자에게서 세 권의 시집을 받았을 때 눈물이 나도록 감동했다. 나중에 마르크스는 이때 의 시 짓기를 젊을 때의 경솔한 행동이었다고 일축했지만, 많은 마르크스 학자들에 따르면 이 시들은 그의 삶의 전반부를 보여줄 뿐 아니라 당시 그의 사고과정을 이해할 수 있도록 하는 깊은, 때로는 충격적인 통찰력을 제공한다고 말한다. 예를 들어, 마르크스는 같은 시기에 썼던 희곡 습작인 〈울라넴 세계 Szenen aus Oulanem〉에서 인간의 실존적인 상황을 다음과 같이 표현했다.

> 결박당한, 영원히, 두려움에 떨며, 산산조각 나고, 공허하게
> 존재의 대리석 통나무에 결박당한,
> 결박당한, 영원히 묶여 있는, 영원히!
> 세계가 우리를 붙잡고 그곳으로 굴러간다.
> 그리고 죽음의 노래를 울부짖는다.
> 그리고 우리는, 냉담한 신의 원숭이 같은
> 우리는 여전히 생기 있고 온기 있는 뱀을 간직하고 있다.
> 충만한 사랑의 마음속에 엄청난 슬픔을 간직한 채
> 그 사랑의 마음이 모든 형상으로 퍼질 때
> 그 형상의 꼭대기에서 우리를 비웃는 ……[10]

영어로 마르크스 전기를 쓴 로버트 파인은 다음과 같은 주석을 달았다. "세계와 인간에 대한 파멸의 심판은 마르크스에게 전형적인 것이다. 그는 세계와 영원히 예속된 채로 그 세계에서 살아가야 하는 인간, 즉 '냉담한 신의 원숭이들'에게 어떠

한 연민도 보이지 않았다."[11]

　예니는 그렇게 생각하지 않았다. 예니에게 이 시들은 독일 낭만주의 형식으로 표현된 카를의 어린 날의 열정으로 보였다. 예니는 이 시들에 감동했지만 동시에 열정적인 어린 연인을 지킬 수 없을까봐 불안해했다. "아 카를! 나를 비참하게 만드는 것은 바로 당신이 다른 모든 여자들의 마음을 이루 말할 수 없는 황홀감으로 채워주는 것이에요. 가슴 벅차게 하는 당신의 아름답고 열정적인 사랑, 이 사랑을 형언할 수 없이 아름답게 표현하는 당신의 방식, 그리고 당신이 열정적으로 창조한 판타지들, 바로 이 모든 것이 내게 불안감을, 또는 때때로 절망감을 안겨준답니다. …… 당신의 열렬한 사랑이 끝나버린다면 내 운명은 끔찍해질 거예요."[12] 카를은 그런 말을 한 적이 없었기 때문에 예니의 이런 생각을 이해할 수 없었다.

　　봐! 난 천 권의 책을 채울 수 있어.

　　그리고 언제나 거기에 '예니'만을 적겠어.

　　하지만 그녀는 많은 생각에 휩싸여 있는 것 같아.

　　영원한 행위, 흔들리지 않는 의지,

　　감미로운 문학, 부드러운 그리움의 정적,

　　타오르는 모든 불길과 아득히 저 먼 하늘의 모든 빛,

　　신들의 모든 쾌락과 슬픔,

　　내가 아는 모든 것과 내 존재의 모든 것에 대한 생각에.

　　그렇지만 나는 별들 속에서 오직 예니라는 이름만 읽을 수 있네.

　　산들바람에서도 예니라는 이름이 나에게 메아리쳐 들리네.

파도에 실려 환상처럼 나타나는 존재.

그리고 언젠가 나는 이러한 마력 속에서 예니라는 이름을
적을 수 있으리.

백년이 지나도 그녀의 눈빛을 알아볼 수 있을 때

예니는 '사랑'의 이름으로 남게 될 거야. [13]

이러한 사랑의 편지를 예니에게 보내고 난 뒤 카를은 그만이
가지고 있는 거침없는 열정으로 공부에 몰입했다. 그는 법학
강의 대신 철학 논쟁 모임에 열성적으로 참여했다. 그는 베를
린의 젊은 학생들의 헤겔 철학 토론 모임인 박사클럽Doktorklubs
의 구성원이 되었다. 그들은 겐다르멘마크트에 있는 슈테헬
리 카페의 '붉은 방roten Zimmer'에 모여 신문을 읽고, 맥주를 마
시며 자신의 지적 능력을 뽐냈다. 이들 중 대학의 신학 강사인
브루노 바우어는 복음서를 비판하는 급진적인 신학자였는데,
그는 복음서들에 역사적인 의의가 결여되어 있다고 주장했고,
기독교 내부의 혁명을 주장했다. 카를보다 아홉 살이 더 많은
그는 카를의 멘토가 되었다. 자신의 학생인 카를의 지적 능력
에 깊은 인상을 받은 그는 카를에게 교수직을 준비하라고 권
했다. 마르크스의 아버지도 카를에게 꾸준히 공부해서 베를린
에서 영향력 있는 사람들과 친분을 쌓고, 가능하다면 고귀한
프로이센 여왕 루이즈의 명예를 찬양하는 애국적인 시를 쓰라
고 충고했다. 만일 성공했다면 그의 이름이 알려질 것이고 교
수직을 얻을 기회가 늘어났을 것이다.

카를은 탐욕스럽게 책을 읽었으며 책에서 발췌한 것들을 수
첩에 빼곡하게 적었다. 이뿐만 아니라 논문, 격언집, 비평문을

맹렬하게 썼다. 하지만 프로이센을 찬양하는 시를 쓰라는 아버지의 제안에는 코웃음을 쳤다. 그는 자유로워지고 싶었지만 프로이센의 법과 규제는 그를 노예로 만들었다. 그는 1년 동안 프로이센 군대에서 복무할 수밖에 없다는 생각에 몸서리쳤다. 1838년 2월 징집되었을 때 그는 부모님에게 건강상의 이유로 군대 복무에 적합하지 않다는 의사의 진단서를 보내달라고 요청했다. 아버지가 몹시 아팠기 때문에 어머니가 대신 편지를 썼다. 1838년 5월 10일 법률 고문관 하인리히 마르크스는 눈을 감았다. 이때에도 그의 사랑하는 아들 카를은 여전히 베를린에 있었다.

5월 초 며칠 동안 그는 병든 아버지와 사랑하는 예니를 보기 위해 트리어에 머물렀다. 예니는 카를이 다투다가 자신을 "심술 궂은 여자"[14]라고 불렀다며 몹시 화가 나서 편지를 썼다. "내 심장이 멈췄어요. 당신이 무슨 짓을 했는지 깨닫고 내게 용서를 구해야 해요. 당신은 열렬한 사랑에 빠졌을 때도 그렇게 구는데 당신의 사랑이 차갑게 식어버리면 난 무엇을 기대할 수 있을까요. 오, 카를! 이런 생각은 지옥 같아요."[15]

예니만 미래를 두려워한 것은 아니었다. 예니의 편지 이후에 도착한 편지에서 그의 아버지는 스스로를 "본성상 타락한 작가"[16]라고 말했던 아들 마르크스의 성격에 대한 불안감을 드러냈다. "내 마음은 때때로 너와 네 미래에 대한 생각들로 가득 차 있다. 얼핏 다음과 같은 생각이 들 때 난 종종 슬픈 예감이 들고 두려운 생각들을 떨쳐버리지 못한단다. 너의 마음이 네 생각, 네 성품과 일치하고 있을까? 좀 더 현실적이면서도 좀 더 온화한 성품을 지닐 수 있는 마음, 즉 이 세상의 인정 많은 이가 본질적으로 가지고 있는 위안의 마음을 네가 가지고 있을까? 네 마음이 모든 사람을 사랑하지 않는 악마에게 지배당하고 있다면, 그 악마는 과연 신의 본성일까, 아니면 파우스트의 본성일까? 네가 지금까지 진정한 인간의 행복과 가정의 행복을 경험했을까?(그리고 이것은 내 마음을 가장 고통스럽게 하는 의문이다.)"[17]

카를의 성격에 대해 예니의 가족들의 생각은 서로 많이 달랐다. 트리어의 상원의원인 예니의 이복오빠 페르디난트는 아름다운 여동생이 카를 마르크스와 약혼했다는 소식을 들었을 때 베를린 경찰국에게 미래의 매제가 하는 일에 대해서 보고해 줄 것을 요청했다. 그는 자신이 알게 된 것들 때문에 깜짝 놀랐다. 마르크스는 법을 진지하게 공부하고 있지 않았다. 그는 역사와 철학 강의를 들었으며, 엄청난 양의 맥주와 와인을 마시거나 블랙 시가를 피우면서 젊고 급진적인 무신론자 동료들과 함께 신, 인간, 사회에 관해 논쟁하는 데 대부분의 시간을 허비했다. 페르디난트는 아버지에게 카를이 베를린에서 보여준 성향을 알렸으며 예니가 이 유대인 말썽꾸러기와 한 약혼을 강제로라도 반드시 깨야 한다고 고집부렸다. 하지만 베스트팔렌은 예니가 경솔하게 행동했다는 것을 인정하면서도, 딸의 인생에 어떤 명령을 내릴 생각도 없었고 그렇게 할 수도 없었다. 예니는 스물네 살이었고 확고한 의지가 있는 여성이었다. 그리고 그는 카를이 베를린에서 따끔한 맛을 본 이후에야 훌륭하게 발전할 것이라고 믿었다. 페르디난트의 생각은 달랐다. 그는 자식들의 행복을 지켜주는 것은 부모의 몫이라고 경고하듯이 말했다. 즉 페르디난트는 예니가 약혼을 깨지 않는다면,

아버지가 그녀의 상속권을 박탈할 것이라고 경고해야 한다고 말했다.

미래를 불안해하던 예니는 아팠고 고향을 자주 떠나 있었지만, 약혼자와 편지로 연락을 주고받았다. 이 편지들 가운데 일부는 아직 남아 있는데 그들의 어조는 언제나 같았다. 열정적인 영원한 사랑, 그리고 예니의 걱정. 그는 그녀에게 여전히 충실한 걸까? "내 사랑, 나의 유일한 사랑, 꼭 좀 빨리 내게 편지를 주세요. 그리고 잘 지내고 있다고, 언제나 여전히 나를 사랑한다고 말해주세요."[18]

베를린에서 학생으로 있는 5년 동안 카를은 많은 여자들을 만났고, 그중엔 유명한 여인들도 있었지만, 헌신적인 태도로 예니를 안심시키려고 노력했다. 그는 독일의 젊은 낭만파 시인 모임에서 주도적인 역할을 했던 베티나 폰 아르님의 문학 살롱에 다녔고 자신보다 서른 살이나 많은 베티나에게 매료되었다. 왜냐하면 그녀가 자신이 어렸을 적에 직접 만났던 괴테에 대해서 아주 생생하게 이야기했기 때문이기도 했지만 가난한 자들에게 동정심이 있었기 때문이기도 했다. 시와 사회문제는 마르크스가 관심을 두고 있던 주요한 두 가지 주제였다.

그는 베니타를 트리어에 초대해서 예니를 분노하게 했다. 예니의 학교 친구 중 한 명인 베티 루카스는 이렇게 이야기한다. "어느 날 밤 나는 문도 두드리지 않고 갑작스럽게 예니의 방으로 들어갔는데, 어둑어둑한 사이로 소파 위에 발을 올리고 앉아 손으로 무릎을 감싸고 웅크리고 있는 작은 형체를, 아니 오히려 사람의 형태와 비슷한 꾸러미를 보았다. 이 존재가 소파에서 미끄러지듯 일어나 나에게 자신을 베티나 폰 아르님이라고 소개했을 때의 실망감은 10년이 지난 오늘까지도 생생하다. …… 거의 말이 없던 그녀의 입에서 들을 수 있었던 몇 마디는 더위에 대한 불평이었는데, 이 불평 이전에는 어떤 말도 듣지 못했던 것 같다. 바로 그 후에 마르크스가 방으로 들어왔고, 그녀는 그에게 분명한 어조로 라인그라펜슈타인에 함께 가자고 청했다. 이때가 밤 아홉 시였고 그 바위에 도착하는 데 한 시간이나 걸리는데도 마르크스는 슬픈 눈빛으로 그의 약혼자를 힐끗 바라보고는 이 유명 인사를 따라나섰다."[19]

예니는 기분이 별로 좋지 않았지만 언제나 그랬듯이 그의 수 돼지를 용서해주었다. 이런 일은 그 이후에도 계속되었다. "당신은 라인 호에서 올바르게 행동했나요, 아니면 배 위에 또 마담 헤르만이 있었나요? 오, 이 짓궂은 악동. 나는 모든 기선 여행에서 당신의 그 버릇을 꼭 고쳐야겠어요. 나는 이런 방황을 당장에 사회계약, 즉 우리 결혼계약의 금지 조항으로 넣고 이런 비정상적인 행동들을 꾸짖을 거예요. 나는 모든 상황들을 명시하고 보상을 요구할 것이며 아주 엄격한 결혼 법을 만들 거예요. 꼭 당신을 혼내줄 거예요."[20] 예니가 자신의 연인인 카를에게 보내는 편지 중 위와 같은 구절의 도전적인 어조는 그녀가 그의 충실성을 걱정하고 있으며 걱정할 권리가 있다는 것을 보여준다. 하지만 마르크스는 엥겔스와 달리 바람둥이가 아니었다. 그는 그저 다른 여자들과 사랑 놀음할 기회가 생기면 그 기회를 잡았을 뿐이다.

예니의 한 편지에 따르면 그들은 결혼하기 약 2년 전부터 성관계를 가졌다. 그녀는 명목상 친구들을 방문하기 위해서였지만(집에는 이렇게 얘기했다), 사실상 카를이 교수직을 얻기 위해 머물렀던 본 근처의 노이스에서 그에게 편지를 썼다. 예니의 어머니는 예니가 트리어로 돌아오는 길에 본에 머무르려 한다는 말을 듣고서 남동생 에드가와 동행했을 때만 그렇게 하라며 예니를 엄하게 꾸짖었다. 약혼한 커플은 오직 샤프롱 Chaperon(사교계에 나가는 젊은 여성의 보호자—옮긴이)이 있는 곳에서만 서로 만날 수 있었다. 예니의 어머니는 예니에게 이 규칙을 위반해서는 안 되며 "대내외적으로 품위를" 지키라고 경고했다.

"아, 내 영혼의 모든 것을 무겁게 사로잡고 있는 나의 사랑! 대내외적인 품위라니! 아아, 나의 카를, 나의 다정하고 유일한 카를! …… 하지만 카를, 나는 후회하지 않아요. 나는 눈을 감고 행복하게 미소 짓는 당신의 눈을 그려봐요. 그리고 내가 당신의 모든 것이고 다른 누군가에게는 아무것도 아니라는 게 기뻐요. 카를, 내가 어떤 짓을 했는지, 그리고 세상이 나를 얼마나 경멸할지 나도 잘 알아요. 하지만 나는 더없이 행복하고 그 시간들의 기억을 세상의 그 어떤 보물과도 바꾸지 않을 거예요."[21] 그녀가 한 행동을 그녀의 부모님과 고향 사람들이 알았을 때 뭐라고 말할지, 그녀는 몸서리쳤다. "아, 트리어를 생각하면 나는 움츠러들어요. 내 부모님, 당신을 너무나도 사랑하는 내 늙은 부모님이 그곳에 계셔요. 아 카를, 나는 정말 못됐지만 나에게 당신을 사랑한 것 외에 더 좋은 것은 없어요. …… 당신의 사랑이 끝나면 내 인생도 끝이 나요. 그리고 이러한 죽음 이후에는 어떠한 부활도 없어요."[22]

이 열정적인 사랑의 맹세를 받고 있는 사람은 미래에 어떤 직업을 가져야 할 것인지 여전히 결정하지 못하고 있었다. 그는 5년 동안 베를린 대학교를 다녔지만 졸업 시험을 보지 않았다. 그의 어머니는 그에게 일자리를 잡으라고 재촉했다. 그러나 그는 오랫동안 책을 읽으며, 이런저런 풍자적인 산문과 시를 쓰고, 박사클럽의 동료들과 함께 논쟁하는 것을 좋아했다. 클럽 동료들은 그가 거칠고 다루기 힘들지만 주목받는 외모의 영특한 친구라고 생각했다. 학우회의 학생모를 쓰고 있고 원기 왕성해 보이며 거칠 것 없어 보이는 이 사람, 즉 자신을 업신여기는 적에게 분노를 거침없이 표현하는 이 사람의 인상은 이 시기에 브루노 바우어의 동생 에드가 바우어가 쓴 시의 다음 구절에 잘 나타나 있다.

누가 뒤에서 미친 듯이 격렬하게 달려오는가?
트리어의 까무잡잡한 친구, 격렬함의 고갱이
그는 나아가지만, 껑충껑충 뛰지 않으며, 뒤꿈치로 땅을 박
차고 뛰어오른다.
그리고 완전히 격분하여 날뛴다.
그러고는 마치 저 드넓은 하늘을
손으로 움켜잡고서, 땅으로 끌어내리려는 듯,
그는 두 팔을 넓게 펴 하늘을 향해 뻗는다.
분노의 주먹을 흔들며 쉼 없이 미쳐 날뛴다.
마치 만 명의 악마가 그의 머리카락을 움켜쥐고 있는 것처
럼.[23]

마르크스가 생각하기에 그 악마들 중 최악은 그의 아버지가 죽은 후 가족의 경제권을 쥐고 있는 어머니였다. 어머니는 그에게 학업을 마치든지 아니면 집에서 매달 부치는 학자금을

포기하든지 둘 중 하나를 선택하라고 했다. 그는 어머니를 안심시키기 위해서, 그리고 교수가 되거나 작가나 저널리스트가 되는 데 학위가 도움이 될 것을 알았기 때문에 자리에 앉아 몇 달 동안 〈데모크리토스와 에피쿠로스 자연철학의 차이〉라는 박사 논문을 썼다. 그의 논문은 그가 후에 남긴 말의 전조였다. "철학자들은 그저 세계를 다양하게 해석해왔을 뿐이다. 그러나 중요한 것은 세계를 변혁시키는 것이다."[24] 그는 논문을 그가 다니던 베를린 대학이 아닌 한 번도 다닌 적이 없던 예나 대학에 제출했다. 예나 대학은 구술 면접시험도 보지 않고, 어떤 직무를 수행하려고 하는지 물어보지도 않은 채 다니지도 않은 학생에게 박사학위를 수여했다. 마르크스의 논문은 곧바로 심사를 통과했고 1841년 4월 철학 박사학위가 수여되었다.

그는 대학 강단에 설 수 있는 자격증을 가지고 강사직을 얻기 위해 본으로 떠났다. 동시에 그는 저널리스트가 되겠다는 생각도 했다. 베를린에 있는 그의 친구들의 희망도 그와 같았다. 박사클럽에서 마르크스가 만난 친구 중 하나인 모제스 헤스는 라인란트에 있는 그의 친구에게 청년 마르크스 박사를 소개하는 편지를 썼다. "자네는 지금 이곳에 있는 우리 친구 중 한 명인 어떤 남자와 만나는 걸 아주 기뻐하게 될 거야. 물론 그는 곧 강사가 되어서 살게 될 본에 있지만 말이야. 그와 나의 관심 분야는 완전히 다르지만 그는 내게 강렬한 인상을 남겼다네. 그러니까 자네는 곧 엄청난 사람을, 어쩌면 살아 있는 유일한 철학자를 만나게 되는 거라네. 곧 그가 데뷔하고 나면(작가로서, 그리고 학계에 재직하는 사람으로서) 종이 위에서든 강단에서든 그가 나타날 때마다 모든 독일인의 시선을 사로잡게 될 거야.

내가 숭배하는 마르크스 박사는 꽤 젊고(많아야 스물네 살이고) 중세적인 종교와 정치에 결정타를 날릴 거라네. 그는 신랄한 풍자를 아주 깊은 철학적 사고와 결합시키지. 한 사람에게 루소, 볼테르, 홀바흐, 레싱, 하이네, 헤겔이 섞여 있다고 생각해봐. 그냥 나란히 있는 것이 아니고 한데 섞여 있다니까. 그 사람이 바로 마르크스 박사라네."25

라인란트의 부유한 공장주의 아들인 모제스 헤스는 자신의 '우상'인 마르크스보다 겨우 여섯 살 위였다. 이 젊은 마르크스에 대해 과장된 편지를 쓴 지 몇 달 후, 헤스는 새롭게 설립된 자유주의 신문인 《라인신문Rheinische Zeitung》의 편집국에서 자신과 브루노 바우어와 함께 일하자고 마르크스에게 요청하며 마르크스에 대한 더욱더 큰 존경심을 보여주었다. 카를이 학계에 자리를 잡아서 자신과 결혼할 수 있게 되길 바랐던 예니는 불안했다. "오, 내 사랑, 당신은 이제 아주 정치에도 발을 담그셨군요. 더군다나 이건 너무 위험한 일이에요. 늘 염두에 두세요, 나의 카를. 당신에겐 고향에서 희망과 고통 속에서 살고 있는 연인, 당신의 운명에 모든 것이 달려 있는 연인이 있다는 것을요."26

그녀에게는 힘든 몇 년이었다. 그녀는 스물여덟 살이었고 아직 트리어에서 가장 예쁜 여인 중 한 명이었다. 그녀의 친구들은 대부분 이미 오래전에 결혼했으며 동생 에드가도 고향을 떠났지만 그녀는 여전히 사랑하는 남자와 결혼하기를 기다리고 있었다. 쾰른에 있던 마르크스가 이제 더 자주 그녀를 보러 올 수 있다는 것과 그가 얼마나 그녀를 열정적으로 사랑하는지 확인할 수 있게 되었다는 것이 그녀에게 작은 위안일 뿐이었다. 그녀는 이미, 거의 그의 '아내'가 된 것이나 다름없었으며, 그의 부인이 되기를 원했다. "나의 카를, 내가 아직도 완전히, 정말로 완전히 당신의 것이라는 점을 말해주세요."²⁷ 앞날에 대한 그녀의 불안은 아버지의 건강이 악화되면서 점점 더 커졌다. 그녀의 아버지는 가족 내에서 카를에 대한 사랑과 그의 부인이 되고자 하는 소망을 자유롭게 이야기할 수 있는 유일한 사람이었다. 1842년 3월 3일, 예니의 아버지가 죽자 그녀의 이복오빠 페르디난트가 가장이 되었다. 예니는 페르디난트가 자신과 약혼자가 얼마나 가까운 사이인지 알게 되면 어떻게 반응할지 두려워 몸서리쳤다. 예니와 카를이 결혼하는 것을 아무도 막을 수 없다는 사실을 마침내 깨닫게 된 그녀의 어머니는 트리어를 떠나 크로이츠나흐의 작은 집으로 이사하자고 제안했다. 트리어의 소문들에서 멀리 떨어진 그곳에서 예니와 그녀의 어머니는 카를에게 펼쳐진 저널리스트의 삶을 지켜보았다.

카를이 가끔 《라인신문》의 통신원 일을 하면서 얻는 수입은 그 부인은커녕 스스로를 부양하기에도 부족했다. 그는 트리어로 가 어머니에게 자신 몫으로 남겨진 아버지의 유산을 달라고 애원했지만 받지 못했다. 헨리에테는 마르크스에게 그의 아버지는 그가 자유로운 저널리스트가 아니라 변호사가 되길 원했다는 점을 상기시켰다. 마르크스의 어머니는 그의 아버지가 강하게 반대했던 삶의 방식을 선택한 그에게 경제적인 도움을 주지 않았다. 마르크스는 격분하고 좌절했다.

마르크스가 약속한 기사를 보내지 않아 동료인 아르놀트 루게가 마르크스를 질책하자 그는 엄청나게 화를 내며 아주 불쾌한 가족 다툼에 연루되었기 때문에 몇 주간 일을 할 수 없었다고 말했다. "내 가족은 부유한데도 내 인생을 방해하고 나를 고통 속으로 몰아넣고 있어. 나는 이런 사적인 일들로 자네를 귀찮게 하지는 않을 거야. 다행히도 사회적인 논란들이 많아서 자네 같은 인격자는 이런 자질구레한 일들로 귀찮을 겨를은 없을 테지."[28] 생의 이력을 처음 시작하는 청년 마르크스가 몰두했던 "사회적인 논란"은 신문 검열과 폐간이었다.

1842년 5월 5일에 실린 그의 첫 정치 기사에서 마르크스는 양도할 수 없는 인권인 표현의 자유를 옹호했다. 이 기사 이후에 쓴 다섯 편의 기사는 라인 지방 의회에서 이루어진 언론 자유에 대한 논쟁에 대한 그의 응답이었다. 마르크스는 어떤 정부기관도 사상의 자유로운 표현에 대해 간섭하지 말아야 한다고 주장했다. "자유 언론은 진실을 반영하는 거울이다. 하지만 언론 검열은 거울을 왜곡시키고 진실을 가린다. 자유로운 언론의 본질은 개성이 풍부하고, 이성적이며, 도덕적인 특성을 가지고 있는 자유의 본질과 동일하다. 검열을 받는 언론의 특성은 몰개성적이며 자유가 없다. 자유가 없다는 것은 문명의 탈을 쓴 괴수이고, 향수를 뿌린 괴물이다."[29] 언론의 자유와 검열에 대한 이러한 기사들은 마르크스의 가장 빛나는 업적 가운데 하나로 손꼽힌다. 역설적이게도 이 기사들은 오늘날 어떠한 공산주의 국가에서도 결코 출판되지 못했다.

자신이 사랑하는 수퇘지가 쓴 이 첫 기사에 깊은 인상을 받은 예니는 끔찍한 생각, 즉 그가 결투에서 오른손을 잃게 될 것 같은 생각이 갑자기 떠올랐다고 그에게 편지를 썼다. 그녀는 두려웠으나 행복했다. 그녀는 편지에 다음과 같이 썼다. "보세요, 내 사랑, 내가 정말 당신에게 없어서는 안 될 존재가 될 수 있고, 그러면 당신이 나를 언제나 당신 곁에 두고 사랑해줄 것이라는 생각을 했어요. 나는 당신의 모든 훌륭한 생각들을 받아 적을 수 있으니 당신에게 무척 도움이 될 거예요."[30]

　마르크스가 오른손을 잃는 일은 결코 일어나지 않았지만 그를 돕겠다는 예니의 바람은 사실이 되었다. 그녀는 거의 전 생애에 걸쳐 읽기 힘든 마르크스의 악필 원고를 다시 옮겨 적어야 했다. 예니는 인내와 사랑으로 이 일을 했다. 당시 그는 기자이면서 편집자였다. 1842년 10월, 그가 예니에게 《라인신문》 편집장이 되었고 연봉으로 600탈러를 약속받았다는 것을 말했을 때 그녀의 기쁨은 하늘을 찌를 듯했다. 마침내 마르크스와 자신의 앞길에 밝은 미래가 보였기 때문이다.

4. 새로운 세상으로 가는 길

라인 지방의 산업자본가 단체에게서 재정 후원을 받았던《라
인신문》의 젊은 편집장은 크로이츠나흐에 있는 연인에게 자
신과 동료가 쓴 사설을 보냄으로써 그가 쾰른에서 어떻게 지
내는지 알렸다. 예니는 그가 이제야말로 자신의 일을 하고 있
다고 느꼈다. 그는 그녀에게 자신이 벌이고 있는 두 개의 전면
전에 관해 썼다. 하나는 자신이 모르는 것은 모두 삭제해버리
는 멍청한 프로이센 검열관과 벌이는 싸움이었는데, 이 검열
관은 프로이센에서는 신성神性이 결코 희곡으로 다뤄질 수 없
다고 주장하면서 단테의《신곡》에 관한 부분을 모두 삭제해버
렸다. 다른 하나는 책의 서평이나 연극평론을 통해 공산주의
사상을 퍼뜨리려고 하는 그의 급진적인 베를린 친구들(청년헤
겔학파 ― 옮긴이)과 벌이는 싸움이었다. 그래서 1842년 11월 30일
마르크스는 친구 루게에게 이렇게 편지를 보냈다. "분명히 말
하는데 나는 별로 중요하지 않은 연극평론 등에 공산주의 혹
은 사회주의적인 교의, 즉 새로운 세상에 대한 시각을 은근슬
쩍 끼워 넣는 것은 부적절하고, 비도덕적이라고 생각하네. 만
일 언젠가 공산주의를 논의해야 한다면 나는 근본적으로 전혀
다르게 논의해야 한다고 생각해."[1]

　예니는 아버지, 카를, 그리고 자신이 가졌던 논쟁들에서 사
회가 가난한 사람들을 위해서 어떤 도움을 주어야 할 것인가

에 관련한 물음들이 종종 제기되었다는 사실을 떠올렸다. 그녀의 아버지는 기독교적 기부가 가장 좋은 방법이 되어야 한다고 주장했지만, 당대의 프랑스 작가들은 국가가 사적 소유에 제한을 가하고 거대한 부의 축적을 막아야 한다고 주장했다. 이중 "소유는 도둑질이다"라는 프루동의 유명한 격언은 뜨거운 논쟁을 불러일으켰다. 카를과 예니는 사유재산이 사라지고 공유 재산만 남으면 더 나은 세계가 될 거라고 생각했지만, 이러한 프루동의 주장에 예니의 아버지는 공동 소유 사상은 결코 새로운 것이 될 수 없으며, 초기 기독교 여러 분파들이 이 방식으로 생활했고, 오늘날 수사와 수녀들의 삶의 방식도 그렇다고 대답했다. 그렇지만 보통 사람은 성인이 아니며, 소유하고자 하는 본능은 그들 모두에게 있는 보편적인 성향이고 사람들이 사유재산을 포기하도록 강제하기 위해서는 폭력이나 공산주의 사회에 대한 신념이 필요할 것이라고 덧붙였다.

예니는 카를이 자신의 신문을 베를린 친구들의 급진적 이념을 선전하는 기관지로 꾸미지 않은 것을 다행스럽게 생각했다. 중요한 것은 카를이 편집하는 《라인신문》의 독자들이 꾸준히 증가하고 있다는 점이었다. 그녀는 그가 크리스마스 몇 주 전에 보낸 편지에서 10월에 1,000명 미만이었던 정기 구독자가 이제 3,000명이 되었다는 소식을 접했고, 매우 자랑스럽고 기쁘게 생각했다. 카를에 대해 매우 비판적이었던 그녀의 가족들뿐만 아니라 모든 이들은 불과 몇 달 만에 작은 지방신문을 전 국민의 대변자로 만든 것이 엄청난 성과라는 점을 인정했다. 그에 대한 그녀의 믿음은 완벽하게 옳은 것으로 증명되었다.

그녀는 어머니가 크로이츠나흐에서 조촐한 크리스마스를 준비하는 걸 도우면서 카를이 불법 벌목에 관한 의회의 논쟁에 대응하여 쓴 기사들을 받아 보았다. 그 기사들은 이전 것들보다 더욱 논조가 날카로웠고 논쟁적이었으며 뜨거웠다. 카를은 숲에서 가지들을 주워 모으는 것을 금지하는 법률과 관련하여 의회를 비판했다. 이 법률이 공포된 것은 몇몇 대지주들이 죽은 나뭇가지들뿐만 아니라 나무 전체를 훔쳐가는 것에 대해 소송을 제기했기 때문이었다. 그들은 숲속에서 나뭇가지들을 가지고 있다가 적발되는 사람들 모두 체포되어 벌금형을 받아야 한다고 요구했다. 이 새로운 법은 많은 사람들에게 적개심과 저항을 불러일으켰다. 소작농들은 조국의 숲에서 열매, 버섯, 잔가지 등을 얻어가는 것이 먼 옛날부터 신에게 부여받은 그들의 권리라고 선언했다. 그들은 선술집에서 격렬하게 토론했고, 항의 집회를 통해 불만을 표출했다.

젊은 편집자였던 카를 마르크스는 《라인신문》이 민중의지의 대변자가 되는 것이야말로 전적으로 옳고 적절한 일이라고 생각했다. 일련의 뛰어난 기사들을 통해 그는 전통과 자연법에 따라 땅 위에 떨어진 숲속의 나뭇가지들은 지주들의 것이 아니라 가난한 사람들의 것이라고 선언했다. 나무에서 떨어진 나뭇가지, 즉 뗄감은 숲에 내리는 비처럼 공공의 소유라는 것이다. 예니는 카를이 전적으로 그녀의 아버지에게서 영감을 받아 이 기사들을 작성했다고 생각했다. 그리고 이 기사들이 얼마나 대단한 관심을 불러일으켰는지를 알았을 때 어머니와 함께 기뻐했다. 물론 그녀는 프로이센의 검열관이 논쟁적인 신문을 마음에 들어하지 않는다는 사실과 베를린이 젊은 편집자를 좀 더 면밀히 주시하기로 결정했다는 사실을 모르고 있었다.

　그 후 몇 달 동안, 마르크스는 수많은 베를린의 검열관들과 쥐와 고양이 놀이를 했다. 《라인신문》이 성향을 바꿔 지배계층에 호의적인 방향으로 바꿔어야 한다는 압력이 들어왔을 때, 그는 주 장관 에드워드 폰 샤퍼에게 장문의 편지를 썼다. 이 편지에서 그는 "진보의 길을 닦아서, 프로이센이 독일의 다른 지역을 이끌 수 있도록 《라인신문》은 있는 힘껏 도울 것"[2]이라고 공표했다. 그리고 《라인신문》이 "프랑스 사상과 정서를 라인 지방에 퍼트리고 있다"[3]는 비난을 강하게 거부했다. 그는 《라인신문》의 주요 과제는 "독일에 시선을 집중해서 프랑스 자유주의를 대신하는 독일 자유주의를 퍼뜨리는 것"[4]이라고 선언했다. 그리고 이 목표는 절대로 프리드리히 빌헬름 4세의 통치에 방해가 되지 않을 것이다.

　어떤 깃발 아래 있는 자유주의든 모든 자유주의 개념을 혐오했던 프로이센 관료가 이 자유주의에 공감했을지는 의문이다. 《라인신문》 편집장의 의도와 신념에 대한 그들의 의심은 모젤 지방 포도주 제조자들의 고통에 대한 일련의 기사들이 게재되자 더 확고해졌다. 프로이센 권력의 주도 아래 설립되었던 독일 관세동맹으로 인해 트리어와 코블렌츠 지방의 와인 제조업자들은 독일 남부 지방에서 들어오는 값싼 와인과의 경쟁에서 자신들을 지키기가 점점 어려워지고 있었다. 마르크스는 프로이센 검열관이 이런 문제에 직면한 도시 시장들의 공식적인 소송을 억압한다는 사실을 듣고서 이 소송 내용을 《라인신문》에 게재했다. "트리어와 코블렌츠 사이, 아이펠과 훈스뤼켄 사이를 흐르는 모젤 강 유역은 겉으로 보기에도 매우 가난해졌는데, 그 이유는 이 지역 사람들이 오로지 와인 제조를 통해 생계를 유지해왔지만 독일과의 통상 조약으로 인해 치명타를 입었기 때문이다."[5] 이 기사에 베를린 당국은 분노했다. 마르크스는 그의 주장에 대해 해명하지 않으면 그와 그의 신문이 책임을 져야 할 거라는 경고를 받았다.

예니와 그녀의 어머니는 카를이 자신들과 함께 크로이츠나흐에서 보낸 크리스마스의 며칠 동안 《라인신문》의 미래를 매우 걱정하고 있다는 것을 알게 되었다. 그는 작센의 일간지인 《라이프치거 알게마이네 신문Leipziger Allgemeine Zeitung》이 프로이센의 탄압으로 발행을 중단할 수밖에 없었다는 소식을 들었고, 그의 신문 역시 유사한 운명에 처하지 않을지 자문해보았다. 예니는 그에게 무슨 일이 닥치더라도 그의 곁을 지킬 것이라고 약속했고, 열정적인 헌신으로 이 약속을 지켰다.

그녀는 그에게 이런 편지를 썼다. "만일 내가 당신의 모든 길을 평탄하고 매끄럽게 할 수만 있다면",[6] "내가 당신의 앞길에 놓인 모든 장애물을 없앨 수만 있다면 좋을 텐데. 하지만 운명의 수레바퀴를 통제하는 건 우리의 몫이 아니지요. 우리는 이브의 원죄 때문에 수동적으로 살도록 선고받았어요. 기다림, 희망, 견딤, 참는 것, 이게 우리의 숙명이에요."[7] 그녀가 가장 열렬히 바라는 것은 하루빨리 카를이 그녀의 "법적으로, 그리고 신에게 인정받는 사랑하는 남편"[8]이 되는 것이었다. 1842년 크리스마스 휴일 동안 나눈 대화에서 그들은 1843년 6월에 결혼하기로 약속했다.

쾰른으로 돌아온 직후 마르크스는 자신과 《라인신문》을 감시하라는 베를린의 명령을 받고 쾰른으로 파견된 어떤 검열관을 알게 되었다. 빌헬름 생-파울은 교양 있고 똑똑하지만 냉소적인 사람이었다. 그는 재치 있는 논쟁을 통해 프로이센에서는 권리, 법, 질서에 대한 이상들이 자연법으로서 모두에게 인정되는 반면, 듣기 좋은 프랑스혁명의 슬로건(자유, 평등, 박애)은 어떤 사상가에게도 진지하게 받아들여지지 않았다는 것을 젊은 편집자에게 납득시키려고 노력했다. 생-파울이 받은 명령은 마르크스가 쾰른의 편집장 자리를 포기하고 베를린으로 와 프로이센 공무원이 되도록 하는 것이었다. 그의 아버지도 역시 쾰른의 프로이센 사법부 의원이었다. 이러한 마르크스와 논쟁 과정에서 생-파울은 의무가 자유보다 상위 이념이라고 주장했다. "나는 나의 인민을 위한 첫 번째 하인이다"는 바로 프리드리히 대제의 신조였고, 마르크스가 존경했던 괴테도 이렇게 말했다. "사람은 자유롭게 자신이 존경하는 군주를 섬기는 일보다 더 큰 행복은 없다."[9]

그러나 프로이센의 왕을 섬겨야 한다는 생각은 마르크스에게 매우 불합리한 것이었다. 전제군주의 시대가 끝나고 혁명 이념들에 의해 세계가 움직이며 프랑스에서와 마찬가지로 독일에서도 부르주아지가 새로운 권력이 될 것이며 공화국을 선포하게 되리라는 것을, 군주제의 시대가 끝나가고 있다는 걸 생-파울은 참으로 모르고 있단 말인가.《라인신문》의 젊은 편집자와 벌인 논쟁을 통해 이 검열관은 마르크스를 자유주의 사상에서 결코 떼어놓을 수 없으며, 그의 자유주의 사상이 더 퍼져가는 것을 막기 위한 유일한 길은 그를 편집장 자리에서 물러나게 하거나 그 신문을 탄압하는 것뿐이라고 결론지었다.

프로이센 당국은 기존의 저명한 《쾰른신문》이 명백한 가톨릭교회 기관지여서 1842년 《라인신문》 발행을 허가했다. 왜베를린은 이 새로운 신문이 라인 지방의 프로테스탄트 사상에 이바지하기를 희망했다. 이 점은 특히 중요했는데, 프로테스탄트 국가였던 프로이센은 1830년 네덜란드 합중국에서 일어난 일을 사전에 막고 싶어했다. 당시 벨기에 가톨릭 신도들은 프로테스탄트 지배에 항거하여 네덜란드에서 독립을 한 것이다. 가톨릭이 지배하고 있던 라인 지방의 강력한 반프로이센 정서는 종교적인 것뿐만 아니라 프로테스탄트와는 정반대의 삶의 방식 때문이기도 했다. 쾌활한 라인 지방 사람들의 눈에 프로이센 사람들은 법과 질서에 집착하고 늘 명령이 떨어지기만을 기다리는 사람들이었다. 프로이센 당국의 기대와는 달리 《라인신문》은 가톨릭 독자들이 즐거워할 만한 것을 많이 제공하지는 않았지만 곧 프로이센 검열관들의 눈엣가시가 되었다.

　프로이센 당국에 따르면 《라인신문》은 1843년 1월, 명백히 반러시아적인 색채가 강한 기사를 내는 커다란 죄를 저질렀다. 《라인신문》은 차르의 폭정이 러시아 인민들의 삶을 비참하게 하고, 소작농을 농노로 만들고 공무원과 기독교를 부패하게 한다고 했다. 이 기사는 베를린을 당황하게 했고, 상트페테르부르크를 화나게 하고 격분시켰다. 러시아와의 우호관계가 나폴레옹 전쟁 이후 프로이센의 중요한 정책 요소 중 하나였기 때문에 베를린은 '《라인신문》의 악의적인 기사'가 거대한 이웃나라와의 관계를 손상시킬까봐 불안했다. 상트페테르부르크 궁중에서 겨울궁전의 무도회가 흥겹게 열리고 있는 동안 프로이센 공사는 차르 니콜라스 1세에게 혹독한 질책과 독일의 불명예스러운 자유주의 언론에 대해 뭔가 대책을 세우라는 명령을 받았다. 그날 1월 8일, 주사위는 던져졌다. 결국 언론 검열을 책임지고 있던 세 명의 프로이센 장관들은 1843년 3월 31일《라인신문》의 발행 허가 취소를 결정했다.

이 명령으로 인해 독일 여러 지역에서, 특히《라인신문》을 자신들의 희망과 바람을 가장 잘 대변해주는 신문이라고 생각했던 젊은이들 사이에서 엄청난 항의 집회가 열렸다. 쾰른, 아헨, 엘버펠트, 뒤셀도르프, 코블렌츠, 트리어에서 결정 취소를 요구하는 청원서가 제출되었다. 예니에게 이 몇 주일은 매우 흥분된 시간이었다. 그녀가 사랑하는 멧돼지는 젊은이들 사이에서 사상의 자유라는 이념을 대표하는 아이콘으로 칭송되었다. 또한 만일 그가 이 싸움에서 진다면 미래의 재정적인 사정이 위태로워질 것이라는 것을 알았지만, 그녀는 무슨 일이 일어나더라도 자기 자신을 믿으라고 그에게 확신을 심어주었다. 비록 그는 직업이 없었고 직업을 가질 가망조차 없었지만, 그녀는 6월에 그의 아내가 될 결심을 했다. 그동안 그녀는 서명을 받아 모았고, 모든 친구들과 친척들에게《라인신문》발행 금지에 항의할 것을 요청했다.

그러나 카를은 검열과의 끝없는 싸움에 신물이 났다. 이미 자신의 자리는 지키지 못하더라도 꼭 신문을 지키고자 하는 필사적인 노력으로, 그는《만하이머 석간신문Mannheimer Abendzeitung》에 익명으로 자기 자신을 고소하는 글을 올렸다. 그는 "의회 대표자들의 공허한 말들을 보도하고 그 말의 불합리함을 증명한 날카로운 비평과 참으로 훌륭한 변증법에 대한 책임은 전적으로 마르크스 박사에게 있을 것이다"[10]라고 썼다.

그러나 반어적인 표현인 '전적인 책임'은 베를린 검열관들에게 어떤 호소력도 없었다. 《라인신문》 발간을 중지시켜야 한다는 그들의 명령은 단호했다. 신문 발간이 중단된 날부터 2주 전인 3월 17일, 《라인신문》은 다음과 같이 짧게 발표했다. "필자는 최근의 검열 환경으로 인해 오늘부로 《라인신문》 편집국을 떠나게 되었음을 밝힌다. 1843년 3월 17일 쾰른에서. 마르크스 박사."[11]

예니는 카를이 검열관과의 싸움에서 이기기를 바랐다. 그렇지만 그가 사임했다고 짧게 소식을 보내왔을 때, 그녀는 카를이 혐오스럽고 반동적인 프로이센 체제(그녀의 이복오빠 페르디난트는 이 체제를 찬양하고 지지했다)를 공개적으로 비난하는 용기를 가졌다고 어머니에게 자랑스럽게 말했다. 그녀는 라인 지방 사람들이 카를의 행동을 이해하고 존중할 것이라고 확신했다. 그녀의 어머니가 카를이 지금 뭘 생각하고 있는지 알고 싶어했을 때 예니는 어머니에게 카를과 그의 친구 아르놀트 루게가 모든 주장을 검열 없이 표현할 수 있도록 독일 밖에서 저널을 출판할 계획을 하고 있다고 말했다. 카를은 이러한 저널을 출판할 수 있는 장소로 취리히, 스트라스부르크, 브뤼셀 또는 파리를 들었다. 예니는 그가 떠날 경우 언제라도 그를 따를 준비가 되어 있었지만, 자신의 미래를 걱정하고 있다는 사실은 비밀로 하지 않았다. "오늘 밤에 스트라스부르크와 관련해 이런저런 몇 가지 생각이 떠올랐어요. 만약 당신이 그런 방식으로 독일을 프랑스에 팔아넘긴다면 다시는 고향으로 돌아올 수 없게 되지 않을까요?"[12] 카를은 그렇게 생각하지 않았다. 반대로 그는 자신이 독일인이라는 사실을 부끄러워했다. 그는 예니에게 얼마 전 네덜란드 여행에서 사람들이 "전 세계의 눈앞에 전제주의의 폭정이 낱낱이 드러난"[13] 독일을 얼마나 경멸했는지를 경험했다고 썼다. 그는 이 전제 정치를 끝장내는 것이 결코 피하지 말아야 할 영예로운 과업이라고 생각했다. 그래서 자신의 친구 루게에게 이렇게 단언했다. "우리 앞에 놓인 운명은 다가올 혁명이다."[14]

그러나 무엇보다도 먼저 그는 결혼을 원했다. 그는 반체제적 저널로 알려졌던 《독불연보Deutsch-Französischen Jahrbücher》를 파리에서 함께 창간하기로 한 루게에게 다음과 같이 단언했다. 약혼한 지도 7년이 넘었고, "머리부터 발끝까지, 그리고 모든 진심을 다해 사랑하고 있으며, 또한 나의 신부는 나를 위해, 한편으로는 천국의 주님과 베를린의 군주를 동일한 숭배의 대상으로 보면서 경건한 체하며 귀족정을 옹호하는 그녀의 친척들에 대항하여, 또 몇몇 사제와 그 밖에 다른 나의 적들에게 교묘히 환심을 사고 있는 내 가족에 대항하여 자신의 건강을 악화시킬 정도로 가장 힘겨운 싸움을 해왔다네. 나와 나의 신부는 우리보다 세 배나 나이가 많고 그들의 '인생 경험'(우리의 절충주의자들이 즐겨 쓰는 말)을 끊임없이 이야기하는 사람들과 불필요하고 상처를 입히는 싸움을 수년 동안 해왔다네."[15]

마르크스는 크로이츠나흐로 갔고, 거기서 예니는 그를 두 팔 벌려 환영했다. 예니는 마르크스에게 어떤 선물도 가져오지 말고 신혼여행을 위해 돈을 아끼라고 부탁했다. 그가 그녀에게 꽃을 가져다줄 거라면 그것은 핑크색이어야 했다. "내 녹색 드레스에는 그게 제일 나을 거예요. 하지만 나는 당신이 아무것도 가지고 오지 않는 편이 더 좋아요."[16] 그녀는 호적상 결혼식뿐만 아니라 교회 결혼식도 준비했다. 그러나 그녀는 무엇보다도 우선 '카를 마르크스와 예니 폰 베스트팔렌' 사이에 '결혼계약서'[17]가 작성되어야 한다고 주장했다. 그 계약서의 첫 번째 항목에는 앞으로 결혼할 당사자들 사이에 부부 재산 공유를 법적으로 인정해야 한다는 내용이 있고, 또한 다음과 같은 세 번째 항목의 특별 조항도 들어가 있다. "결혼 당사자 모두는 결혼 전에 생긴 빚과 계약을 통해서, 상속을 통해서 그리고 다른 방식으로 발생한 모든 빚을 확실히 갚아야 한다. 따라서 이런 채무는 부부가 공유하는 재산에서 제외시켜야 한다."[18]

현대의 독자들은 왜 19세기의 젊은 여성이 프로이센 왕실 공증인에게 결혼계약서를 작성해달라고 부탁했는지, 그리고 심지어 왜 마르크스도 서명했는지 의아해할 것이다. 예니는 카를이 자주 빚을 진다는 것, 특히 그의 어머니가 아버지의 유산을 주지 않았기 때문에 그런다는 것을 알았다. 그러나 이 같은 부채 조항이 포함된 결혼계약은 예니의 어머니와 이복오빠가 강하게 주장해서 이루어진 것으로 보는 편이 더 타당한 듯하다. 그들은 예니의 결혼 결심을 막지 못했기 때문에 적어도 예니의 약혼자가 원래 가지고 있는 빚에서 예니를 보호해야 한다고 생각했던 것으로 보인다. 결과적으로 마르크스의 서명은 순전히 형식적인 것으로 증명되었는데, 예니는 평생 동안 자신의 남편과 가족이 진 빚과 씨름해야만 했기 때문이다.

쾰른에 거주하는 카를 마르크스 박사와 크로이츠나흐에 거주하는 요한나 베르타 율리에 예니 폰 베스트팔렌 양의 결혼식은 비록 마르크스가 무신론자였음에도 1843년 6월 19일 크로이츠나흐의 파울 교회에서 거행됐다. 예니의 어머니, 그녀의 남동생 에드가 그리고 그녀의 몇몇 친구들만 결혼식에 참석했다. 카를의 가족은 아무도 없었다. 라인강 쪽으로 짧게 신혼여행을 다녀온 후 젊은 부부는 크로이츠나흐에 있는 예니 어머니의 집에서 살림을 시작했다. 카롤리네는 에드가와 함께 트리어로 돌아갔다.

예니와 카를은 크로이츠나흐에서 약 한 달 정도 머무른 후 외국 어딘가로 가려는 계획을 세웠다. 이들이 가려는 곳은 전적으로 루게의 협상에 달려 있었다. 루게는 민주주의 성향을 띤 간행물의 발행인인 프뢰벨, 그리고 사업의 재원을 지원하기로 한 몇몇 친구들과 협상을 하고 있었다. 이 협상은 수개월을 질질 끌었고, 예니는 곧 신혼 침실이 점점 남편의 연구실로 바뀌어가고 있다는 것을 깨달았다. 그는 크로이츠나흐에 프랑스, 영국, 독일, 미국의 역사를 다루는 45권에 달하는 책을 가지고 와 24시간 내내 그것들을 세심하게 연구했다. 예니는 그가 한 엄청난 분량의 메모에 깜짝 놀랐다. 그는 거의 모든 페이지에서 핵심 내용을 발췌했다. 크로이츠나흐 신혼여행 때부터 시작한 그의 발췌 노트는 250쪽에 달했다. 예니는 종종 자신이 사람과 결혼했는지 책벌레와 결혼했는지 의문스러웠지만 그를 사랑했기 때문에 그가 방해받지 않고 독서할 수 있도록 철저히 도왔다. 그리고 카를은 그가 이제 막 발견한 새로운 세계, 즉 부르주아 사회의 탐욕스러운 적대적 경쟁 너머에 있는 세계, 사회적 정의와 인간의 존엄성이 살아 있는 세계를 그녀에게 알려주었다.

그는 자신이 막 쓰고 있던 유대인 해방에 관한 논문의 몇 장을 그녀가 읽도록 허락해주었다. 그것은 그의 옛 친구인 브루노 바우어가 쓴 한 논설에 대한 비판적인 답변이었는데 〈유대인 문제에 대하여〉라는 제목이 붙었다. 바우어는 유대인 해방의 문제가 근본적으로 종교적인 것이며 유대인들이 그들의 종교를 포기할 용의가 있을 때에만 해결될 수 있다고 주장했다. 그러나 마르크스는 그의 아버지가 그랬듯 이 주장을 타당한 것으로 받아들이지 않았다. "바우어가 썼던 안식일의 유대인 말고 우리가 일상적으로 볼 수 있는 유대인, 현실적이고 세속적인 유대인을 생각해보자. 종교 속에서 유대인의 비밀을 고찰해볼 것이 아니라 현실 속에서 그들 종교의 비밀을 고찰해보자. 유대교의 세속적인 토대는 무엇인가? 물질에 대한 욕망, 사리사욕. 현실에서 유대인의 예배의 목적은 무엇인가? 폭리를 취하는 장사. 무엇이 그의 세속적인 신인가? 돈."[19]

오래된 유대계 집안의 아들이 유대인 동포들에게 왜 이리 혹독한 평가를 내렸는지 예니가 딱히 의문을 가졌을 것 같지는 않다. 예니는 그의 지적인 우월성을 절대 의심하지 않았고, 또 그의 유대계 어머니가 그에게 아버지의 유산을 물려주지 않는 것 때문에 카를이 얼마나 분노하는지도 잘 알았기 때문이다. 만일 돈이 유대인의 신이라면 카를이 유대인을 비난한 것도 정당하다고 할 수 있다. 그는 돈을 둘러싼 싸움을 부르주아지 사회의 저주라고 말했기 때문이다. 유감스럽게도 그들의 미래는 어디서 돈을 벌 것인가 하는 문제를 해결하는 데 달려 있어서, 그들은 독일을 떠나서야 자신들의 생계를 꾸려갈 수 있었다. 그 문제에 대한 답을 찾지 못한 채 여러 달이 흘렀고, 예니가 자신의 임신 사실을 알게 되자 그녀의 걱정은 늘어만 갔다.

루게가 10월 중순에 그들에게《독불연보》의 자금 문제가 해결되었으며 마르크스가 공동 편집자로서 연간 1,800프랑의 급여를 받을 수 있게 되었다는 사실을 전했을 때 그녀는 크게 안도했다.

예니는 즐거운 마음으로 몇 개의 물건을 싸서 어머니에게 작별인사를 한 다음, "새로운 세계의 새로운 수도"[20]인 파리로 떠났다.

5. 갈리아 수탉의 커다란 울음소리[1]

예니와 카를이 프랑스혁명의 수도 파리에 도착한 1843년 가을, 이 도시는 그들의 고향에서 쫓겨났거나 또는 현실적이거나 정치적인 상황들에 저항하다가 스스로 고향을 떠났던 수천 명의 독일 동포와 여타 외국인들(폴란드, 이탈리아, 러시아, 스페인 사람들)이 빛을 찾아온 피난처였다. 그들은 19세기 초반 유럽 청년들을 일깨웠던, 지배자들이 수단과 방법을 가리지 않고 탄압하려 했던 혁명적 사상의 중심지인 파리에 왔다. 젊은 급진주의자들은 센느 강가 왼편 파리 보헤미안들의 거처였던 카페와 선술집에 모여 본국 압제자들에 대항하는 음모를 꾸몄으며, 비밀 동맹을 결성했고, 기존 체제가 몰락하고 나면 사회적 삶이 새로운 형태로 발전하리라는 팸플릿을 발행했다.

마르크스의 친구이자 《독불연보》의 공동 편집자였던 아르놀트 루게는 카를과 예니, 시인 게오르크 헤르베크와 그의 아내 엠마, 그리고 두 명의 아이가 있는 또 다른 커플에게 "만일 공산주의의 한 형태인 살림을 최소화할 수 있다면, 더 싸게 생활할 수 있을 것"[2]이라는 이유로 살림공동체를 꾸리자고 제안했다. 그러나 부유한 베를린 은행가의 딸이었던 헤르베크의 부인은 이러한 실험에 참여하는 것을 거절했다. 그녀는 문학적이고 정치적인 문제들을 편안한 환경에서 토론할 수 있는 자신만의 독특한 살롱을 열고자 했다. 자신의 남편과 마찬가지로 그녀는 혁명에 대해 설교하는 사람일지라도 부르주아적인 생활양식을 포기해야 할 이유는 없다고 생각했다. 게다가 그녀는 루게의 "작고 귀여운 작센 출신의 아내가 매우 지적이고 야심찬 마르크스 부인과 함께 지낼 수 있을 것"[3]이라고 생각하지 않았다. 카를과 예니는 루게의 제안을 받아들여 루게가 빌린 집, 즉 생제르맹의 중상류 계층이 사는 거리인 뤼 바노에 있는 집으로 옮겼다. 하지만 그들은 이것이 곧 잘못되었음을 알았다. 코뮌의 삶이 이론적으로는 훌륭한 것이었지만, 실천의 측면에서는 거의 그러지 못했다. 다른 어떤 사람이 항상 자기 집에 있다면, 자기 집에 있는 것과 같은 편안함을 결코 느끼지 못할 것이다. 예니는 루게 부인이 끔찍하게 지루하다고 여겼고, 루게 부인은 마르크스 부인이 오만하다고 생각했다. 그들은 겨우 2주 만에 이 공산주의 실험을 조용히 포기했다. 마르크스보다 열다섯 살이 더 많았던 루게는 병이 나서 그의 아내와 나가버렸다. 카를과 예니는 이제 마르크스 혼자 편집하게 된 정기간행물의 사무실이 있는 뤼 바노에 그대로 머물렀다.

예니는 파리와 파리 사람들에게 매혹되었다. 그녀는 태어나서 처음으로 세계적인 도시에서 살았는데, 파리와 비교해봤을 때 예니가 알고 있던 독일의 모든 도시들은 매우 촌스러운 곳이었다. 호기심 많은 그녀답게 파리에서 처음 몇 주간은 불르바르(1850년대 파리 지사 오스만 남작이 파리의 도로를 개편해 새로 낸 넓은 도로―옮긴이)를 답사하며 보냈다. 그녀는 우아한 마차들뿐만 아니라 그 마차 안에 타고 있던 신사숙녀들의 우아한 옷차림에도 감탄했다. 예니의 파리 산책에 가장 자주 동행한 친구는 엠마 헤르베크였는데, 그녀는 이 무렵 예니가 부러워했던 문학 살롱을 열었으며 이곳에서 예니와 카를은 즐겁게 이야기하면서 많은 저녁을 보내곤 했다.

카를 마르크스 또래의 잘생긴 젊은이였던 게오르크 헤르베크는 거의 하룻밤 사이에 《살아 있는 자의 시Gedichte eines Lebendigen》라는 작은 혁명 시집으로 유명해졌으며 독일 젊은이들의 국민적 영웅이었다. 이 시집은 프로이센에서 금지되었는데, 어쩌면 바로 그 이유 때문에 젊은 독자들에게 엄청나게 많이 읽혔다. 헤르베크는 시 낭송을 요청받아 성공적으로 해냈다. 그의 순회 낭독은 독일 전역을 관통하는 개선 행진이 되었다. 그는 "1842년의 주역"[4]으로 칭송받았으며, 그가 쾰른에 왔을 때 마르크스는 그에게 경의를 표했다.

프로이센의 왕 프리드리히 빌헬름 4세는 자신과 각료들이 혁명적인 젊은이들과 대치하고 있는 상황에서 한 권의 시집이 커다란 반향을 일으키자 크게 놀랐다. 그는 개인적으로 면담하고 싶어 포츠담으로 헤르베크를 불렀다. 왕이 프로이센에서 금서가 된 책의 작가에게 접견을 허락했다는 사실은 "사회의 모든 계층을 동요하게 만든 전례 없는 사건"[5]이 되었다. 왕의 각료들은 깜짝 놀랐고, 헤르베크의 친구들은 혹시 그가 민주주의의 이상을 배신할까봐 두려워했다. 이 회담은 신문의 머리기사에서 화젯거리로 삼을 만한 것이었다. 왕은 헤르베크의 시적 재능을 칭송했다. 그렇지만 결론적으로 왕은 이 젊은 시인이 앞으로 군주제에 저항하는 시를 쓰는 것이 아니라 자신을 지지하는 시를 쓰기를 희망했다. 공화주의자 사울에서 군주제주의자 바울로 전향했으면 하는 기대를 했던 것이다. 왕은 이렇게 말했다. "짐은 진심으로 그대에게 다마스쿠스(시리아의 수도로 사도 바울이 회심한 곳 — 옮긴이)의 날이 오기를 바란다. 그러면 그대의 영향력은 아주 거대해질 것이다."[6] 그러나 소용없었다. 시인은 "나는 타고난 공화주의자입니다"[7]라고 대답했고, 자신의 약혼녀에게 다음과 같이 썼다. "왕을 만나고 난 후 나는 더 강해졌어요. …… 나에게 군주제란 죽은 것이고, 완전히 죽은 것이며, 군주제는 이제 세상에 대해 마술 같은 힘을 더 이상 쓰지 못할 겁니다."[8] 왕과 국가에 대한 이 젊은 시인의 무시에 화가 난 프리드리히 빌헬름은 헤르베크를 프로이센에서 추방했다. 또한 이 시인을 작센과 스위스에서 쫓아내는 데 필요한 모든 조치를 취하라고 명령했다. 그 시대의 정치적인 여러 망명자들처럼 시인은 파리로 망명했다. 시인은 추방당한 대부분의 독일 사람들과는 달리 결코 재정적인 불안을 겪지 않았기 때문에 "세계의 새로운 수도"[9]에서 안락한 삶을 마음껏 즐겼고, 혁명 시를 계속 썼다. 그는 독일의 〈라 마르세예즈〉작가가 되고자 했다.

　루게는 헤르베크 가족의 사치스러움에 격분했지만, 예니와 마르크스는 상류계층의 삶의 방식을 따르는 헤르베크 가족에게 깊은 인상을 받았다. 더군다나 카를은 이 시인을 감싸고돌기까지 했다. 헤르베크는 그의 아내에게 100탈러나 하는 드레스, 3루이씩이나 하는 꽃을 사주었고, 샴페인을 마셨고, 캐비아를 먹었으며, 백작부인 마리 다구를 정부情婦로 두었다. 백작부인 마리 다구는 "지극히 평범한 유형의 사람"[10]으로, 수년간 프란츠 리스트의 정부였으며 리스트의 딸 코지마의 어머니였고, 나중에는 리하르트 바그너의 아내가 되었다.

비록 예니가 정부를 두는 것을 남성의 특권으로 용인했다고 하더라도 헤르베크의 혼외정사는 그녀를 불쾌하게 했다. 이 시인이 어느 저녁에 예니마저 유혹하려 했을 때 그녀는 엄격하게 그를 거부했다. 그녀는 많은 젊은 급진주의자들이 옹호했던 '자유연애'나 '부인의 공유' 같은 개념을 혐오했으며, 자주 유혹을 받았지만 진심으로 마르크스의 곁에 남아 있었다.

그녀와 카를 모두 지출을 중단할 수는 없었다. 루게 가족은 예니가 카를의 생일선물로 승마용 채찍을 100프랑크를 주고 샀다는 소식을 들었을 때 깜짝 놀랐다. "가난한 놈은 말을 탈 수도 말을 가질 수도 없었기"[11] 때문에 이는 아무런 의미 없는 짓이었다. 독일에 있던 카를의 어머니는 루게에게 편지를 통해 카를과 예니가 파리에서 본 모든 것, 즉 호화로운 마차, 우아한 의상, 꽃으로 가꾼 정원, 새로운 가구, 아름다운 집을 가지려 할 것이라고 했다.

사실상 파리에서 돈을 쓰게끔 하는 유혹은 심각했다. '부자가 되어라'를 신조로 삼았던 시민의 왕 루이 필리프가 지배했던 기간에 프랑스 부르주아지의 부는 놀랍도록 빠르게 증가했고 이는 무도회와 오페라, 샹젤리제의 거대 마차 또는 보아 드 불로뉴에서 비싼 말을 타고 가는 것 등을 통해 과시되었다. 이와 다르게 생 앙투안느 외곽 지대의 노동자들은 대부분 빵 한 조각을 구걸해야만 하는 처지였다. 마르크스는 그런 사치를 누릴 수 없었으며, 또한 이 시기에 하나의 계급으로서 부르주아지는 사라져야 한다는 신념(이 신념은 부분적으로는 부러움이나 분노에서 생겨난 것이라고 할 수 있다)에 도달했다. 이 시기에 압제자들에 대항한 가진 것 없는 자들(그는 이들을 프롤레타리아트라 불렀다)의 혁명이 무르익었다. 그때만 해도 마르크스의 여러 친구들뿐만 아니라 다른 사회 개혁론자들은 가난한 자들의 고통에 진심어린 동정심을 가지고 이들을 도와야 한다고 생각했다. 그러나 마르크스의 부르주아지에 대한 격렬한 적개심은 가난한 사람들에 대한 동정보다는 부자에 대한 증오에서 나왔다.

예니는 부자를 증오하지 않았다. 그녀는 가난해지는 것을 끔찍하게 여겼고, 자신에게 익숙한 부르주아적인 생활양식을 누릴 수 있도록 카를이 성공하기를 평생 동안 원했다. 파리에 망명한 첫해 동안 그들은 가난하지 않았다. 카를은 독일과 프랑스 작가들의 가장 진보적인 이념 기관지인 새로운 정기간행물 편집자로 확고한 지위를 지니고 있었다. 예니는 그가 이 일을 잘해낼 것으로 확신했다. 그는 《라인신문》의 뛰어난 편집자였기 때문이었다. 프로이센 검열관이 《라인신문》의 발행을 중지시키지 않았더라면 카를은 아직도 그 신문을 발행하고 있었을 것이다. 그에게는 독자들의 마음을 사로잡을 능력이 있다고 생각했다.

예니는 그가 파리 친구들과 담소를 나눌 때 항상 중심 역할을 하고 있는 걸 자랑스럽게 바라보았다. 그가 의자에서 벌떡 일어나 굵은 시가 담배를 깊게 빨아 내뿜은 후 러시아 니힐리스트 미하일 바쿠닌의 주장이 불합리하다는 것을 논증하거나, 다른 러시아 친구 파벨 안넨코프의 논리 정연한 이의제기에 답하는 것을 보고 즐거워했다. 안넨코프는 젊은 마르크스가 충만한 에너지와 의지 그리고 흔들림 없는 신념의 소유자이며 그의 날카로운 목소리는 금속성의 울림이 있으며 어떤 반론도 허용하지 않는다고 묘사했다. "내 눈앞에는 민주주의 독재자의 화신이 서 있었고 우리는 마치 환상 속에서 그를 보는 것 같았다."[12] 예니의 눈앞에는 사랑하는 남자가 서 있었고, 그녀는 그의 아이를 임신하고 있었으며, 그의 사상을 존경했다. 확실히 그녀는 그가 정적들에게 좀 더 부드러운 어조로 말하길 바랐던 적도 있었다. 그리고 종종 좀 더 '차분하게' 글을 쓰라고 권하기도 했다. 그렇지만 그가 다가오는 세계질서의 예언자임을 의심하지는 않았다.

파리에 사는 독일인 중 가장 저명했던 시인 하인리히 하이네 역시 마르크스가 다가올 '세계 혁명'을 예고하기 위해 이곳 프랑스로 온 것이라고 생각했다. 마르크스보다 스무 살 많은 하이네도 마르크스처럼 검열관의 허가를 받지 않고 자신의 사상과 감정을 표현하고 싶었기에 이미 10년 동안 파리에 머물고 있었다. 이 '낭만주의의 마지막 기사'의 시들은 사회비평 사상으로 넘쳐흐르고 있었다. 독일의 젊은이들은 그에게 열광했다. 하지만 독일 연방의회는 이미 1835년 하이네의 모든 저작(출판 여부와 상관없이 시, 산문 모두)을 금서로 지정했다. 그렇지만 독일 망명 시인으로서 하이네의 명성은 꾸준히 높아졌으며 계관 시인의 아우라가 그를 둘러싸고 있었다.

마르크스 자신도 시를 쓰던 학생 시절 하이네의 시를 열정적으로 읽었다. 그가 예니에게 보냈던 사랑의 시는 당시 독일 젊은이들을 성장시켰던 하이네의 낭만주의적 감정 과잉의 전형이었다. 마르크스에게 부족했던 것은 하이네의 시를 유명하게 만든 미묘한 반어적 풍자였다. 마르크스 스스로도 이를 느꼈을 것이고 아마 그래서 시 쓰기를 포기했을 것이다. 그래도 그는 하이네와의 우정을 소중하게 여겼고 다가오는 혁명에서 시인이 좀 더 역동적인 역할을 할 수 있도록 우정을 돈독하게 쌓으려고 했다.《독불연보》에 실을 헤겔 법철학에 관한 짧은 논문을 쓰는 동안, 그는 종교와 관련하여 뵈르네에 대해 쓴 하이네의 글 한 구절을 떠올렸다. "천국은 지상에서 아무것도 받지 못한 인간을 위해 발명된 것이다. …… 이 발명을 찬양하라! 인생의 쓴 잔 안에서 고통받는 인류에게 약간의 달콤한 수면제, 즉 정신의 아편과 몇 방울의 사랑과 희망 그리고 신앙을 제공하는 종교를 찬양하라."[13] 여기에 마르크스에게 필요했던 비유가 있었다. "종교는 인민의 아편이다." 자신이 공산주의 슬로건의 아버지라는 것을 알았다면 하이네는 좋아서 웃었을 것이다.

하이네는 매력적인 젊은 아내가 있는 마르크스가 부르주아적 삶의 양식이 몰락할 것이라는 점을 미친 듯이 증명하려는 것을 보고 이상하게 생각했다. 그는 마르크스가 노동계급이라 불렀던 프롤레타리아트가 권력을 쥐게 되면 무슨 일이 일어날 것인지 의문이 들었다. "미래는 공산주의자들의 것이다"[14]라는 생각은 그에게 걱정과 불안을 일으켰다. "저 우상 파괴자들이 권력을 잡는다면, 그들은 내가 사랑하는 예술 세계의 대리석 조각상들을 그들의 야만적인 주먹으로 박살내버릴 것이기 때문이었다."[15] 마르크스는 어깨를 으쓱했다. 그를 지배하는 것은 예술이 아니라 자본이었다. 그는 하이네에게 반동적인 프로이센에 저항하는 시를《독불연보》에 써달라고 했다. 하이네는 마르크스와의 우정 때문만이 아니라 이 세계 혁명가의 젊은 아내에게 연심을 품고 있었기에 동의했다. 독일 남작부인이 사랑하는 사람을 따라 망명길에 올랐다는 사실이 독일 낭만시의 전통적인 주제와 어울린다고 생각했다.

파리에서 보낸 첫 몇 달은 예니에게 잊을 수 없는 날들이었다. 그녀는 유명한 독일 시인뿐만 아니라 여러 다른 남자들이 추근대는 것을 이상하게 생각했다. 그녀는 헤르베크, 루게, 바쿠닌, 안넨코프 그리고 그외 여러 사람들의 이름을 거론했다. 여러 이야기들이 오갔고 전형적인 독일 방식의 논쟁과 말다툼이 있었다. "논쟁을 좋아하는 독일인들 사이에서 오간 여러 풍문."[16] 그리고 그 모든 논쟁의 중심에는 그녀가 사랑하는 귀여운 멧돼지 카를이 있었는데, 당시 그는 《독불연보》 초판 발행을 위한 마지막 손질을 하고 있었다. 마르크스가 대부분의 기고문을 쓴 《독불연보》 1권이 1844년 2월에 나왔다. 여기에는 그의 결혼 직후 작성된 논문 〈유대인 문제에 대하여〉와 〈헤겔 법철학 비판〉이 실렸다. 하이네는 바이에른의 왕 루트비히에 대한 풍자시 세 편으로 한몫했고, 헤르베크도 몇 편의 시를 실었다. 그 밖에 '영국의 상태'라는 표제 아래 실린 칼라일에 관한 비평 〈과거와 현재〉도 있었다. 이 칼럼을 쓴 저자는 맨체스터에 사는 젊은 독일인이었으며 카를과 예니의 삶에서 중요한 역할을 하게 되는 프리드리히 엥겔스였다.

그러나 《독불연보》가 독일과 프랑스 젊은이들의 관점을 대변하는 한결같은 기관지가 되었으면 하는 마르크스의 희망은 착각이었음이 곧 드러났다. 또한 마르크스가 확실한 생계의 기초를 마련할 수 있으리라는 예니의 희망도 실현되지 않았다. 한 가지 이유는 첫 번째 판본이면서 유일한 판본이 될 수밖에 없었던 《독불연보》에 프랑스 작가들이 단 하나의 기고문도 보내지 않았기 때문이었다. 마르크스는 그의 프랑스 친구들에게서 아무것도 얻어내지 못한 채 헛수고만 했다. 그러나 무엇보다도 결정적이었던 것은 《독불연보》가 프로이센에서 발행이 금지됨으로써 단 한 권도 팔리지 못했다는 점이다. 프로이센 정부는 2월 18일 공식 법령을 공포하여 마르크스와 루게, 하이네, 헤르베크 등을 반역자라고 선언하고 불경죄로 기소했으며 그들이 프로이센 땅을 밟자마자 체포하라고 명령했다. 《독불연보》는 국경에서 압류되었다. 게다가 공동 편집자로 이름을 올렸지만 병 때문에 편집 업무에 참여할 수 없었던 루게는 《독불연보》의 내용을 보고 깜짝 놀랐다. 그는 프롤레타리아트가 사적 소유의 저주에서 인류를 구원할 것이라는 마르크스의 교리가 증명될 수도 없으며 귀에 거슬린다고 생각했다. 그래서 그는 신문과 관련하여 더 이상 함께 일하기를 거절했다. 그는 심지어 마르크스에게 약속된 급여조차 지급하길 거부했으며, 급여 대신 마르크스의 지분으로 돼 있는 신문 1,000부를 돌려주면서 마르크스가 이 신문을 팔지 않으면 안 될 것이라고 제안하듯 말했다.

이런 야비한 제안을 받은 마르크스는 루게가 다가오는 혁명에 대한 이해나 공감도 없는 소부르주아적인 속물일 것이라는 자신의 의심이 사실이었음을 깨달았다. 예니는 그의 생각에 동의했고 루게를 "멍청이"[17]라고 불렀으며, 체구가 작은 작센 지방 출신의 바보 같은 루게의 아내도 싫어하게 됐다. 루게가 카를에게 노동의 대가를 지불하지 않은 것은 그가 속물일 뿐만 아니라 파렴치한 인간이라는 것을 증명했다. 다행히도 루게와 달리 더 나은 세계를 위한 카를의 투쟁을 높이 산 다른 이들이 있었다. 쾰른의 친구들이 파리에서 있었던 일에 대해 들었을 때 그들은 모금활동을 시작하여 1,300탈러를 가져다주었다. 그것은 예니가 임신 8개월이 되었을 때 때맞춰 도착했다.

역시 예니라 불렸던 그녀의 딸 예니는 1844년 5월 1일 파리에서 태어났는데, 이날은 반세기 후 상징적으로 중요한 의미를 지니게 되었다. 1889년 5월 1일은 세계 노동자들의 공식 기념일로 선언되었다. 부모에게 예니첸이라 불렸던 예니는 그녀의 어머니에게 같은 이름을 물려받았을 뿐만 아니라 스코틀랜드인 증조할머니의 예민하고 하얀 피부색도 물려받았다. 하지만 유감스럽게도 튼튼한 건강은 물려받지 못했다. 태어나서 첫 몇 주 동안 그녀의 부모는 그녀를 크게 걱정했다. 예니는 자신의 아이에게 젖조차 먹일 수 없었고, 또한 파리의 분위는 예니첸의 건강에 좋지 않은 것처럼 보였다. 짐작컨대 예니첸이 극심한 배앓이를 했던 것 같다. 사실인지 아닌지는 모르겠으나 그럴듯한 일화에 따르면, 하이네가 그녀의 부모를 만나는 동안 예니첸은 위경련에 시달렸다. 완전히 불안해하면서도 왜 위경련이 일어났는지는 모른 채, 부모는 고통에 휩싸인 갓난아이를 보살폈다. 하이네는 이러한 상황을 보고 망설임 없이 "예니첸에게 욕조가 필요하다"고 말했다. 곧 욕조가 만들어졌고 예니첸은 욕조에 들어가 뜨거운 물로 목욕을 했다. 아기는 즉시 회복했고, 예니와 카를은 하이네가 자기의 아이를 죽음에서 구해냈다고 평생 믿었다.

이런저런 사건들을 통해 예니는 사랑하는 아이를 살리기 위해서는 자신의 어머니가 필요하다는 결론을 내렸다. 그녀는 8월에 남편이 있는 파리를 떠나서 "생명이 위태로운 나의 아이"[18]와 함께 역마차를 타고 트리어로 갔다. 상당히 외로웠던 그녀의 어머니는 기쁨의 눈물을 흘리며 그들을 맞았다. 예니의 어머니는 자신의 두 자식, 즉 아직 법 공부를 끝내지 못한 에드가와 남편이 아직 확실히 자리를 잡지 못한 예니 때문에 근심이 많았다. 예니의 어머니는 이제 카를이 아버지가 되었으니 정치적 선전활동을 그만두고 자신과 가족을 위해 정기적인 소득을 벌어들일 수 있도록 노력해야 한다고 생각했다. 예니 역시 암묵적으로 이런 어머니의 생각에 동의했으며, 카를에게 보내는 편지에서 자주 미래에 대한 불안을 이야기했다. 그러나 어머니와 트리어에 있는 지인들에게는 행복한 아내이자 어머니라는 인상을 심어주었다. 그녀는 카를이 확실한 지위를 가지지 못했다는 것을 인정하고 있었다. 그렇지만 그는 독일 신문들 사이에 선동적인 기사를 쓰는 것으로 가장 널리 알려져 있으며, 독일이 가장 경계하는 저널리스트 중 한 사람이었다. 무엇보다도 그녀는 부르주아지 비판가들에게서 카를을 옹호하기 위해 집으로 온 것이 아니었다. 그녀는 나날이 약해져가는 예니첸을 돌보았다. 예니 어머니가 데려온 가족 주치의의 진단은 아기가 얻어온 우유를 소화시키지 못한다는 것이었다. 예니가 모유수유를 원하지 않았기 때문에(그녀와 같은 계급의 여자들은 일반적으로 모유수유를 하지 않았다) 의사는 수유가 가능한 유모를 고용하라고 권유했다. 예니는 주치의의 제안이 마음에 들지 않는데, 다른 여자에게 아이의 생명을 맡기고 싶지 않아서였다. 그때 그녀의 어머니는 그레첸을 떠올렸다. 그레첸은 예니의 어머니가 잘 알고 있던 젊은 이웃 여자로 당시 아이를 가진 직후였으며 예니첸에게 젖을 물리려고 이미 결심했던 것 같다. 어머니의 조언에 따라 예니는 그레첸을 만났고 그녀가 예니첸에게 젖을 물리고 싶어할 뿐만 아니라 파리로 따라가 가사일을 돕고 싶어한다는 것을 알게 되었다. 그녀는 일주일 내내 집에 있을 수 없었고 파리에서 죽을지도 모르는 아이를 위해 이미 유모를 찾고 있었다.

트리어에서 그녀는 카를에게 이렇게 편지를 보냈다. "만일 당신의 작은 눈과 자연스러운 검은 머리칼이 예니첸에게서 보이지 않았더라면" 카를이 아마 거의 예니첸을 알아보지 못했을 것이라고 썼다. "예니첸이 당신을 닮은 것이 확실하다는 것 말고는 모든 것들이 정말로 싹 변했어요."[19] 그녀는 오랫만에 남편을 만나면 그의 팔에 안겨 푸근하고 평온하게 쉴 수 있지 않을까 고대하고 있었으나, "그 이면에는 걱정, 두려움이라는 암울한 감정, 외도의 위협, 세계 도시(파리)의 매혹과 유혹에"[20] 사로잡혀 있었다.

트리어에 있는 친구들과 지인들은 호기심과 관심을 가지고 그녀를 관찰했고, 그녀는 우아하며 매혹적이고 품위 있는 파리식 스타일을 보여주려고 신경을 많이 썼다. 이는 혁명적 작가의 아내로 사는 것이 어떠한 것인지를 고향 도시의 선량한 시민들에게 보여주기 위함이었다. "그런데 나는 결코 누군가를 방문할 필요가 없었어요. 모든 사람들이 나를 보기 위해 찾아왔고 이 때문에 나는 아침부터 저녁까지 재판을 받는 느낌을 받았어요. …… 그리고 나는 내 삶에서 지금보다 더 화려한 때를 찾아볼 수 없는 것 같군요."[21] 카를의 어머니조차 그녀를 두 팔 벌려 맞아주었지만 아버지의 유산 때문에 카를과 불화가 있는 노부인을 만난다는 것이 예니로서는 걱정스러운 일이었다. 예니는 아들의 편지에도 절대 답장하지 않던 마르크스

부인이 왜 그녀를 방문하는 수고를 무릅쓰려는 것일까 생각 해보았다. 그러고는 이 물음에 대한 답을 다음과 같이 내렸다. "어쨌든 성공해야 한다는 것, 우리로서는 성공한 척이라도 해 야 한다는 것을 나는 상류층의 삶의 방식을 통해 알았어요."[22] 이런 글을 쓰면서 예니는 자신이 세계 공산주의 운동의 주요 사상가의 아내로서 외관상 성공을 유지하는 것이 그녀가 일생 동안 짊어져야 할 업일 수밖에 없다는 사실은 알지 못했다. 심 지어 아이들을 위한 빵이 충분치 않은 상황에도 그녀는 잘사 는 부르주아계급의 주부인 척 행동해야 했다. 베를린에 잘 자 리 잡은 반동적인 이복형제와 자매들에게 그녀가 카를과 결 혼한 것이 옳은 결정이었음을 증명하기 위해서는 이런 행동이 매우 중요했다. 그들은 그들의 권력, 즉 그들이 서 있는 지반이 사회적 지진에 의해 흔들리게 되며 곧 그들의 사원과 상점들 이 파괴될 것이라는 점을 몰랐지만 카를은 그 점을 이미 알고 있었다. 혁명의 조짐들은 모든 곳에서 나타났다. 슐레지엔 지 방의 직조공들이 압제자들에 항거하는 바리게이드를 치고서 적정 임금과 노동시간 단축을 요구했을 때 예니는 여전히 트 리어에 있었다. 이 직조공들은 (일요일도 포함하여) 하루에 열다섯 시간 이상 일하려 하지 않았으며, 평일에 열두 시간만 일하고 자 했다(일요일은 자유로운 시간이어야 했다). 슐레지엔 직조공의 봉기 는 프리드리히 빌헬름 4세의 명령을 받은 프로이센 군대에 의 해 유혈 진압되었다. 수십 명의 노동자들이 목숨을 잃었고 많 은 이들이 부상을 당했다. 그렇게도 열심히 선전했던 아버지 같은 왕의 이미지는 이 사건으로 인해 심각하게 훼손되었으 며, 이제 프로이센의 그 유명한 평화와 질서가 야만적인 힘에 기반을 두고 있었음이 만천하에 드러나게 되었다.

몇 주 지나지 않아 빌헬름 4세의 암살 시도가 일어났으며, 이는 놀랄 일이 아니었다. 1844년 8월 초(예니는 이미 트리어에 6주 동안 머물고 있었다) 그녀는 카를에게서 한 통의 편지를 받고서 즉시 답장했다. 왜냐하면 "하늘에 계신 주님이 기적적으로 이 땅의 왕을 구한 것에 할렐루야를 외치기 위해서"[23] 곧바로 모든 종이 울렸고, 대포가 화염을 뿜었으며 독실한 신자들은 교회로 달려가고 있었기 때문이었다.

프로이센의 공무원 일자리를 요청했으나 거절당했던 슐레지엔 지방 작은 도시의 전 시장은 왕을 향해 두 발의 총탄을 쏘았으나 그를 맞히지는 못다. "추잡한, 믿기 어려운 잔학 행위에 대한 소식을 듣고 당신의 프로이센 심장이 두려움으로 떨리진 않던가요?"[24]라고 예니는 비꼬는 투로 물었다. 그러고 나서 그녀는 암살 시도의 원인을 분석했다. 그녀는 프로이센 당국이 어떠한 정치적인 광신에 의해 암살 시도를 하지 않았다는 것에 기뻐하고 있다고 썼다. "그들은 이것이 독일에서 정치적인 혁명이 불가능하다는 정확한 증거라는 생각으로 자기네들을 위로하고 있어요. 하지만 사회적인 변화를 위한 씨앗은 이미 도처에 뿌려졌답니다. …… 그 사람은 베를린에서 굶어 죽을 위험에 놓인 채로 3일을 공무원 일자리를 달라고 요구했지만 헛수고였어요. 그러니까 이것은 사회적 살인 미수죠! 언젠가 무슨 일이 터진다면, 이러한 측면에서 먼저 터질 거예요. 그 무언가는 가장 민감한 지점인데, 그때는 독일의 심장 역시 상처를 입을 거예요!"[25]

마르크스는 예니의 주장이 설득력이 있다고 생각해서 그

녀의 편지를 파리에서 출간되는 독일 신문 중 하나인《전진 Vorwärts》의 편집자에게 보냈으며 그 편집자는 이 편지를 '독일 부인의 편지'라는 표제로 게재했다. 이는 자기 남편의 책무를 위한 예니의 첫 번째 출판물이었다. 마르크스는 이를《독불연보》에 다음과 같이 썼다. "독일의 부활절은 널리 울려 퍼지는 갈리아 수탉의 울음소리에 의해 공포되었다."[26]

트리어에서 어머니와 보냈던 여름 몇 달 동안 예니의 생각은 대부분 마르크스에게서 떠나지 않았다. 그녀는 그가 무엇을 하고 있는지, 그리고 언제 그에게로 돌아가야 하는지 알고 싶어했다. 무엇보다도 그녀에게 필요했던 것은 그가 재정적으로 그녀와 그들의 아기 그리고 유모를 부양할 수 있을 것이라는 그의 확신이었다. "온갖 걱정과 불길한 예감으로 나 자신을 괴롭히는 것이 어리석은 일이라는 걸 알아요. 스스로를 괴롭히는 순간에도 그걸 너무 잘 알고 있어요. 하지만 마음은 못할 게 없는데 몸이 따라주질 않네요. 그래서 당신의 도움이 있어야만 이런 악마들을 물리칠 수 있을 것 같아요."[27] 미래에 대한 그녀의 어두운 예감 속에서 카를의 편지는 한줄기 빛이었다. 그는 그녀에게 자주 편지를 보냈다. 그는 이제 자신이《전진》에서 일하게 되었으며 하이네의 위대한 새 시집이자 그녀가 아주 즐거운 마음으로 읽을 것이 분명한《독일 겨울동화》의 출판을 도와주고 있다고 말했다. 하이네는 당시 출판업자와 함께 "자신의 시를 특별히 신경 써서 검열당국에게 제출하기 위해"[28] 함부르크에 있었다. 그는 마르크스에게 로맨스와 연가들만으로 구성되어 있는 책의 처음 부분을 파리로 가져갈 것이라고 썼다. "이 로맨스와 연가들은 자네 부인에게 딱 어울릴 거야."²⁹ "그녀를 곧 다시 만나기를 고대하네. 이번 겨울은 작년 겨울보다 덜 우울했으면 좋겠네."³⁰ 예니도 같은 생각이었는데, 그녀는 루게, 그리고《독불연보》와 관련된 아주 음울한 일을 털어버리고 싶었다. 카를은 그녀에게 필명 '프로이센 사람'으로《전진》에 실린 그의 첫 기사가 역시나《전진》에 실린 루게의 기사들을 반박하는 것이라고 편지에 썼다. 그는 루게의 기사가 문체상으로나 문법적으로나 무의미하다고 조소했다. "루게에게서 벗어난 걸 신께 감사드립니다."

예니가 트리어에 몇 달간 머물면서 그녀의 어머니와 공유했던 큰 걱정거리는 그녀의 동생 에드가의 생활방식이었다. 그는 본의 학생이었지만 강의를 듣고 국가고시를 준비하는 대신 쾰른에서 밤마다 술을 마시거나 오페라를 보러 다니는 데 어머니의 돈을 낭비했다. 그는 다가오는 혁명과 기존 체제의 전복을 고대하고 있다고 어머니에게 편지를 썼다. 예니는 그가 기존 체제의 전복을 기다릴 것이 아니라 자신의 무질서한 생활부터 뜯어고쳐야 한다고 생각했다. 어머니는 혁명적 독일 청년에 대해 듣기 싫은 소리를 했다. 예니는 진퇴양난이었다. 한편으론 자신이 그런 미친 혁명가 중 한 명과 결혼했지만, 다른 한편으로는 카를과 이념을 같이한다는 이유로 자기 동생을 비난해야만 했다. 삶은 선택을 해야 하는 하나의 도박이다. 본에서 돌아오는 에드가를 기다렸다가 의무감을 가지고 어머니와 에드가의 약혼녀 리나 쉴러에 관해 마주앉아 진지하게 말해야 하나, 아니면 파리에 있는 카를에게 돌아가야 하나? 그녀는 남편을 그리워했지만, 파리에서 맞닥뜨려야 하는 생존의 문제가 두려웠다. 그러나 그녀는 카를이 얼마나 그녀를 그리워하고 있는지 적은 편지를 받고 9월 말 트리어와 어머니를 떠나기로 결심했다. 그녀는 역마차 편으로 파리로 되돌아갔다.

　카를과의 열정적인 재회는 예니가 기대했던 것이기도 하고 두려워했던 것이기도 했다. "사랑하는 카를, 우리 딸이 얼마나 오래 혼자 노래해야만 할까요? 나는 두려워요. 언제쯤 되어야 우리가 다시 만나 재산을 공유할 수 있을지, 그리고 그들이 언제쯤 다시 듀엣으로 노래할 수 있을지 말이에요."[31] 그리고 그녀가 옳았다. 그해 마지막에 그녀는 또다시 임신을 했다. 아이들을 사랑했던 카를은 비록 그가 무신론자임에도 다음과 같은 성경 구절을 믿을 정도로 매우 기뻐했다. "씨를 뿌리지 않는다면, 거둘 것이 없느니라. 그런데도 하나님께서는 너희들을 기르시느니라." 예니는 자기 아이들을 인간답게 기르는 것이 더 우선이라 생각했지만, 갈리아 수탉의 울음소리가 곧 새로운 사회 체제를 공포할 것이라는 카를의 굳은 신념이 그녀의 두려움을 누그러뜨렸다. 카를은 그녀에게 거의 2년 동안 영국 노동계급의 상태를 조사했던 엥겔스가 머지않아 노동계급이 자본주의적 압제자들에게 저항할 것이 분명하다고 전해주었다. 그것은 독일과 프랑스의 사회주의 혁명이 시작되는 신호가 될 터였다. 지배자들에게 맞서 싸우는 과정에서 노동자들에게는 정신적인 지도자들이 필요했다. 그와 엥겔스는 그 역할을 수행할 것이었다.

　예니는 엥겔스를 한 번도 만나지 못했지만, 파리로 돌아온 후 줄곧 카를의 입에서 그의 이름이 떠나지 않았다. 엥겔스의 아버지는 어느 모로 보나 전형적인 부르주아지로 바르멘과 맨체스터에 방직공장을 소유하고 있었다. 엥겔스는 매우 경건하고 부유한 라인 지방 산업가 집안에서 자랐고, 아버지의 칙칙하고 악마 같은 제분기에 매여 살 수밖에 없는 노동자들을 보고 큰 충격을 받았다. 남자, 여자 그리고 아이들이 쥐꼬리만한 임금을 받기 위해 하루에 열두 시간에서 열네 시간 동안 일했고, 돼지우리 같은 곳에서 살았으며, 내일이라도 일자리를 잃을까봐 늘 두려워했다. 엥겔스는 아버지의 허락을 받은 뒤 세계에서 가장 선진적인 산업국가의 노동자들이 어떤 상태에 있는지를 보기 위해 맨체스터로 갔다. 그가 본 것은 그를 분노하게 했다. 노동자들은 쓰레기, 폐수, 똥오줌 속에서 살았다. 맨체스터의 빈민가에서는 악취가 하늘을 찔렀다. 여덟 살 난 어린아이는 하루에 열 시간씩 일해야 했다. 여성들은 저임금 장시간 노동으로 착취하는 공장에서 남성 관리자들에게 휘둘렸고, 매독이 널리 퍼졌다. 그런데도 이 여성들은 일자리를 잃을까봐 그리고 사는 것이 꼭 죽는 것처럼 여겨지는 빈민 구호 시설로 보내질까봐 매일같이 두려움에 떨며 살았다.

카를은 예니에게 엥겔스가 철학적 연구를 통해 얻은 것과 똑같은 결론, 즉 기존 사회질서의 혁명적 전복을 위한 때가 무르익었다는 결론에 도달했을 것이라고 말했다. 이 질서의 희생자들인 산업 프롤레타리아트는 자신들을 착취해온 체계가 인간에 의해 만들어졌을 뿐만 아니라 바뀔 수도 있음을 확신하게 될 것이 분명하고 이를 위해 필요한 것은 노동자들을 위한 다가오는 혁명의 정신적 무기를 벼리는 것이라고 덧붙였다. 영국에서 엥겔스는 사회 개혁에 높은 열망을 가진 그룹 중 하나인 차티스트 운동(1836~1850년에 영국에서 일어났던 급진적 정치운동―옮긴이)과 관계를 구축한 뒤 라인 지방 노동자들이 압제자들에게 저항하도록 선동하기 위해서 고향으로 돌아왔다. 엥겔스는 마르크스가 파리에 있는 독일 노동자들 사이에서 자신과 같은 일을 해야 한다고 요구했다.

마르크스는 부르주아 사회의 필연적인 몰락에 대해 글을 쓰는 편을 더 선호하기는 했지만 엥겔스의 요구에 응했다. 그는 이미 예니와 함께 파리에 있는 독일 수공업 노동자들의 비밀 결사단체인 의인동맹 회의를 개최했는데, 이 결사체의 지도자는 《조화와 자유의 보증Garantien der Harmonie und Freiheit》(이 책 제목은 원시 기독교 공산주의를 대변해주는 말이다)이라는 책자로 상당한 이목을 끌었던 독일인 재단 노동자 아우구스트 빌헬름 바이틀링이었다. 마르크스는 이 책에 대해 "독일 노동자의 눈부신 데뷔작"[32]이라 일컬었다. 그렇지만 예니는 재봉사, 구두공, 목수, 석공, 미장이 등으로 이루어진 동맹 회원 대부분이 카를을 의심의 눈초리로 바라보고 있다고 느꼈다. 그는 진정으로 그들의 편인가 단지 주목을 받을 만한 이야기를 찾는 저널리스트에 불과한 것인가? 경찰의 끄나풀은 아닐까? 카를은 그들이 설파하는 공산주의가 기독교적 사랑과 맹목적인 폭력을 뒤섞어놓은 것이기 때문에 그 동맹뿐만 아니라 어떠한 비밀 단체에도 결코 가입하지 않겠노라며 예니를 안심시켰다. 그들은 혁명조차도 과학적으로 조직되어야 한다는 점을 몰랐다. 지하에서 움직이는 공모자들로 이루어진 작은 집단들은 지배계급인 부르주아지들에게서 결코 권력을 빼앗아올 수 없을 것이다. 노동자들이 그들 자신의 운명의 주인이라는 점을 선동하고 확신을 품을 수 있도록 해야 한다. 바로 이것이 엥겔스가 라인 지방에서 이루고자 하던 일이었다.

카를은 바르멘에서 막 도착한 편지를 예니에게 보여주었다. 이 편지에서 엥겔스는 다음과 같이 말했다. 즉 그는 우선 연애 문제를 해결하고, 또 영국 노동자들의 실태에 관한 책에도 열 중해야 하지만, 이미 공식 석상에서 노동자들의 생활을 자체 적으로 개선시키기 위한 조합을 설립하자는 발언을 해버렸다 는 것이다. 그런데 결과는 놀라웠다. 엘버펠트와 부퍼탈에서 공산주의는 노동자들 사이에서 널리 퍼졌으며 "바르멘 경찰국 장도 공산주의자였다"[33]는 것이다. 마르크스는 이런 결과를 자 신의 이론의 확인이라 여겼고 예니도 기뻐했다. 아마도 우직 한 독일인조차 갈리아 수탉의 저 울음소리에 이제 깨어나는 것 같았다. 그들은 프랑스 공산주의자 친구들에게 다가오는 사건을 준비하라고 조언했는데, 왜냐하면 빛은 동방에서 오며 ex oriente lux, 아마도 그들의 빛 또한 동쪽에서 올 것이기 때문이 었다.

그러나 그들의 기쁨은 오래가지 않았다. 프로이센 경찰은 공 산주의가 공식적으로 선동되고 있던 라인 지방의 집회들을 주 시하고서, 이 집회들을 금지하고 연설가들을 체포하기로 결정 했다. 혁명, 국왕 시해, 무신론, 사적 소유의 폐지 등의 요구와 같은 수많은 위험한 공산주의 이념들이 파리에서 선량한 독일 수공업 직인들을 꾀어내려 했던 마르크스, 헤스, 헤르베크 같 은 사람들에 의해 전파되었기 때문에 베를린 당국은 왕 루이 필리프에게 이런 공산주의 공모자들을 프랑스에서 추방해달 라고 요청하기로 결정했다. 이런 연유로 독일 당국은 1845년 1 월, 유명한 독일 자연과학자이자 프랑스 왕에게 신망이 두터 웠던 알렉산더 폰 훔볼트를 파리로 파견했다. 훔볼트는 아름다운 꽃병을 프랑스 왕 루이 필리프에게 선물하면서 프랑스의 수도에서 악명 높은 독일인 무신론자들을 반드시 소탕해야 한다는 프리드리히 빌헬름 4세의 친서를 전했다. 루이 필리프는 훔볼트가 임무를 잘 완수할 수 있도록 보장했다.

추방 명령으로 쫓겨나게 될 사람들이 전혀 불안을 느끼지 못하는 동안 프랑스 수상 기조는 이 명령을 실행하기 위해 필요한 절차들을 밟아가고 있었다. 예니는 1월 한밤중에 한 경감이 이들에게 너무나도 갑작스럽게 나타나 다음과 같은 명령을 내렸다고 적고 있다. "카를 마르크스는 24시간 이내에 파리를 떠나야 한다."[34] 그렇지만 사실상 이 명령에 무조건 따를 필요는 없었다. 이 명령을 받은 당사자가 우방국인 독일 정부에 대항하는 모든 공식적인 시위를 그만둔다면 명령에 이의제기를 할 수 있고 파리에 머무를 수도 있었다. 마르크스는 어떠한 이의제기도 하지 않았고, 2월 초에 역마차를 타고 파리를 떠났다. 그러나 추방 명령을 받은 다른 대부분의 사람들은 파리에 남았다.

예니는 살림살이를 처분해야 했고, 집주인과 계약 종결에 대해 이야기해야 하고 부채도 지불해야 하기 때문에 우선 파리에 남았다. 이는 매서운 겨울 추위가 뒤덮고 있는 도시에서 이리저리 고통스럽게 돌아다녀야 한다는 것을 의미했다. 게다가 그녀의 하녀이자 유모인 그레첸이 더 이상 그녀 곁에 있지 않았기 때문에 그녀는 친구들에게 여덟 살 난 예니첸을 부탁해야만 했으며, 무엇보다 가장 어려운 점은 가구들을 팔아 혼자 떠나기 위해 필요한 돈을 마련해야 하는 것이었다. 카를은 떠나면서 집주인에게 줄 돈으로 그녀에게 200프랑을 남겼는데,

집주인은 그녀에게 겁을 주면서 그들이 집주인에게 진 빚은 200프랑이 아니라 380프랑이라고 했다. 180프랑은 자신이 다른 세입자를 찾았을 때까지 들어가는 비용이라는 것이다. 브뤼셀로 떠나간 남편에게 프랑스어로 써 보낸 편지에서 예니는 무엇을 해야 할지 모르겠다고 고백했다. "오늘 아침 나는 파리 시내를 온통 돌아다녔어요. 조폐국은 문을 닫아 방문하지 못했고 다시 찾아가야 해요. 역마차 회사와 가구를 공매하는 경매인을 찾아갔는데 그것도 헛걸음이었어요. 아주 바쁘게 돌아다녔지만 다 허사였어요."[35] 그러나 예니는 강하고 쉽게 낙담하지 않는 여자였고, 또한 프랑스어를 잘했기 때문에 자신에게 주어진 일들을 정리하는 데 일주일이 채 걸리지 않았다. 그녀는 파리에서의 마지막 두 밤을 헤르베크 가족들과 보냈다. 그 가족 역시 추방 명령을 받았지만 안락한 파리의 집에 남기를 원했다.

예니에게 이것은 슬픈 이별이었다. 그녀는 부푼 기대를 안고 파리로 왔고, 남편의 일이 옳은 것이며 남편이 승리할 것이라고 믿었다. 그러나 다시 한 번 그의 적들은 자신들이 더 강하다는 것을 보여주었다. 프랑스 정부 또한 프로이센 정부와 다를 게 없었다. 예니는 기조와 훔볼트의 비열함에 역겨움을 느꼈다. 그리고 카를이 하는 훌륭한 일을 지원하고 있다고 떠벌리고 다녔던 프랑스 친구들은 모두 그를 배신하지 않았는가? 이제 그녀는 그에게 신의를 지킬 것이다.

"2월 초에 내가 브뤼셀에 있는 카를에게로 갔을 때 날씨는 끔찍하게 추웠고 나는 몹시 아팠다."[36]

6. 우리의 시대가 오고 있다

브뤼셀에서 처음 몇 달 동안 예니는 파리에서 지낸 마지막 날들처럼 힘든 시간을 보냈다. 예니가 긴 역마차 여행 끝에 벨기에의 수도에 도착했을 때 그녀는 카를이 '오 보와 소바주Au bois sauvage('원시림에서'라는 뜻―옮긴이)'라는 수상쩍은 이름의 호텔에 묵고 있는 것을 알았다. 예니에게도 가족이 다 함께 지낼 집을 구할 돈이 없었기 때문에 예니와 예니첸 역시 그 호텔에서 지낼 수밖에 없었다. 더욱이 예니가 당장의 미래를 걱정해야 하는 가장 큰 이유는 브뤼셀 정부가 카를이 브뤼셀에 머물 수 있도록 해줄지 결코 확신할 수 없다는 것이었다. 공산주의 활동을 이유로 파리에서 추방당한 독일인은 프로이센 경찰국의 요청에 따라 다른 국가에서도 추방될 가능성을 고려해야 했다. 벨기에에 머무를 수 있는 허가를 받기 위해 1845년 2월 마르크스는 아내와 딸과 함께 벨기에에 정착하게 해달라고 애원하는 청원서를 벨기에 왕에게 제출했다. 그의 청원은 정치적인 활동을 하지 않겠다고 선서까지 한 후에야 비로소 승인되었다. 이 때문에 마르크스는 저널리스트로서 작업을 이어가지 못하게 되었으며, 시사 정치면에 글을 기고함으로써 돈을 벌 수 있는 가능성을 잃어버렸다.

돈이 없던 마르크스는 바르멘에 있던 자신의 젊은 친구 엥겔스에게 도움을 청했고, 엥겔스는 즉시 '자신의 영감'에게 빌린

50탈러를 부쳐주었다. 게다가 엥겔스는 라인란트의 공산주의자들을 상대로 마르크스 가족을 위한 모금활동을 벌여서 750탈러를 모았으며, 마르크스에게 자신이 근래 출판한 책《영국노동자계급의 실태》의 인세도 받을 수 있도록 하겠다고 말했다. 예니는 엥겔스의 도움 덕택에 당장의 식비와 집세 문제를 해결하고 뤼 달리앙스 구역의 작은 집, 즉 포부르 생 루뱅의 노동자 거주 지역에 있는 작은 집을 얻었다(브로이어 박사라는 사람이 이 집의 소유주였다). 예니 가족은 1845년 3월 이 집으로 이사했다.

예니가 스스로 '극빈의 식민지(외국인 거주 구역)'라고 일컬었던 브뤼셀 거주지의 생활에 익숙해지려고 애쓰는 동안 그녀와 카를의 인생에 결정적인 영향을 미칠 수밖에 없었던 두 가지 사건이 일어났다. 헬레네 데무트와 프리드리히 엥겔스가 도착한 것이다.

예니가 헬레네, 혹은 렌첸이라고 부른 이 여인은 예니에게 낯설지 않았다. 헬레네는 수년 전부터 예니 어머니의 충실한 하녀였으며 카를에 대한 예니의 사랑의 달콤 쌉쌀한 비밀들을 예니와 자매처럼 공유했다. 렌첸은 크로이츠나흐에서 열성적으로 결혼 준비를 도왔으며 연민어린 근심으로 예니의 생애를 지켜보던 사람이었다. 예니의 어머니는 렌첸을 하녀가 아닌 가족의 일원으로 대했다. 그녀는 예니와 어린 예니첸이 브뤼셀에서 어렵게 살 수밖에 없다는 이야기를 들었을 때 예니에게 "너에게 줄 수 있는 가장 좋은 것, 즉 사랑스럽고 믿음직한 렌첸"[1]을 보냈다. 렌첸이 없었더라면 마르크스의 가족은 어려운 망명생활을 결코 견뎌낼 수 없었을 것이기 때문에 그것은 말 그대로 신이 내린 선물이었다. 렌첸은 평생을 그들과 함게 보냈다는 점에서 예니의 제2의 자아였으며 요리, 빵 굽기, 빨래 등 가사노동을 했고 채권자들과 다툼을 벌였다는 점에서 아이들의 두 번째 엄마이자 카를의 두 번째 아내였다. 따라서 그녀가 죽은 후에도 카를과 예니 옆에 남아 있는 것은 당연하고 정당한 일이었다. 그녀는 마르크스 부부를 따라 하이게이트의 묘지에 묻혔다.

렌첸의 출생에 대해서는 알려진 바가 거의 없다. 묘비에는 그녀가 1823년에 태어났다고 적혀 있지만, 그녀는 1820년 1월에 라인란트팔츠의 장크트 벤델 인근 마을에서 태어났던 것 같다. 렌첸의 아버지는 소작농 가정에서 태어났고 제빵사였으며 슬하에 일곱 명의 아이들이 있었는데, 이 아이들은 어려서부터 일을 하지 않으면 안 되었다. 렌첸이 트리어의 부유한 가정에 보모로 가게 되었을 때 그녀의 나이는 여덟 살인가 아홉 살이었다. 여기서 렌첸은 아기를 돌보며 고된 가사노동을 해야만 했는데 폰 베스트팔렌 남작부인이 생각하기에도 너무 고된 일이었다. 남작부인은 렌첸을 가엾게 여겨 자신의 본가에 데려 가서, 이전에 죽은 자기 딸 라우라를 대신하는 수양딸처럼 여겼다.

렌첸이 브뤼셀에 왔을 때 그녀는 예니보다 여섯 살 어린 스물다섯 살이었다. 렌첸은 금발머리를 한 날씬한 여인이었는데 예니와 매우 닮아서 그녀의 사진을 종종 예니의 사진으로 착각할 정도였다. 렌첸은 빛나는 갈색 눈에 넓은 이마 그리고 단단한 턱을 가졌다. 자신이 무엇을 원하는지 확실히 알고 있었고 원하는 것을 말하는 데 두려워하지 않던 여성이었다. 렌첸에게 청혼하는 사람들이 많았고 괜찮은 결혼을 할 만한 기회도 몇 번 있었지만 그녀는 예니와 카를 곁에 머물렀고, 가게 주인들에게 갚아야 할 외상이나 그녀의 급료를 기대하기 어려운 형편일 때조차 그들을 떠나지 않았다.

딱 한 번 헬레네 데무트의 지위가 마르크스 가족 내에서 위기를 겪은 때가 있었는데, 정확히 말하자면 1851년, 즉 헬레네가 임신을 했는데도 아이 아버지가 누구인지 밝히길 거부했을 때였다. 브뤼셀에서 마르크스 가족과 잘 알고 지내던 독일 출신의 젊은 식자공 슈테판 본은 "행간에 분노가 서려 있는 슬픈 소식을 담은 편지를 받았다. 거의 가족처럼 충직하고 지칠 줄 모르던 하녀가 그녀의 곁을 떠났다는 소식이었다"[2]고 말했다. 하지만 사실은 달랐다. 렌첸은 떠나지 않고 남았으며 1851년 6월 아들을 낳아 프리드리히 데무트라고 이름 지었다. 이 아이는 영국의 노동자 부부에게 입양되었고 마르크스 가족의 삶에 어떤 역할도 하지 않게 되었다. 적어도 겉으로 볼 땐 예니와 렌첸의 관계가 이 사건으로 인해 멀어지지 않은 것처럼 보였지만, 자신의 자전적 에세이《파란만장한 삶의 단상Kurzen Umrissen eines bewegten Lebens》에서 예니는 이렇게 썼다. "자세히 언급하기 싫지만 1851년 초여름 안팎으로 우리에게 크게 걱정을 끼쳤던 사건이 하나 있었다."[3] 이 일에 관해서는 이후에 다시 다루겠다.

렌첸이 브뤼셀에 도착했을 즈음인 1845년 4월 예니는 카를이 자주 이야기하곤 했던 바르멘 방직 공장장의 아들인 엥겔스를 알게 되었다. 그녀는 엥겔스의 앳된 얼굴, 귀족적인 풍모 그리고 프로이센 장교를 떠올리게 하는 기사다운 태도에 놀랐다. 엥겔스는 사업(엥겔스는 이를 '악덕 상행위'라고 불렀다)을 역겨워했

100

기 때문에 아버지의 사무실을 떠났다. 엥겔스는 자유로운 저술가로 그리고 새로운 세계질서를 위한 지지자로 살기를 원했다. 그는 영국 노동자계급의 상태에 관해 언급한 책에서 낡은 질서는 몰락한다고 확언했다. 확고부동한 공산주의자로서 엥겔스는 공산주의의 미래를 믿었다. 그래서 엥겔스는 마르크스에게 이렇게 썼다. "누군가가 글을 쓰지 않는다면, 그는 장사꾼이자 부르주아가 될 수도 있겠지. 하지만 공산주의 선전선동을 하면서 동시에 장사치나 사업가가 될 수는 없을 거야. 난 부활절에 여길 떠나겠네."[4]

엥겔스는 마르크스보다 겨우 두 살 적은 스물다섯 살이었지만, 프러시아 사무관을 연상시키는 그의 외모는 너무 앳되어서 제 나이로 보이지 않았다. 엥겔스는 달변가였고 잘 웃었으며 와인과 여자, 노래하는 것을 좋아했다. 엥겔스는 잘 알고 있는 것처럼 보이는 영국에 대해 많이 이야기했고, 조만간 영국 노동자들이 혁명적인 행동을 통해 부르주아지의 지배체제를 전복시킬 것이라고 생각했다.

이러한 대화에 자주 참여했던 예니는 자기 남편이 열정적으로 공산주의를 지지하는 자본가의 아들보다 자본주의에서 공산주의로 가는 역사적 발전에 대해 훨씬 잘 알고 있다는 인상을 갖게 되었다. 하지만 곧 그녀는 카를보다 엥겔스가 노동자들과 훨씬 더 긴밀하게 접촉하고 있다는 걸 깨달았다. 그래서 예니는 엥겔스가 카를에게 몇 주 동안 영국에 머물면서 차티스트 운동가, 독일의 장인 공산주의자들, 영국의 노동조합 지도자들을 만나고 와야 한다고 제안했다는 것을 알았을 때 놀라지 않았다. 예니는 그 여행에 동의했지만 비용 문제를 먼저 해결해야 한다고 주장했다. 비용 문제가 해결되자마자 예니는 렌첸과 함께 트리어에 가서 어머니 곁에서 여름을 지냈다. 그러면서도 예니는 카를, 엥겔스와 함께 브뤼셀 중심가의 '기분 좋은 여러 카페'에서 활기찬 저녁 시간을 보냈는데, 그녀가 자신의 신념 때문에 망명생활을 할 수밖에 없었던 것처럼 프랑스, 독일, 러시아, 폴란드 등지에서 정치적 이유로 망명한 친구들과도 만나게 되었다. 이러한 친구들 중에는 젊은 시인 페르디난트 프라일리그라트도 있었다. 프라일리그라트는 독일 젊은이들 사이에서 헤르베크만큼 엄청난 존경을 받고 있으며 헤르베크처럼 그 역시도 프로이센 당국에게 위험한 선동가로 찍혀 박해를 받았다.

마르크스는 《라인신문》에서 프라일리그라트를 호되게 비판했고, 그를 '연금받는 시인'이라고 불렀는데, 왜냐하면 이 시인이 1840년에 국왕 프리드리히 빌헬름 4세에게 왕실연금을 받았기 때문이었다. 프라일리그란트는 당시 "시인은 당이라는 총안보다 한층 더 높은 망루에 서 있다"[5]라고 말하는 '순수예술'(예술을 위한 예술)의 신봉자였다. 그러나 4년 후 독일 젊은이들의 혁명적인 열기는 이 젊은 시인을 상아탑에서 정치적 소용돌이 한가운데로 내몰았다. 프라일리그라트는 《신앙 고백Glaubensbekenntnisse》이라는 제목의 얇은 시집을 내며 '현대사 Zeitgeschichte'라는 부제를 달았다. 그는 서문에 "반동분자들에게 머리와 가슴으로 맞서는 진영에 단호하고 침착하게 서기 위하여"[6]라는 말로 결의를 표현했다. 검열관이 이 책의 출판을 금지했지만 프라일리그라트는 시집을 출판했으며 국왕에게 받는 연금을 포기하고 브뤼셀로 망명했다. 마르크스는 더 나은 세계질서에 대한 프라일리그라트의 용기 있는 고백에 깊은 인상을 받아서, 브뤼셀에 도착하자마자 "프라일리그라트가 당이라는 총안에 서기 전에 《라인신문》이 그에게 가했던 잘못을 바로잡으려고"[7] 곧바로 그를 찾아갔다. 프라일리그라트는 이전에 자신을 비판했던 사람, 즉 "흥미롭고, 호감을 주며, 거만하지 않은 사람인 카를 마르크스"[8]를 친근하게 받아들였고, 마르크스와 엥겔스 주변을 둘러싼 젊은 사람들로 구성된 소규모 그룹에 합류했다.

예니의 동생인 에드가도 이 그룹의 일원이었다. 에드가가 브뤼셀에 나타났을 때 예니는 심경이 복잡해졌다. 예니는 남동생이 몇 년 동안의 학생 시절을 유흥에 빠져 경솔하게 보낸 후에도 국가고시에 합격하여 트리어의 지방법원에 일자리를 얻었다는 소식을 듣고 기뻐했다. 또한 에드가가 리나 쉴러와 약혼한 것도 반겼다. 예니는 남동생이 트리어에서 경력을 쌓아 어떠한 자식도 자기 곁에 남아 있지 않아 괴로워하는 어머니의 말년을 편하게 해드리길 원했다. 그러나 에드가는 혼란스러워했다. 그는 매부가 선전하는 세계의 질서와 모순되어 조만간 사라지게 될 정부 따위를 위해서 왜 죽을 때까지 일해야만 하는가 고민했다. 적의 편에 서느니 혁명의 지도자들 편에 서는 게 낫다고 생각했다.

그러나 예니는 에드가에게 학비를 어머니에게 의존하지 않아도 될 때까지 생활비를 벌어야 하며 일을 해야 한다고 경고했다. 에드가는 한동안 브뤼셀 사람들 모임의 구성원이었던 제바스티안 자일러의 통신사에서 일했다. 이 모임에는 젊은 독일인인 게오르크 베에르트도 속해 있었는데, 그는 카우프만이라는 이름으로 영국에서 살았고 엥겔스와 친분이 있었다. 카우프만은 여러 사람들이 주목했던 《랭커셔의 노래들Lieder aus Lancashire》이라는 시집을 출간했다. 이 시집의 주요 주제는 영국 노동자들의 빈곤이었으며, 엥겔스는 그를 독일 프롤레타리아트의 가장 뛰어난 시인이라고 평가했다.

영국이 혁명 전야의 상황에 놓여 있다고 확신했던 엥겔스의 독촉으로 두 명의 독일 공산주의자가 7월 초에 혁명 전야의 상황을 살피기 위해 런던과 맨체스터를 방문했다. 예니는 브뤼셀에 2주 더 머물렀다. 그녀는 남동생과 렌첸 외에 젊은 프로이센 장교였던 요제프 바이데마이어와도 함께 지냈다. 바이데마이어는 투철한 공산주의자였기 때문에 군대를 떠났고 공산주의라는 새로운 이론을 그 발원지에서 연구하기 위해 많은 다른 혁명적인 독일 젊은이들처럼 브뤼셀로 왔다. 예니는 그를 마음에 들어했고 그와 후일 그의 부인이 될 루이제와 평생 친구로 지냈다.

예니는 6주 동안 트리어에서 어머니와 함께 대단히 즐거운 시간을 보냈다. 그녀는 카를에게 다음과 같이 썼다. "나는 작은 독일에서(오스트리아를 배제시키고 만들어진 통일된 독일 — 옮긴이) 너무나 행복해요."9 "독일을 끔찍하게 싫어하는 당신에게 이런 말을 하려면 용기가 필요하다는 걸 당신도 알겠죠. 물론 나도 당신과 같은 감정을 가지고 있지만 그래도 이 오래된 죄 많은 나라에서 살기는 좋아요. 어쨌든 내가 그 거대한 프랑스와 벨기에에서 마주친 건 가장 보잘것없고 하찮은 상황들뿐이었어요. 여기 사람들은 자잘하기도 아주 자잘해서 이곳의 전체 삶은 자잘한 일상들로 채워진 신문을 보는 듯해요. 그렇지만 거기서도 영웅 역시 신화 속에 나오는 거인들이 아니며 보통 사람들의 삶도 별다른 의미가 있지 않아요. 남자들에겐 다를 수도 있겠지만 아이를 낳아 기르는, 바느질, 요리, 수선 등을 선택한 여성인 난 하잘것없는 이 독일이 좋아요."[10]

예니의 어머니는 딸이 트리어에 머무는 동안 심신이 눈에 띄게 건강해졌다는 것에 아주 만족해했다. 그녀는 예니와 카를이 떠돌이 생활을 그만두고 독일로 돌아오길 바랐다. 그녀는 두 자식의 미래를 걱정했다. 예니와 에드가가 카를의 공산주의에 설득당해 정치적으로 위험한 상황에 휘말리게 될까봐 불안했다. 그녀 자신도 불쌍한 사람들을 도와야 한다는 것에는 전적으로 동의했고 그들을 도울 힘도 있었지만, 예니가 카를이 예언했던 유혈 혁명에 대한 이야기를 했을 때는 두려웠다. 죽은 남편은 그녀에게 프랑스혁명 때 일어났던 끔찍한 일들을 얘기해주었고, 프랑스의 가난한 사람들은 혁명 전과 마찬가지로 혁명 이후에도 여전히 가난하다고 말했다. 독일에서도 그렇지 않을까? 그러므로 "혁명이 혁명의 자식들을 잡아먹는다"는 말이 괜히 있는 게 아니다.

예니는 다르게 생각했거나, 다르게 생각하는 척을 했는데, 그러지 않으면 남편을 배신하는 것이 되어버리기 때문이었다. 카를은 혁명이 일어날 수밖에 없으며 그 혁명을 준비하는 것이 자신의 의무라는 것을 굳게 믿었다. 카를의 아내이고 그의 딸의 어머니이자 둘째아이를 7개월째 임신 중인 예니는 '빈곤의 식민지'인 망명지 브뤼셀로 돌아가는 것 외에 다른 선택이 없었다. 예니는 카를에게 작은 집 위층에서 "큰일"(옮긴이-출산)을 치른 다음 다시 돌아가고 싶다고 썼다. 예니가 아이들과 같이 있는 동안 마르크스는 자신의 서재에서 잠을 잘 수도 있고 방해받지 않고 일을 할 수도 있을 것이다. 조용할 때 가서 그의 방을 정리해줄 수도 있었다. 예니는 에드가의 존재가 신경 쓰였다. 집은 그들 모두와 렌첸이 살 만큼 충분히 크지 않았다. 그래서 그녀의 어머니는 내내 에드가에게 방을 얻어주는 게, 아마도 보와 사바주 호텔에 방을 얻어주는 게 가장 좋을 것이라고 생각했다. 곧 겨울이 닥쳐오자 예니는 화력 좋은 난로를 구입해야 한다고 카를에게 경고하듯 말했다. 카를은 집주인인 브로이어 박사에게 난로 하나를 마련해달라고 부탁할 수밖에 없었는데, "왜냐하면 아무도 난방이 되지 않는 방에 세를 들려 하지 않기 때문이다".[11] 또한 그녀는 브뤼셀에 있는 독일인 친구들을 걱정했다.

예니는 바이데마이어에게서 모제스 헤스가 결혼할 것 같다는 얘기를 들었다. 열성 당원이며 고지식한 카를의 신봉자인 헤스, 그는 어떤 아가씨한테 환한 미소를 지었을까? 그리고 그녀가 숱하게 들어본 바 있었던 여성 편력의 주인공인 엥겔스, 그는 "고향으로 혼자 돌아올까 아니면 둘이 되어 돌아올까?"[12] 카를은 여행을 떠나기 전에 엥겔스가 멘체스터에 있는 아버지 회사에서 일하게 되었을 때 아일랜드의 젊은 여성 방직공과 사귀었다고 예니에게 귀띔했다. 엥겔스는 이 여성 방직공을 통해 자신이 책에서 매우 충격적으로 서술한 빈민가와 노동자들의 주거 구역을 알게 되었다. 엥겔스는 자신이 속한 계급의 청년으로서는 결코 보지 못할 인간의 비참한 모습들을 보았다. 여성과 아이들은 '저임금의 노동력 착취 공장'에서 초과 노동으로 인해 정신적, 육체적으로 쇠약해지고 있었으며,

탄광 갱도에서 일하는 열여덟 살 이상의 젊은 남성들은 결핵으로 죽었다. 엥겔스는 자신의 책을 영국 노동자들에게 바치면서, 신앙심 깊은 아버지가 속한 계급에게 투쟁을 선포했다. 예니는 이 젊은 아일랜드 여성을 떠올리면서 왜 엥겔스처럼 지적인 남성이 노동자계급 여성과 사귀는지 의아하게 여겼다. 예니는 엥겔스가 그 젊은 여인을 브뤼셀로 데려와 결혼하지 않은 채로 동거하고 있다는 소식을 듣고 당혹스러웠다.

슈테판 본은 카를과 예니, "그리고 엥겔스와 그의 내연녀"가 브뤼셀 독일 노동자동맹의 사교 모임에 나타나곤 했다고 썼다. "두 커플은 상당한 거리를 두고 따로 서 있었다. 내가 마르크스와 그의 아내에게 인사하려고 다가갔을 때, 마르크스는 힐끗 나를 보며 자신의 아내가 아주 단호하게 그 여인과 알고 지내고 싶어하지 않는다는 것을 이해해달라는 의미의 미소를 보냈다. 명예와 도덕상의 순결 문제에 관해서 이 귀족 부인은 매우 비타협적이었다. 누군가 예니에게 이런 것들을 용인하라고 한다면, 그녀는 불같이 화를 내면서 거부했을 것이다. 이런 촌극은 마르크스 부인에 대한 내 존경을 두텁게 했다. 엥겔스는 대부분이 노동자계급의 사람들로 이루어진 모임에 자신의 정부를 데려왔고, 부유한 산업가의 아들들이 종종 민중의 딸들을 노리개로 삼는다는 비난을 무릅쓰게 되었다."[13]

예니는 수십 년 동안 그녀의 남편과 가족들을 먹여 살리며 재정적, 정치적 지원을 아끼지 않았던 엥겔스에게 감사해야 할 충분한 이유가 있었기에 종종 그와 편지를 주고받았다. 이 편지들을 통해 그녀는 일상의 걱정거리를 나눴으며 남편의 병에 대한 소식을 기탄없이 알려주었지만 항상 그를 "친애하는 엥겔스 씨"라고 불렀다. 그녀는 결코 그의 성 앞의 이름인 프리드리히나 프리츠를 쓰지 않았고, 나중에 예니의 가족들이 습관적으로 불렀던 별명인 "제독"도 쓰지 않았다.

예니는 둘째의 출산일이 카를의 책《독일 이데올로기Deutsche Ideologie》가 완성되던 날과 겹쳤기 때문에 자신의 출산을 '거대한 재앙'으로 불렀다. 이 재앙은 1845년 9월 26일에 일어났다. 태어난 아이는 또 딸이었고, 그녀는 어렸을 때 죽은 동생을 떠올리면서 이 아이에게 라우라라는 이름을 붙여주었다. 두 아이의 어머니이자 알아보기 힘든 편지와 원고들을 옮겨 적어주기를 바라는 한 남자의 아내로서 예니는 가사에 신경 쓸 틈이 없었다. 렌첸이 가사를 도맡았는데 그 방면에서는 그녀가 예니보다 훨씬 나았다. 렌첸은 사람들이 채소 장수, 빵가게 주인, 정육점 주인과 어떻게 친해지는지를 알고 있었고, 돈이 없을 때는 가족들에게 필요한 식료품을 외상으로 사거나 때에 따라서는 은수저 한 벌을 전당포에 저당 잡혀서까지 사는 경우가 빈번하게 일어난다는 것도 알고 있었다. 상인과 가게 주인들은 렌첸을 가사의 총책임자라고 여겼고, 예니와 말을 할 때는 모자를 벗을 만큼 예니를 '고귀한 귀족부인'으로 여겼다. 빌헬름 리프크네히트는 그녀들의 관계를 바로 다음과 같이 묘사했다. "렌첸은 마르크스 가정의 독재자Diktatur였고 예니는 지배자Herrschaft였다."[14]

이런 노동 분업 덕분에 예니는 남편의 일과 사상에 몰두할 수 있었다. 예니는《독일 이데올로기》에 관한 카를과 엥겔스의 대화에 참여했다. 이 책은 포이어바흐 같은 독일 철학자와 '진정 사회주의wahren Sozialismus'를 예언하는 자들의 피상적인 주장을 최종적으로 논박하고 '과학적 사회주의'와 궁극적으로 공산주의 세계질서를 불러올 필연적인 혁명에 대한 그들만의 사상을 펼치기 위해 집필한 것이었다. 왜냐하면 "우리는 공산주의가 성취되어야 할 상태, 즉 현실이 도달해야 할 이상적인 무엇이라고 보지 않기" 때문이다. "우리는 공산주의를 현재 상태를 지양해나가는 현실의 운동이라 부른다."[15]

예니는 이런 말에 감동을 받았다. 한쪽에서는 탐욕적인 이윤 추구, 다른 한쪽에서는 빈곤과 굶주림, 이러한 만인 대 만인의 각축전이라는 부르주아 세계의 영원한 불확실성과 비교해볼 때 공산주의 사회는 진정한 인간성에 대한 이상을 구현할 것처럼 보였다. 이러한 이상을 현실화시키기 위해서는 전 세계 노동자들의 마음을 사로잡아 이 노동자들이 정치권력을 획득할 수 있도록 준비시킬 필요가 있었다. 이러한 일은 카를과 엥겔스가 영국에서 돌아온 뒤 추진했던 공산주의 통신위원회kommunistische Korrespondenzkomitees의 설립을 통해 이루어졌으며, 예니는 브뤼셀의 여성 서기장이 되었다. 또한 그녀는 남편이 인류에게 바탕을 둔 사회에 열광하는 독일의 젊은 직공-공산주의자들의 모임에서 지도적 위치에 있다는 사실을 잘 알고 있었다. 카를은 이러한 열광을 "공산주의에 대한 몽상"이라고 경멸적으로 일컬었다.

1846년 4월 병이 깊어진 어머니를 돌보기 위해 예니는 잠시 다시 트리어로 돌아가야만 했다. 예니가 없는 동안 렌첸은 살림을 이끌었고, 카를은 예니에게 공상적 사회주의를 대표하는 저명한 인물인 빌헬름 바이틀링과 완전히 절교했다고 썼다. 카를은 이 말 많은 수습 재단사에게서 유대교 사제의 모습을 보았다. 이 얘길 듣고 예니는 다음과 같이 편지에 썼다. "당신에게 정말 끔찍한 싸움이 있었군요! 그 일이 일어났을 때 내가 거기 없었다는 게 다행이군요."[16] 또한 그러면서도 기쁜 마음으로 그녀는 "사랑하는 카를, 언제나 당당한 태도를 취하고 조바심을 내지 않길 바랍니다. 용기 있는 당신을 얼마나 사랑하는지! 당신은 나의 남자예요!"[17]라고 썼다. 그녀는 "온갖 잘못된 예언들이 상황을 악화시키고 있기 때문에"[18] 어서 책이 나와야만 한다고 마르크스를 재촉했지만, 출판물에서 나오는 인세 없이는 가족의 생계가 위태로워질 것을 잘 알고 있었기 때문에 그러기도 했다.

마르크스는 아내의 이런 충고가 필요하지 않았다. 그에게 필요했던 건 자신과 엥겔스가 썼던 방대한 분량의 《독일 이데올로기》를 받아줄 출판인이었다. 그러나 그는 출판인을 찾지 못했다. 그들의 수많은 노력에도 불구하고 이 저작은 출판되지 못했고 엥겔스가 훗날 썼던 것처럼 "쥐새끼들이 갉아먹는 비판의 희생양"[19]이 되었다. 브뤼셀에서 보낸 마지막 여름 몇 달은 마르크스와 그의 가족에게 유난히 어려웠던 시기였다. 그는 친구 바이데마이어에게 보낸 편지에 이렇게 썼다. "자네도 내가 크나큰 재정적 난국에 처해 있다는 걸 알 걸세. 최근에는 당분간만이라도 그저 살아보기 위해서 마지막 한 조각의 금과 은, 그리고 상당한 양의 아마포까지 모두 저당 잡혔다네. 절약을 위해 나는 우리 집까지 포기해야만 했고 여기 보와 소바주로 이사했다네. 갓난아이가 이제 젖을 뗐기 때문에 새로운 유모도 임시로 더 고용해야만 한다네."[20]

예니는 집에서 생기는 문제들의 압박이 극심해질 때면 언제나 그랬듯 앓아누웠다. 그녀는 세 번째 임신을 했고 그해 12월 쯤에 아이가 태어날 예정이었다. 마르크스가 헤스에게 보낸 편지에 따르면, "내 아내가 아파서 대부분의 시간을 침대에 누워 지내야 하는 탓에 많은 일을 할 수 없기"[21] 때문에 렌첸이 집 안의 모든 일을 돌봐야 했다. 마르크스 자신도 돈을 벌기 위해 온갖 종류의 일들을 정신없이 준비했다. 그 당시 그는 자신이 계획한 문예 평론지, 즉 정치경제학의 내용을 골자로 하는 평론지의 주식을 지인과 친구들이 사야만 한다고 제안하면서 도움을 청했다. 주식의 가격은 주당 25탈러였다. 그런 다음 그는 공산주의자 통신위원회의 회원들 앞으로 어음을 발행했기 때문에 그들이 자신에게 돈을 빚지고 있다고 생각했다. 또한 그는 어머니에게 아버지의 재산 중 자신의 몫을 달라고 계속해서 요구했다.

생존이라는 문제가 마르크스와 그의 가족을 끔찍하게 짓눌렀지만, 마르크스는 그때 과학적 공산주의를 기반으로 하는 국제 노동자 운동을 건설하는 데 매진했다. 그가 엥겔스와 함께 공산주의 세계관의 중심인 브뤼셀에서 설립한 공산주의자 통신위원회는 통상 '마르크스당'이라고 불렸다. 이 당은 "지루한 도덕적 의심 없이"[22] 당을 도울 것을 약속한 사람은 누구든 지지할 수 있었다. 예니의 남동생은 한동안 마르크스당의 일원이었으며 그의 매부가 《뉴욕 트리뷴New Yorker Volks Tribune》의 편집장 헤르만 크리게와 같이 자신의 이론을 희석시키는 자들에 대항하여 공포했던 몇몇 결의안에 서명했다. 미국에서 문자 그대로 독일 공산주의의 대표자로 여겨졌던 이 사기꾼은 무신론적인 공산주의를 종교적 사랑의 몽상으로 변질시킴으로써 유럽의 공산주의자들과 타협했다. 마르크스는 두 달 전 감상적인 공산주의 개혁가인 바이틀링을 비판했던 것만큼 호되게 그를 비판했다. 이 바보들은 정치운동을 부르주아 사회의 경제 법칙과 상호 연관되어 있는 것으로 분석하는 대신 감정에 입각해서 보고 싶어한다. 감정이 전부인 것이 아니라 과학적 지식이 전부이다!

매부의 권위적인 말투는 에드가의 귀에 슬슬 거슬리기 시작했다. 그는 호의적이지만 다소 게으른 천성을 가진 사람이었으며 카를이 예언했던 공산주의 혁명을 통해서 좋은 직업을 얻길 원했다. 당분간 아무 일도 일어나지 않았고 너무 힘들게 일하지 않아도 되는 좋은 자리를 얻으려던 그의 노력이 수포로 돌아가자 에드가는 당시 수많은 독일 젊은이들이 그랬듯이 미국행을 생각했다. 그의 매부인 마르크스조차 파리에서 추방당한 후에 브뤼셀에서 보낸 처음 몇 달 동안은 미국으로 가볼까 생각해본 적이 있었다. 그러나 그러한 생각도 아주 잠시였는데 그는 공산주의 운동에서 사회적 조건이 신세계에서보다는 구세계에서 더 유리하다고 확신했기 때문이었다. 하지만 예니의 남동생에게 이런 고려 사항들은 관심 밖의 일이었다. 어떤 직업도 없이 브뤼셀에 있는 동안 그는 어머니에게 재정적으로 의존했고, 이에 대해 마르크스는 크게 화를 냈다. 열심히 작업했지만 돈을 전혀 벌지 못했던 마르크스는 '게으름뱅이 에드가'가 아내의 재산을 낭비하는 것을 보고 분개했다. 그러나 그는 1846년 12월에 셋째로 태어난 아들에게 에드가라는 이름을 붙여주는 것에는 동의했다. 마르크스는 딸이 아니라 아들이 태어났다는 것에 특히 만족했는데 역사를 만드는 것은 남성이라는 신념이 확고했기 때문이었다.

1846년의 크리스마스는 예니의 남동생이 유럽에서 보낸 마지막 크리스마스였다. 1847년 봄에 그는 부유한 독일인 친척의 재정 지원으로 살 길을 찾아 텍사스로 떠났다. 동생과 작별하는 건 예니에게 힘든 일이었다. 예니는 울면서 자신에게 도움을 청한 에드가의 약혼녀 리나 쉴러를 위로하기 위해 다음과 같은 내용으로 편지를 보냈다. 새로운 사회질서가 도래하면 "해체와 변화의 시기가 틀림없이 우리에게 다가오고 있으며, 또한 머지않아 사람들이 에드가의 재능, 그의 용기, 그의 기사도 정신을 필요로 하게 되면 그는 분명히 고향으로 돌아와 당신과 내 어머니 곁에서 조언자이자 보호자, 그리고 지원자가 되어줄 것"[23]이기 때문에 에드가가 반드시 독일로 돌아올 거라고 적었다.

1850년 즈음은 사실상 해체의 시기였다. 독일에서는 우선 대학생들이 소국kleinstaatliche의 군주와 왕족, 영주의 통치에 대항하여 통일된 독일 공화국을 꿈꾸었다. 프랑스 파리는 폴란드, 이탈리아, 러시아 지식인들뿐만 아니라 독일 직공들로 이루어진 혁명가 집단의 중심지였다. 영국에서는 신문《북극성The Northern Star》의 편집장인 조지 하니의 지도 아래 기독교도들이 사회주의 사상과 공산주의 사상을 선전하고 있었다. 또한 브뤼셀에서는 공산주의 통신위원회의 창립자인 마르크스와 엥겔스가 공산주의 과업을 수행하고 있었다. 엥겔스는 1846년 8월 파리의 독일 직공들에게 마르크스당을 선전하기 위해 파리로 갔다.

1846년은 예니에게 큰 기대를 안겨준 해였다. 남편의 믿을 만한 동료이자 협력자로서 그녀는 마르크스가 예견했던 유럽 사회의 격변이 곧 닥쳐올 거라고 확신했다. 그렇게 된다면 마르크스당은 권력을 장악하게 될 것이고, 현재 그들이 겪고 있는 모든 궁핍은 끝날 터였다. 생계를 위한 투쟁은 애쓸 가치가 있는 것이리라. 그런데 바로 지금 그녀는 세 명의 아이들을 먹여 살려야 하는 투쟁에 직면해 있다. 그녀가 렌첸에게 실질적인 도움을 받을 수 있다는 것은 신에게 감사할 일이 될 것이다. 사실 에드가가 태어난 이후 마르크스 가정의 재정 상태는 다소 나아졌다. 카를은 네덜란드의 삼촌에게서 돈을 받았고 예니도 어머니에게 얼마간의 돈을 받았다.

1847년 1월에 마르크스 가족은 알리앙스 거리에 있는 집에서 나무르 교외의 오를레앙 거리에 있는 작은 집으로 이사했다. 이 집은 곧 기존 질서에 반대하는 사람들의 모임 장소가 되었다. 이 집은 마르크스 가족에게 "루푸스"라고 불렸던 슐레지엔 지방 농부의 아들인 빌헬름 볼프 같은 독일 출신 망명자들로 북적거렸다. 저널리스트이자 교사인 빌헬름 볼프는 프로이센 언론법을 어긴 죄로 기소되었다가 프로이센 감옥에서 도망쳐나온 인물이었다. 농노의 아들로서 그는 빈곤과 불안으로 기억되는 어린 시절을 보냈고, 무지막지한 감독관에게 학대를 당했으며 주인집 아이들에게 모욕을 당했다. 신념에 따라 혁명가가 된 그는 불굴의 근면을 통해서만 부모님의 운명에서 벗어날 수 있다는 것을 일찍 깨달았다. 교구 사제의 도움을 받아 고등학교에 입학했고 이후 대학에도 입학했다. 그는 문헌학을 공부했고 브레슬라우 지역 학생연합의 지도자가 되었다. 이런 연유로 1846년 브뤼셀로 가기 전 프로이센 당국과 갈

등을 일으켰으며 이미 여러 해 동안 감옥에 있었다. 엥겔스는 볼프의 등장을 다음과 같이 묘사하고 있다. "우리는 작지만 강인하고 다부지며 건강한 사람을 알게 되었다. 얼굴이 온화하고 차분하면서도 결단력 있어 보였으며, 겉으로 보기에는 동부 독일의 농부처럼 보였고, 옷차림은 동부 독일 소도시 시민의 복장이었다. …… 우리는 그를 처음 보았을 때 귀한 사람에게는 이런 보이지 않는 외양이 숨겨져 있다는 사실을 알지 못했다."[24]

　모임의 또 다른 인물은 '유프'라고 불린 시계공 요제프 몰이었다. 2월에 쾰른에서 추방당한 그는 런던에서 '의인동맹'의 일원으로 활동하고 있었고, 마르크스와 엥겔스를 동맹에 가입시키기 위해 브뤼셀로 왔다. 이 동맹의 구성원은 약 250명 정도였는데, 대부분이 독일 직공들이었고, 그들은 강연을 듣고, 정치, 문화에 대해 토론했다. 또한 토요일마다 음악과 시 낭송, 춤이 있는 사교 모임에 참여했다. 이런 여러 모임을 하기 위해 그들은 일주일에 세 번씩 만났다. 동맹의 목표는 청년들에게 착취와 억압, 부당한 빈곤이 없는 이상적인 사회로 가는 길을 대해 가르치는 것이었다. 동맹은 공산주의를 지지했지만 그들이 지지한 공산주의는 마르크스와 엥겔스가 선전하던 과학적 공산주의는 아니었다. 몰과 런던에 있는 그의 동지들인 샤퍼, 로젠탈, 도펠, 바우어 등에게 브뤼셀 공산주의 지도자들(마르크스와 엥겔스)의 선언은 처음부터 수상쩍은 것이었다. "우리는 당신들이 학자들로 이루어진 귀족계급을 만들어 새로운 신의 자리에 앉은 뒤 위에서 인민들을 지배하려는 생각을 하고 있다고 믿었다."[25] 그러나 그들은 브뤼셀에 있는 마르크스, 엥겔스와 함께 개별적인 논의를 거쳐 마침내 공산주의위원회를 위한 합동 계획에 관해 토론하기로 결정했다.

엥겔스가 파리에 있는 동안 예니가 참석했던 몰과의 토론에서 마르크스는 모든 종류의 음모론적인 논의를 반대하며, 비밀결사 내부에서 공산주의가 부화한다는 관념은 유치한 헛소리라 생각한다고 선언했다. 그가 이해하는 공산주의는 엄격한 경제 법칙에 따라 프롤레타리아트가 권력을 장악하는 것이었다. 노동자들은 혁명적인 행동으로 부르주아지의 지배를 해체하는 것이 그들의 역사적인 임무라는 점을 알아야 했다. 그들은 기독교적인 관용에 대한 감상적인 이야기에 혼란을 겪지 말아야 했고, 공산주의는 음모를 꾸미는 몇몇 학생들의 두뇌에서 나오는 것이 아니라 미래의 필연적인 사회 체제라는 점을 명심해야 했다. 예니는 마르크스가 평상시대로 권위적인 태도로 설명했기에 우직한 시계공 몰이 그의 설명을 아주 달가워하지 않을 것이라고 생각했다. 그녀는 런던의 공산주의자 직공의 편지를 기억해냈는데 그 편지엔 지식인들의 오만에 대한 탄식이 적혀 있었다. "그들은 노동자들과 함께 있을 때마다 배운 티를 내지 못해 안달하며 자신들을 신성한 후광으로 둘러싸고 있소. 또한 그들은 노동자들과 우정을 다지는 방법에 대해 무지하고, 노동자들을 끌어당기기는커녕 밀쳐내는 자들이오. 그리고 당신들, 자칭 브뤼셀의 프롤레타리아트들도 이런 파렴치하게 학자연하는 오만함을 상당한 정도로 가지고 있소."[26] 그래서 그녀는 카를에게 의인동맹에 가입해서 런던의 직공 공산주의자들에게 그가 오만하지 않게 그들의 정치적 노력을 평가하고 있음을 보여주라고 조언했다. 마르크스는 그러기로 했지만 대신 그 조직의 이름을 바꿔야 한다고 주장했다. '의인동맹'에서 '공산주의자동맹Bund der Kommunisten'으로 말이다.

파리에 있는 독일인 노동자들을 공산주의자로 만들려고 노력하던 엥겔스는 공산주의자들의 신념에 대한 문서를 작성해야 한다고 마르크스에게 말했다. 카를이《독일 브뤼셀 신문Deutschen Brüsseler Zeitung》을 통해 이전에《라인신문》에서 함께 일했던 동료 카를 페터 하인젠을 맹렬하게 논박했을 때, 예니는 자신이 처음 브뤼셀에 왔을 때 친절하게 맞이해주던 사람이 바로 그 사람이었다는 사실을 유감스럽게 생각했다. 확실히 하인젠은 공산주의가 사유재산의 완벽한 폐지를 주장한다면 개인의 자유와 진취성을 훼손할 것이라는 반공산주의적 기사를 써서 카를을 화나게 했지만, 잘 생각해보면 정의로운 사회를 위한 혁명가이자 전우였다. 도처에서 불안이 들끓는 바로 이 시점에 대중 앞에 공개된 이런 논쟁들로 인해 공동의 이상이 힘을 잃어가는 건 안타까운 일이었다.

비싼 빵값 때문에 파리와 베를린에서 폭동이 발생했고, 굶주린 노동자들은 빵집으로 돌진했다. 또한 브뤼셀의 노동자들 사이에도 불만이 생겨났고, 공산주의 운동의 대표적인 이데올로기 주창자인 마르크스의 집에서조차 빵이 부족했다. 심지어 독일과 프랑스, 영국의 여러 도시에 있는 공산주의 통신위원회에 보내야만 하는 편지의 우편 요금조차 없는 경우가 종종 있었다. 1830년의 폴란드 혁명을 기념하기 위해 1847년 11월 29일에 소집된 인터내셔널 회의에 와달라는 런던 공산주의자동맹의 초대를 받았을 때 마르크스는 이러한 상황에 처해 있었다. 그는 러시아의 부유한 저널리스트 파울 안넨코에게 다음과 같이 썼다. "내가 여행을 떠났을 때 내 가족들을 가장 비참하고 어려운 상황 속에 남겨두어야 했다네. 이뿐만 아니라 내 아내와 아이들이 아팠다네. 나의 경제 상태는 이 순간 너무나 위태로워서 내 아내는 정말 빚쟁이들에게 끊임없이 시달려야 했고 비참하게도 돈이 씨가 말랐다네."[27] 마르크스는 예니가 알고 있는 대부분의 남자들과 마찬가지로 안넨코프가 예니를 숭배한다는 걸 알고 있었기 때문에 다음과 같이 덧붙였다. "이런 상황에서…… 만약 자네가 내 아내에게 100프랑이나 200프랑 정도를 부쳐줄 수 있다면 자네는 최악의 상황에서 진정으로 나를 구해준 사람이 될 걸세."[28] 물론 그가 안넨코프에게 이런 요청을 했다는 것을 그의 아내가 절대로 몰라야만 한다는 말도 덧붙였다.

집 안의 걱정거리들을 일시적으로나마 떨쳐버린 마르크스는 본격적으로 작업에 몰두했다. 샤퍼에 의해 번역된 자신의 독일어 연설문에서 그는 폴란드가 러시아의 멍에에서 해방될 수 있는 징후를 영국이 보여준다고 선언했다. "모든 나라 중에서 프롤레타리아트와 부르주아 간의 대립이 가장 발전한 곳이 바로 영국이다. 따라서 영국 부르주아들에 대한 영국 노동자들의 승리는 모든 압제자들에게 억압받은 자들의 승리에 결정적인 영향을 미친다. 그러므로 폴란드는 폴란드 내부에서 해방을 이룬 것이 아니라 영국에서 해방을 이룬 것이다."[29] 이런 말들은 열렬한 박수갈채로 환호받았고, 런던 공산주의자동맹은 마르크스에게 공산당의 근본 원칙을 담은 문서를 작성하여 그해가 끝나기 전에 런던에 머물고 있던 독일인 당원들에게 제시해줄 것을 공식적으로 청했다.

　마르크스는 12월 중순에 영국에서 가족이 있는 브뤼셀로 돌아왔고 예니가 그녀의 러시아 숭배자 안넨코프에게 200프랑을 받았다고 말했을 때 놀라는 척했다. 그리하여 크리스마스 선물로 아이들에게 뭘 줘야 하는지 하는 예니의 걱정과 푸줏간 주인과 빵집 주인을 향한 렌첸의 끊임없는 불평은 사라지게 되었으며, 예니는 다가오는 크리스마스를 즐길 수 있게 되었다. 1847년의 마지막 몇 주는 마를크스에게 열심히 일해야 하는 기간이었다. 세계 무역 위기로 인한 생필품의 가격 인상 때문에 유럽 각지에서는 끊임없이 시위가 일어났고, 또한 이 시기는 혁명적인 사회 변혁의 조건이 무르익던 때였다. 그래서 교회가 기독교 세계관을 평소보다 더 강하게 전파하는 바로 이 크리스마스 기간에 공산주의 세계관을 통해 노동자들에게 더 나은 사회로 가는 길을 보여주는 것이 중요했다. 혁명 세력들을 결합시키기 위해 파리에 남아 있던 엥겔스는 이 저작을 '공산당 선언'으로 부르자고 제안했다. 크리스마스와 새해의 첫 몇 주 동안 브뤼셀의 자신의 집에서 마르크스는 예니를 비서로 두고 역사상 가장 영향력 있는 선언문을 썼다. 이 선언문은 다음과 같은 말로 시작하고 있다. "하나의 유령이 유럽을 배회하고 있다 ─ 그 유령은 공산주의다."[30] 공공연하게 공산주의는 사람들에게 공포의 대상으로 잘못 알려졌는데 그 이유는 다음과 같았다. "교황과 차르, 메테르니히와 기조, 프랑스의 급진파와 독일 경찰 등 낡은 유럽의 모든 권력들이 이러한 유령에 대항하기 위해 신성동맹을 맺었다. 지금이 공산주의 유령이라는 동화 이야기에 맞서서 공산당 선언을 내놓을 수 있는…… 절호의 기회이다."[31]

예니와 결혼했던 시기에도 카를은 항상 지금까지의 모든 역사가 계급투쟁의 역사라고 되풀이해 말했기 때문에 예니는 다음과 같은 말을 심심치 않게 들었다. 즉 자유민과 노예, 세습 귀족과 평민, 남작과 농노, 또는 요컨대 지배자와 피지배자는 상호 영원한 적대적 관계 속에서 끊임없이 투쟁을 하는데, 이 투쟁은 사회의 혁명적 개혁으로 인해 끝을 맺게 된다. 카를과 마찬가지로 예니 역시 다음과 같은 신념을 가지고 있었다. 산업혁명을 통해 나타난 공장 노동자와 공장 소유주 사이의 대립, 또는 카를이 명명했던 것처럼 프롤레타리아트와 부르주아 사이의 대립은 영국과 프랑스 같은 나라에서는 이미 폭발할 듯한 상황에 이르렀다. 따라서 노동자 해방을 위한 정신적 무기를 벼려야 한다. 이것이 《공산당 선언Kommunistischen Manlfestes》의 의미이며, 그 핵심은 10개의 조항으로 되어 있는데, 카를은 이 조항들을 엥겔스와 상의한 후 그의 부인에게 받아쓰게 했다.

1. 토지 소유의 강제 몰수와 지대의 국가 재정으로의 전환.

2. 강력한 누진세 제도.

3. 상속권 폐지.

(예니는 카를이 그의 아버지 유산에 얼마나 의존했는지 그리고 최근 몇 주 사이에 마스트리히트[네덜란드 도시로 마스 강변에 있다— 옮긴이] 변호사인 자기 처남의 좁은 집을 간절히 원해서 자기 어머니에게 자기 소유의 아버지 유산을 넘겨달라고 조를 수밖에 없었음을 잘 알고 있었기에, 상속권 폐지라는 이러한 요청이 이론적으로는 정당한 것이지만 자신이 처한 상황에는 맞지 않는 것으로 받아들였다.)

4. 다른 나라로 망명하려는 모든 자와 반역자 모두의 재산 몰수.

5. 국가자본과 절대적 독점권을 지닌 국립은행을 통한 국가 수중으로의 신용 집중.

6. 모든 운송 수단의 국가 수중으로의 집중.

7. 국영 공장과 생산도구의 증가, 공동 계획에 따른 토지의 개간과 개량.

8. 모두에게 동등한 노동 의무. 산업 군대, 특히 농업을 위한 산업 군대의 창설.

9. 농업과 공업의 경영의 결합, 도시와 시골의 빈부 격차를 점차적으로 근절하려는 노력.

10. 모든 어린이들에 대한 공공 무상 교육. 오늘날과 같은 형태의 어린이들의 공장 노동 폐지……[32]

크리스마스 파티 준비로 인해 선언을 쓰는 작업이 방해를 받았다. 예니는 렌첸과 크리스마스 파티 준비를 같이하면서 트리어에 있는 어머니와 상의했다. 예니와 카를에게는 돈이 없었지만, 매우 사랑하는 세 아이들에게 파티를 마련해주어야 했다. 게다가 예니가 장식하는 것을 거들어야 했던 독일 노동자동맹의 크리스마스 파티가 있었다. 이 파티에서 카를은 프랑스어로 건배 축사를 하면서 벨기에 민주주의 사회에 찬사를 보냈으며, 다른 유럽 국가들의 전제주의와 비교하며 자유를 보장하는 벨기에의 사명을 감명 깊게 평가했다. 자유로운 연설과 집회의 권리를 보장하는 벨기에는 모든 유럽 국가들을 위한 본보기라 할 수 있었다. 저녁에는 다른 사람들이 연설을 했는데, 그중에는 백발의 폴란드 역사가이자 혁명가인 요아힘 렐레벨도 있었다. 그는 예니가 특히 존경했던 사람이었으며, 모든 사람의 박수갈채 속에서 자유롭고 해방된 새로운 독일을 위해 축배를 들었다.

《독일 브뤼셀 신문》은 독일 노동자동맹의 새해 파티에 대해 다음과 같이 자세하게 보도했다. "새해 저녁의 연회는 다시금 여러 국가의 친목을 다지고 민주주의를 확장시키는 한 걸음이 었다. 이 신념에 차고 즐거운 파티를 방해하는 불협화음은 전혀 없었다. 무도회 드레스를 입은 많은 여성들이 참가했고 우리는 그 아름다운 여성들이 애국적인 이야기에 힘찬 박수갈채를 보내는 것을 지켜보았다. 연회에는 음악이 흘러나왔고 그 다음에 드라마틱한 공연들이 뒤따랐는데, 여기에서 마르크스 박사의 부인은 천재적인 낭독의 재능을 보여주었다. 프롤레타리아트들의 지적 능력을 향상시키기 위해 뛰어나게 활동하는 여성들을 지켜보는 건 매우 인상적이고 유쾌한 일이었다."[33]

1847/48년 섣달그믐 밤은 예니의 인생에서 가장 좋은 시절이었다. 그녀는 장밋빛 미래가 자신 앞에 펼쳐져 있다고 생각했기 때문에, 운명의 해인 1848년이 밝아올 때까지 더 나은 세계질서를 축하하는 예언자이자 아이들의 아버지인 사랑하는 남편과 즐겁고 흥겹게 춤을 추었다. 카를이 하라는 대로 그녀는 런던 공산주의자동맹이 강력하게 요구한 《공산당 선언》의 마지막 페이지를 옮겨 적었다. 마르크스는 이것을 1월 말쯤 런던으로 보냈다.

마르크스는 자신이 세상에 내놓은 작품이 영향력과 판매량에서 성경에 필적할 만하다는 것을 알지 못했다. 그에게는 2월

9일 네덜란드 삼촌 리온 필립스와 합의한 대로 트리어에 있는 어머니에게서 아버지의 유산 중 6,000프랑을 선불로 받는 일이 훨씬 더 중요했다. 그는 이걸 통해서 마침내 일상의 돈 걱정에서 벗어날 수 있었고 다가올 혁명적 투쟁에만 온전히 전념할 수 있었다. 이와 관련한 더 구체적인 내용은 예니의 파란만장한 삶에 대한 짧은 회고록에 다음과 같이 쓰여 있다. "벨기에의 지평선에도 슬슬 어둠이 깔리고 있었다. 민중을 이루는 구성원인 노동자들에 대한 두려움이 퍼지고 있었다. 경찰, 군대, 민병대 등 모두가 방어를 위해 소집되었고, 모두가 전투 준비를 했다. 그래서 독일 노동자들 또한 무기를 구해야 할 때가 왔다고 생각한다. 단검과 리볼버 등이 준비되고 있다. 카를은 얼마 전에 돈을 받았기 때문에 기쁘게 자금을 제공하고 있다."[34]

그해 2월 26일 파리에서 혁명이 일어나서 왕이 도망치고 프랑스가 다시 공화국이 되었다는 소식이 브뤼셀에 들려왔다. 갈리아 수탉의 울음소리는 오랫동안 기다려왔던 신호였다. 예니는 "우리의 시대가, 민주주의의 시대가 온다"[35]고 외쳤으며, 마르크스는 다음과 같이 덧붙였다. "튈르리 궁과 왕궁의 불꽃은 프롤레타리아트의 해돋이다."[36]

폭동은 브뤼셀에서도 일어났다. 수많은 군중이 도시의 중심에 있는 광장과 선술집과 카페에 모여들어 '자유와 평등'을 요구하고 "공화국 만세"를 외치며 열변을 토해내는 젊은 연사의 연설을 주의 깊게 들었다. 법과 질서의 수호자들은 깜짝 놀라 프랑스혁명의 불길 앞에서 어떻게 벨기에를 보호할 수 있을지 궁리했다. 그들은 첫 번째 단계로 외국에서 온 모든 혁명적인 선동가들을 추방하기로 결심했고, 2월 27일경에는 이미 유명한 독일 공산주의자들의 리스트를 작성하기 시작했다.

이에 대해 아무것도 몰랐던 마르크스는 다른 계획을 세우고 있었다. 파리에서 혁명이 발생했다는 소식을 들은 날 그는 가족들과 함께 소바주 호텔로 거처를 옮겼고, 자신이 가정의 일에 방해받지 않고 작업을 수행할 수 있도록 예니가 렌첸, 아이들과 함께 트리어의 어머니에게 가 있을 것을 제안했다. 예니가 트리어로 돌아갈 준비를 하는 동안 마르크스는 런던에 가서 런던의 공산주의자동맹의 지도자와 영국의 차티스트들과 3일 동안 회담하면서 프랑스혁명하의 정세에 관해 토론하고, 공산주의자동맹의 본부를 런던에서 파리로 옮길 것을 제안했다. 그는 임시 프랑스 정부에 루이 필리프 왕이 지시했던 자신에 대한 추방 명령을 철회해달라는 편지를 썼다. 브뤼셀에 돌아와서 그는 임시 정부의 신임 장관 페르디난트 플로콘이 서명한 편지를 받았다. "독재 국가는 당신을 추방했지만 자유 프랑스는 당신에게 다시 문을 열겠다!"[37]

그러나 다음 며칠 동안 상황은 급격하게 변했고 마르크스는 벨기에를 평화롭게 떠날 수 없게 되었다. 3월 4일 밤 경찰이 소바주 호텔에 있는 방으로 들이닥쳤고, 그를 체포했다. 그는 브뤼셀에 있는 독일 노동자들에게 무기 구입비를 제공한 것 때문에 고소당했다. 예니는 다음과 같이 썼다. "그들은 밤에 그를 강제로 끌고 갔다. 나는 끔찍한 두려움에 가득 차서 급히 그를 쫓아갔으며 그들의 계획이 무엇인지 알아낼 수 있을 만한 영향력 있는 사람을 찾아보려 애썼다. 칠흑같이 어두운 밤에 나는 급하게 집집마다 찾아다녔다. 이때 갑자기 한 경찰이 나를 붙잡더니 체포해서 어두운 감옥에 가두었다. 이 감옥은 그들이 집 없는 거지들이나 정처 없는 방랑자들, 불행하며 절망적인 여자들을 가두어놓는 장소였다. 난 어두운 감방 안으로 떠밀렸다. 나는 들어서면서부터 흐느껴 울었고, 같이 고통을 겪고 있던 사람들 가운데 한 여성이 나에게 자신의 잠자리를 내어주었다. 그것은 딱딱한 나무로 된 간이 침대였다. 나는 그 침대 위로 쓰러졌다."[38]

날이 밝았을 때 예니는 카를이 헌병대에 연행되어 레오폴드 왕의 명령으로 벨기에에서 추방당했다는 사실을 알게 되었다. 그녀 자신도 두 시간 동안 심문을 당해야 했는데, 그 심문에서 "그들은 거의 아무것도 알아내지 못했다".[39] 그녀가 나중에 브뤼셀의 일상에 대한 회고록에서 썼던 내용, 즉 카를이 독일 노동자들에게 돈을 주었고 그 돈으로 이 노동자들이 무기를 살 수 있었다는 사실은 절대 누설하지 않았다.

예니의 좌우명은 늘 다음과 같은 것이었다. "많은 것을 말하지 않는다." 심문이 별다른 목적을 달성하지 못하고 끝난 후 그녀는 경찰과 함께 마차에 태워져 "해질 무렵이 되어서야 비로소 작고 가여운 아이들이 있는 집으로 되돌아갔다".[40] 그런 뒤 렌첸의 도움으로 그녀는 자질구레한 소지품을 챙기기 시작했고, 팔 수 있는 것들을 팔았지만, 서적상 보글러의 도움으로 은과 좋은 린넨은 남겨두었다. 젊은 식자공 슈테판 본과 함께 3년 전에 강제로 떠나왔던 파리로 되돌아갔다. "그때는 매우 춥고 흐렸으며, 2월이 끝나가는 무렵이었는데(사실 그때는 3월 초였다), 아이들을 따뜻하게 해주기가 몹시 어려웠다. 막내는 겨우 한 살이었다."[41]

파리에 도착했을 때 그녀는 젊은 동반자인 슈테판 본과 헤어졌는데, 그는 지난 며칠 동안 일어났던 일들 때문에 그녀가 겪었던 압박에 대해 이렇게 썼다. "깊은 슬픔이 그녀의 순수한 얼굴에 드러났다. 그녀가 임시 거처에 도착했을 때 우리는 악수를 했고 작별인사를 나누었다. 그녀에게는 모든 것이 임시적이었고, 자신과 아이들을 위한 집다운 집을 한 번도 가져보지 못했다."[42]

예니 폰 베스트팔렌.

캐롤라인 폰 베스트팔렌, 예니의 어머니.

루드비히 폰 베스트팔렌, 예니의 아버지.

127

10대 시절의 예니.

신혼 초의 예니.

에드가 폰 베스트팔렌, 예니의 동생.

페르디난트 폰 베스트팔렌, 예니의 이복오빠.

프리드리히 엥겔스와 마르크스, 그리고 마르크스의 세 딸 예니, 엘레아노어, 라우라.

엘레아노어 마르크스, 마르크스의 막내딸

라우라 마르크스, 둘째딸.

예니 마르크스, 첫째딸.

에드가 마르크스, 마르크스의 아들(세 살 때의 모습). 그가 어머니에게 썼던 편지.

잘츠베델의 예니가 태어났던 집.

딘 스트리트에 있던 마르크스 가족의 아
파트, 그들은 이곳에서 1850년 5월부터
1856년 10월까지 살았다.

헬레네 데무트, '렌첸'이라고 불렸으며,
1845년부터 마르크스 가정의 충실한 하녀
였다.

그래프턴 테라스, 마르크스 가족이 영국에
서 두 번째로 살았던 집이며, 그들은 이곳에
서 1856년 10월부터 머물렀다.

모데나 빌라스, 마르크스 가족이 영국에서
세 번째로 살았던 집이며, 그들은 이곳에서
1864년 3월부터 머물렀다.

7. 결단의 해: 1848~1849

1

예니는 아이들, 렌첸과 함께 파리에 있는 '맨체스터'라는 이름의 작은 호텔을 숙소로 잡았다. 맨체스터는 이후 그녀와 카를의 삶에 특별한 역할을 할 수밖에 없는 도시였지만 그 무렵 예니는 아무것도 알지 못했다. 그녀는 단지 카를의 프랑스 친구들의 소개로 자신과 가족들을 위해 호텔 맨체스터의 뤼 그라몽 1번 방이 준비되어 있다는 사실만을 알고 있었으며 다음날 카를이 이 호텔에 나타났을 때 매우 기뻐했다. 카를과 예니는 여전히 파리의 도로와 광장 도처에 선명하게 남아 있는 시가전의 흔적에 깊은 인상을 받았다. 사람들은 찢겨있는 바리케이드, 그 옆에 뜯겨져 나와 산처럼 쌓인 포장용 돌들, 뒤집어진 마차, 깨어진 유리창 가운데로 여기저기 몰려다니면서 삼색기를 흔들며 〈라 마르세예즈〉를 부르고 있는 대중들을 보았다. 왕은 죽었다! 공화국 만세!

마르크스는 행동해야 할 때가 왔음을, 그리고 누가 친구이고 적인지를 보여줄 때가 왔음을 깨달았다. 무엇보다도 우선 독일 민주주의자를 명예훼손 혐의로 체포하고 "남편의 민주주의적 견해를 공유한 것이 유일한 죄였던 프로이센 귀족부인"[1]인 그의 아내를 감옥의 어둡고 작은 방에서 도둑, 부랑자, 매춘부와 함께 꼬박 하룻밤을 보내게 했던 벨기에 당국자들과 담판을 지을 때가 왔음을 알았다. 마르크스는 파리의 신문《개혁 Réforme》의 편집자에게 보낸 편지에서 자신과 예니가 겪은 굴욕을 토로했고, 엥겔스는《북극성》에 이 사건에 대해 강렬한 기사를 써 보냈다.

브뤼셀에서 '마르크스 사건'은 시의회의 자유주의 의원들 입에 자주 오르내렸고, 법무부 장관은 마르크스와 그 부인을 체포한 사건의 경위에 대해 법적인 검토를 하라는 압력을 받았다. 결국 마르크스가 노동자들에게 무기들 제공했다는 것을 증명하려는 경찰의 모든 노력이 실패했기 때문에 브뤼셀 경찰의 부경감 닥스비크는 이 사건의 책임을 지고 해고되었다. 또한 이 사건은 벨기에 법무부 장관의 진을 빼놓았다. 마르크스 박사는 무기 구매 수단을 제공했든 그렇지 않든 정치 선동자가 되어 벨기에를 떠날 수밖에 없었는데, 벨기에 도착 당시 모든 정치적 출판을 자제하기로 했던 약속을 크게 어겼기 때문이었다.

1848년 3월 파리는 혁명이 일어날 것이라는 기대로 들끓던 마녀의 냄비였다. 시가전과 바리게이드 투쟁에 대한 소식이 모든 유럽 각지에서 들어왔다. 빈에서는 오랜 억압에 분노한 민중들이 반동주의자 메테르니히를 몰아냈고, 베를린에서는 왕이 민중의 의지에 굴복하여 왕의 부대에 의해 살해된 혁명가들의 장례식에 참석해 혁명가들에게 경의를 표해야 했다. 바르샤바와 상트페테르부르크에서도 소요가 일어났다. 통일된 민주국가 독일을 꿈꾸던 파리의 수천 명의 독일 직공들 그리고 자신의 신념 때문에 추방되었던 작가와 저널리스트 사이에서도 귀환할 수 있다는 희망과 새로운 사회질서를 건설하는 데 참여할 수 있겠다는 희망이 나날이 커져갔다. 그러나 새로운 사회를 건설하는 방법을 둘러싸고 근본적인 견해 차이가 드러났고, 이는 하룻밤 사이에 오랜 우정을 쓰라린 적대감으로 바꿔놓았다. 마르크스와 헤르베크 사이의 우정, 예니와 헤르베크의 부인 엠마 사이의 우정이 그랬다.

파리에 도착했을 때 마르크스는 혁명적 열정에 도취되어 있는 헤르베크를 만났다. 이 시인은 마르크스에게 열정적인 어조로 파리의 독일인들이 그들 스스로를 조직하고 무장하기 시작했으며, 자신과 동료들이 무력으로 독일 공화국을 건설하기 위해 장교들의 지휘하에 잘 훈련된 4,000명에서 5,000명 규모의 의용군을 최단 시간 내에 독일로 파견하려는 계획을 가지고 있다고 말했다. 마르크스는 놀라워하며 이 의용군의 지휘자가 누구인지 물었다. 헤르베크는 그와 폰 보른슈테트, 그리고 몇몇 독일인들이 파리에서 '독일민주주의자연맹Vereinigung deutscher Demokraten'을 건설했다고 말했다. 이 연맹은 '독일민주주의사회Deutsche Demokratische Gesellschaft'라고 불렸고 헤르베크는 이 연맹의 의장이었다. 그는 마르크스가 이 연맹의 일원이 되기를 원했다. 하지만 마르크스는 다가올 혁명에서 이차적인 역할을 맡으려고 하지 않았다. 그는 파리로 왔던 엥겔스, 런던에 있는 공산주의자 샤퍼, 바우어, 몰과 함께 파리에서 '독일노동자연합Deutsche Arbeiterklub'을 설립했다.

예니가 민주주의를 지향하던 프랑스 독일인들의 분열로 야기된 상황에 대해 엠마 헤르베크와 이야기하던 중, 그녀는 그녀의 남편이 파리에서 독일노동자연합을 설립한 단 하나의 이유가 의용군의 지휘자로서 다가오는 독일 공화국에서 중요한 역할을 맡게 될 헤르베크에 대한 질투 때문이라는 말을 들었다. 예니는 격렬하게 반박했다. 카를은 무장한 노동자 의용군의 독일 침공은 무의미할 뿐만 아니라 이 침공으로 인해 독일의 혁명적 분위기가 쉽게 민족주의적인 것으로 변할 수 있기 때문에 매우 위험한 것으로 여겼다. 아무리 이 의용군이 독일 노동자들로 이루어진 것이라고 할지라도 프랑스에서 이루어지는 독일 침공은 결국은 침공인 것이었다. 해외에서 무장 침공을 통해 독일 공화국을 설립하겠다는 계획은 모험을 좇는 몇몇 머리 좋은 사람들의 망상이었다. 엠마는 카를이 싸우기를 겁낸다면 민주 독일의 지도자가 결코 될 수 없을 것이라는 말을 끝으로 예니를 좇아냈다. .

바리케이드에서는 아니지만 예니와 카를은 파리에서 싸우고 있었다. 마르크스의 무기는 펜과 언어의 힘이었다. 마르크스는 평생 동안 결코 단 한 번도 바리케이드에 서 있지 않았지만 자신의 이념과 요구 사항들을 여러 모임에서, 신문기사와 호소문, 그리고 사적인 편지로 끊임없이 전파했다. 1848년 3월 25일에 마르크스는 엥겔스와 함께 《독일 공산당의 요구 Forderungen der Kommunistischen Partei in Deutschland》라는 소책자를 만들었다. 이 소책자는 "만국의 노동자여, 단결하라"는 제목 아래 17개 요구 사항을 포함하고 있으며, 3월 27일 파리에서 출판되어 독일로 보내졌다. "전체 독일은 분리될 수 없는 하나의 공화국이 될 것이다"라는 첫 번째 항목과 마찬가지로 17개의 항목들은 공산주의자가 아닌 수많은 독일인들도 환영할 내용이었다. "국가와 종교의 완전한 분리"라는 열세 번째 항목과 같은 요구 사항은 미국 헌법을 본보기로 한 것이었다. 노동자의 노동권이 보장되는 국가 소유의 공장을 만들라는 요구 또한 프랑스혁명 정부에서 선언된 것이었다.

남편의 정치활동에 적극적으로 참여한 예니는 정신없이 바쁘게 몇 주를 보냈다. 그녀는 마르크스당의 오랜 동지이자 그동안 함에서《베스트팔렌 증기선Westphälischen Dampfbootes》의 편집자로 일하고 있던 요제프 바이데마이어에게 다음과 같이 편지를 썼다. "제 남편은 글도 써야 하고 리젠슈타트 여기저기를 다녀야 하는 어려움이 있어서 저한테 당신에게 다음과 같은 사실들을《베스트팔렌 증기선》에 실어달라고 부탁했습니다. 이곳에서 몇몇 단체가 조직되었습니다. 하지만 런던에 있는 독일인 샤퍼, 바우어, 몰, 그리고 브뤼셀의 마르크스, 볼프, 엥겔스가 이끄는 독일노동자연합은 베른슈타인, 본슈테드, 헤르베크, 폴크, 데커 등이 이끄는 독일민주주의자연맹과 아무 상관이 없습니다. 이 단체는 검정·빨강·노랑의 깃발(독일 국기 — 옮긴이)을 치켜들고(연방의회 하원이 이 부분에서는 그들보다 한 발 빨랐습니다), 아버지 블뤼커(프로이센의 장군 — 옮긴이)에 대해 떠들어대고, 해고된 프로이센 장교에게 분대별로 훈련을 받는다는 사실. 우리를 이 단체와 구별하는 것은 프랑스와 독일에게 절대적으로 필요한 일인데, 이 단체는 독일인들을 웃음거리로 만들고 있기 때문입니다. 만약 이러한 사실을《베스트팔렌 증기선》에 싣기에 너무 늦었다면, 지금 바로 당신이 접근할 수 있는 남부의 어떤 독일 신문에라도 이에 대한 작은 기사를 써주십시오. 최대한 많은 독일 신문들에서 이 정보를 많이 알 수 있도록 해주십시오."[2]

예니는 자신의 남편이 하고 있는 일을 지지해달라는 말로 편지를 끝맺었다. "나는 이곳에서 일어나는 흥미진진한 여러 가지 일들에 대해 당신한테 말해주고 싶어요. 여기 상황은 시시각각 변하고 있고(40만 명의 노동자가 오늘 저녁에 드 빌 호텔로 행진할 겁니다), 시위대의 숫자는 늘어가고 있는데, 집안일과 나의 세 아이들 때문에 몹시 바빠서 나는 멀리서 당신과 당신의 사랑스러운 아내에게 간단한 안부인사를 전할 시간밖에 없습니다. 안녕히 계시기를, 형제들이여!"³ 그리고 다음과 같이 서명했다. "시민이자 방랑자 예니 마르크스."

예니가 만약 렌첸의 도움(그녀는 렌첸의 도움을 받는다는 사실을 당연하게 생각했기 때문에 편지에 렌첸을 언급하지 않았다)을 받지 않았더라면, 그녀는 집안일과 세 아이들로 인해 무척 바빴을 것이다. 그러나 렌첸이 집과 아이들을 돌보는 동안 예니는 파리의 카페에서 담배를 피우고 포도주를 마시며 카를과 엥겔스, 다른 동료들과 열렬한 토론에 참여할 수 있었다. 이들은 4월 초에 헤르베크의 의용군이 독일로 떠나는 것을 경멸의 눈초리로 바라보았는데, 왜냐하면 "우리는 독일 공화국을 정복하기 위해 벌이는 전쟁과는 아무런 관련이 없기 때문이었다".⁴ 그리고 무기가 아니라 말로, 다시 말해 훌륭한 신문에 싣는 불같은 기사로 독일을 정복하기로 결심했다. 이 결정은 마르크스와 함께하는 여러 공산주의자들의 투쟁의 외침보다는 마르크스의 기자로서의 본능에 훨씬 잘 들어맞는 것이었다. 마르크스에게는 무엇보다도 효과적인 선전을 동원하여 자신이 공산주의라고 명명했던 '그의' 운동을 대중적인 운동으로 만드는 것이 중요했다. 그렇게 된 후에야 비로소, 다시 말해 노동자들이 스스로 공산주의자가 되었음을 인정할 때에야 비로소 혁명적인 권력 장악과 프롤레타리아트 독재의 시기가 무르익게 될 것이다. 그의 숙고는 예니에게 자신이 사랑하는 남자가 무작정 혁명적인 모험에 뛰어든 것이 아니라 더 나은 사회질서를 위한 자신의 목적을 꾸준히 추구하고 있다는 것을 증명했다. "혼란의 한가운데에서 여전히 차분하고 합리적인…… 당신을 좋아합니다. 당신은 나의 남자예요."[5]

2

새로운 신문을 창간하기로 결정한 이후 출판을 위한 공간과 비용의 문제가 해결되어야 했다. 프로이센을 싫어하는 라인란트 사람이었던 마르크스는 신문을 출판할 도시의 문제를 재빠르게 결정했다. 사람들이 베를린을 제안했을 때 그는 고개를 내저었다. 물론 그는 베를린에서 지낸 학생 시절에 대한 기억 그리고 헤겔 철학에 대해 끝없는 논쟁을 벌였던 좋은 기억이 있었다. 베를린에는 분명 혁명의 조짐이 보이지만 프로이센의 수도는 정치적인 일간지를 내기에는 적합한 장소가 아니라는 판단을 했다. 이런 결론을 내린 뒤 마르크스는 그가 편집자의 경력을 쌓기 시작했던 곳이자 1843년에 프로이센 검열관에 의해 금지되었던 신문의 이름이 여전히 기억되고 있는 곳인 쾰른으로 돌아가길 원했다.《라인신문》은《신라인신문Neue Rheinische Zeitung》으로 부활했다.《라인신문》을 지지했던 자유주의적인 기업가들이 새로운 신문의 주주가 되었기 때문에 신문의 재정 문제 또한 해결되었다. 어쨌든 시도는 해봐야 해서 최대한 빨리 쾰른에 가야 했다. 마르크스와 엥겔스는 4월 6일 파리를 떠났다. 예니는 이미 며칠 전에 아이들과 헬레네 데무트(렌첸)와 함께 트리어의 어머니 집으로 돌아갔고, 두 팔 벌려 환영을 받았다. 잃어버렸다고 생각했던 자신의 딸이 고향으로 돌아왔다는 사실에 카롤리네는 더 바랄 것 없이 기뻐했다. 카를이 성공해서 쾰른의 주요 일간지 편집자로 지내고 있을 때, 예니와 아이들은 카롤리네 곁에 머물렀다. 아마도 예니는 이 고독한 노인의 슬픔을 달래주었을 것이다.

쾰른에 도착한 후 곧바로 카를은 '경찰청 귀하'에게 쾰른 시민권에 대한 청원서를 제출했다. 이 청원서에서 그는 자신이 1842년부터 1843년까지 쾰른에 살면서《라인신문》을 편집했고 발행이 중지된 이후 외국에 나가 살았으며 프로이센 시민권을 포기했지만 최근에 일어난 일들 때문에 가족들과 함께 쾰른에 다시 정착하기로 결심했다고 밝혔다. 그는 주소지를 아포스텔Apostel 거리 7번가로 신고했다. 이름이 곧 징조이다. 이 주소는 새로운 사회질서를 위해 싸우는 투사Apostel에게 더없이 어울리는 주소였다.

그와 엥겔스는 어떻게 하면 라인 지역의 산업가들이《신라인신문》의 주식을 사게 할 수 있을지 고민하는 와중에, 이전《라인신문》의 공동 창립자였던 모제스 헤스가 쾰른 공산주의자동맹의 구성원인 안네케와 고트샬크와 함께 이미 "《라인신문》의 새로운 설립에 관한 성명서를 발표하면서 구독료를 통해 자금을 마련하고자 한다는 소식을 들었다". 정신없는 헤스가 "다시 한 번 약삭빠르게 작업을 했다".[6] 헤스보다 앞서가기 위해서는 더 빨리 행동해야 했다. 신뢰할 만한 특사가 파견되어 예전의 주주들과 직접 접촉했고, 그들에게 독일의 민주주의를 위한 기관지를 지지해달라고 요구했다. 공산주의라는 단어는 절대로 언급되지 말아야 했다. 왜냐하면 "공산주의라는 단어는 엄청나게 충격적인 말이기 때문이다. 공개적인 공산주의자는 돌을 맞을 것이다".[7] 하지만 민주주의의 깃발을 내건 신문의 경우 라인란트에서 지지를 얻어낼 수 있을 것이다. 마르크스는 주식 1개당 50탈러씩 600개의 주식으로 총 3만 탈러를 얻길 원했다. 하지만 이것이 쉽지 않은 일이라는 사실이 곧 드러났다. 예전 주주의 대부분은 그들을 돕는 것을 거부했다. 이전《라인신문》을 재정적으로 후원했던 라인 지역의 자본가 다비트 한제만과 그의 친구 루돌프 캄프하우젠은 "이전《라인신문》의 편집장이 이제는 독일 국경 밖에 있는 것이 훨씬 더 좋은 것으로"[8] 보고 있었다. 엥겔스조차 바르멘에 있는 아버지에게서 돈을 받지 못했다. "여기서 주식에 의존하는 것은 지옥으로 가는 길이네. …… 사람들은 모두 흑사병을 두려워하듯이 사회문제에 대해 토론하는 것을 두려워하고 있어. 사람들은 이러한 토론을 선동하는 것이라고 말하지. 실상을 말하자면, 급진주의적인 부르주아조차 우리를 미래의 적으로 여기고 있으며, 우리가 그들에게 직접 대항할 수 있는 무기들을 우리 손에 쥐어주길 원치 않는다는 것이네. 우리 노인네에게서는 뜯어낼 수 있는 것이 조금도 없다네. 그는《쾰른 신문》도 선동의 전형이라 여기고 있고, 우리에게 1,000달러를 보내기는커녕 오히려 1,000개의 포탄을 날릴 것이네."[9]

예니는 트리어에서 쾰른에서 일어나는 사건을 주의 깊게 보았다. 그녀는 카를이 신문 편집자로서 새로운 세계질서에 대한 자신의 이념을 최대한 실현시킬 수 있다는 사실을 확신하게 되었다. 트리어에서 그녀는 전 세계를 잠시도 가만두지 않는 혁명운동의 유명한 지도자의 아내로 지냈다. 그것은 흥미롭고 흥분되는 것이었다. 전혀 알지 못한 사람들까지 예니에게 찾아와 이 어지러운 상황에 무엇을 해야 하느냐고 물었다. 공화주의자 또는 민주주의자를 선택해야 하나요? 왕에게는 무슨 일이 일어날까요? 공산주의자들이 권력을 잡으면 살인 행위나 유혈극이 일어나지 않을까요? 모두 자신의 재산만 보호하려 할 것 같은데요. 예니는 자기 남편의 정신에 입각해서, 우리는 거대한 역사적 전환점에 서 있고, 다가올 사회질서는 자본가들의 지갑에 의해서가 아니라 노동자들의 의지에 의해서 결정될 것이라고 설명했다. 지금 파리에서 일어나는 일은 세계적인 발전 과정의 전조일 뿐이라고 말했다.

카롤리네 폰 베스트팔렌은 그녀의 딸이 이런 식으로 말하는 걸 듣고 고개를 내저었다. 그녀가 알고 있던 노동자들은 새로운 사회질서에 대해 아무것도 알지 못했다. 그들의 시각은 가족을 위해 음식, 옷, 집을 마련하고 더 많은 돈을 받는 것에 한정되어 있었다. 말하자면 노동자들이 하나의 도시 또는 나아가 한 국가의 운명을 지배할 수 있는 능력이 있다고 믿는 것은 순전히 환상이었다. 카롤리네는 또한 이러한 일에는 기본 소양과 경험이 필요할 것이라고 생각했다. 그렇지만 결국 예니는 자신의 아버지가 트리어에서 스스로가 노동자였으면 했을 일보다 노동자를 위해 훨씬 더 많은 일을 했다는 것을 알아야 했다. 예니도 동의했지만, 훗날 노동자들이 수행해야만 하는 역할을 위해서 교육 방침, 강연, 토론을 통해 그리고 무엇보다 진보적인 신문 기사들을 통해 그들을 교육해야 한다고 말했다.

이것이 《신라인신문》의 기능이었는데, 이 신문의 제1호는 예정되었던 날보다 한 달 전인 1848년 6월 1일에 나왔다. 예니는 이를 보고 크게 기뻐했다. 거의 3개월 동안 트리어에서 어머니와 지낸 예니는 마르크스를 자주 보지 못했다. 하지만 이제는 그의 곁에서 미래에 맞서 함께 싸우기 위해 쾰른으로 거주지를 옮겼다. 그녀는 마르크스의 사무실과 아주 가까운 세실리아 7번가에 작은 아파트를 구했다. 첫째딸 예니는 네 살, 둘째 라우라는 두 살, 일명 무슈라고 불린 에드가는 18개월이었다. 예니는《신라인신문》이 논평을 통해 격화시키려고 했던 정치적 폭풍의 중심으로 들어섰다. 엥겔스는 예니에게 이 신문의 정치 프로그램이 두 개의 목표를 추구하고 있다고 말했다. 첫 번째는 분리되지 않은 통일된 민주 독일 공화국이고, 두 번째는 러시아와의 전쟁과 폴란드의 회복이었다.

프랑스 2월혁명으로 인해 유럽의 많은 도시에서는 희망이 피어올랐다. 그것은 부활된 희망, 민중의 의지에 의해 규정된 사회질서에 대한 희망이었다. 그러나 이 희망은 1848년 6월 파리 노동자들을 유혈 진압함으로써 흔들렸다. 이제《신라인신문》이 해야 할 일은 지면을 통해 반혁명의 위험성을 널리 알리는 것과, 독일의 많은 도시에 있는 노동자연합과 직접 관계를 맺는 것이었다. 이 신문의 편집장이며, 엥겔스에 따르면 이 신문의 독재자인 마르크스에게 이 일은 어마어마한 시간이 필요한 것이라서, 그는 거의 가족을 만날 시간이 없었다. 이 많은 요구 사항을 해결하기 위해서는 예니의 도움도 필요했다. 그녀는 그의 장문의 기사를 옮겨 적었고, 그에게 온 편지들에 답장했고, 마르크스가 쾰른에 없을 때는 이 신문의 다른 동료인 엥겔스, 볼프, 드론케, 베르트와 의논했으며, 가족을 부양해야 하는 책임도 지고 있었다. 그녀는 쾰른의 경찰국장인 가이거가 프로이센의 시민권을 회복시켜달라는 카를의 청원을 받아들이지 않았고 이 때문에 자신과 가족 모두 외국인으로 남아 있어야 한다는 소식을 듣고서 크게 놀랐다. 혁명이 성공해야만 그녀는 고향에서 살 수 있으며, 그렇지 않으면 또다시 망명생활로 되돌아갈 수밖에 없었다. 이런 생각이 들자 예니는 몸서리를 쳤는데, 결혼하고 5년 동안 파리와 브뤼셀에서 겪었던 망명생활을 떠올리니 온몸에서 기운이 빠져나갔다. 엥겔스가 "독일혁명이라는 지루한 속물적인 익살극에서 벗어나…… 망명 시절의 불면의 밤으로 돌아가고 싶다"[10]고 했을 때 예니는 말이 없었다. 마르크스와 예니 그리고 가족들의 미래는《신라인신문》의 성공과 이 신문이 지지하는 정치적 입장에 달려 있었다.《신라인신문》은 이미 5,000명의 독자를 확보했고 이들의 목소리는 무시할 수 없었으며, 이 목소리를 통해 마르크스는 노동자들에게 그들의 권리와 의무를 알려주기 위해 부단히 노력했다.

8월 중순에 라인란트의 여러 도시에서 온 17개의 노동자연합 대표들의 첫 라인 민주회의 발기인 대회가 쾰른에서 열렸다. 이 회의에서 독일의 모든 도시에 노동자연합을 설립하는 것 그리고 부르주아 측에서 제안한 검정·빨강·노랑 깃발이 아닌 독일 사회민주주의의 '붉은 공화국' 깃발을 요구하는 청원을 프랑크푸르트의 국민의회에 보내는 것이 결의되었다. 파리처럼 반혁명의 기운이 활기를 띠기 시작한 프로이센 수도에서는《신라인신문》편집장의 활동과 그의 '선동적인 기사들'이 주목을 받았다. 달갑지 않은 외국인 마르크스를 추방하자는 의견이 제기되었다. 또한 그들은 이 신문에 돈을 대는 후원자들이 과격한 논조에 두려움을 느낀 나머지 더 이상 신문에 돈을 보태주지 않기를 원했다. 곧 그들이 원하는 대로 됐다. 이미 8월부터 이 신문의 재정 상태는 위태로워져서 마르크스는 자기 주머니를 털어 인쇄 비용을 해결해야 했다. 자신의 재력으로는 결코 신문의 미래를 확보할 수 없었기 때문에 마르크스는 베를린과 빈에서 자금을 대줄 만한 사람을 찾기 위해 그리고 노동자들과 만나 독일혁명의 다음 국면에 대해 토론하기 위해 독일로 여행을 떠나기로 결심했다.

마르크스가 떠나 있는 동안 엥겔스가 편집장 직을 수행했고 예니는 가족을 전적으로 책임졌다. 예니는 서적상 보글러가 브뤼셀에서 보내준 은제품, 아마포 제품, 도자기로 렌첸의 도움을 받아 쾰른의 작은 집을 좀 더 아늑하게 꾸미는 데 시간을 보냈다. 그녀는 늘 좋은 음식을 먹어야 할 필요는 없다고 생각했지만 아이들을 위해서는 부르주아의 좋은 집이 필요하다고 생각했다. 이 당시 예니가 가장 친하게 지내던 친구는 리나 쇨러였는데, 그녀는 텍사스에 살고 있지만 거의 소식이 끊긴 예니의 남동생 에드가에게 버림받은 약혼녀였다. 예니의 어머니 역시 에드가를 걱정했다. 예니는 학생의 위태로운 생활 조건을 잘 알고 있는 선생님 같은 리나와 함께 사회문제들을 완전히 터놓고 얘기할 수 있었으며 카를이 의미하는 올바른 사회질서에 대해 말했다. 예니는 에드가가 미국에서 반드시 돌아올 것이며 리나와 함께 조국의 번영을 위해 일하게 될 것이라고 확신했다. 예니의 이런 말은 리나의 영혼을 위로해주었다. 리나는 에드가를 너무 사랑했으며 에드가가 자신을 떠났다는 사실에 괴로워하고 있었다. 예니는 카를의 친구이자 쾰른 빈민가에서 무료 진료를 하는 의사 로베르트 다니엘스의 젊은 부인과 가까운 친구가 되었다. 아말리에 다니엘스는 명망 있는 부르주아 가문 출신이었고, 남편을 사랑한다는 이유만으로 남편의 혁명활동에 참가했다. 정치에 관해서 사람들은 그녀와 이야기할 수 없었고, 그 대신 아이와 요리에 관해서 많은 이야기를 했다. 그녀는 첫아이를 임신한 상태였고, 아이가 태어나면 남편의 정치활동에 함께할 시간을 낼 수 있을지 스스로에게 물어보았다. 아말리에가 보기에 예니도 렌첸의 도움이 없었다면 남편의 정당활동에 그렇게까지 열정적으로 헌신할 수 없었을 것이다. 예니는 렌첸이 진주라는 걸 인정하지만, 렌첸이 가정과 아이들의 일에 지나치게 간섭한다고 주장했다. 아이들은 엄마의 돌봄이 필요한 나이였고, 특히 두 아이 예니첸과 무슈는 자주 아팠기 때문에 특별하고도 극진한 보살핌이 필요했다. 엄마의 역할과 당의 비서 역할을 동시에 해내기는 쉽지 않았고, 반동 세력들이 혁명의 성과물인 언론과 집회의 자유를 대놓고 파괴하려 하고 있는 지금은 특히 더 어려웠다.

예니는 마르크스가 여정을 마치고 돌아와 그가 신문으로 많은 돈을 벌진 못했지만 가는 곳마다 혁명적인 민주주의자들에게 열광적인 환호를 받았다는 사실을 말해줬을 때 매우 기뻐했다. 《신라인신문》은 독일혁명의 선구적인 목소리로 자리매김했으며, 독일에 사는 외국인조차도 이 신문을 읽었다. 마르크스는 베를린에 사는 폴란드 이민자들의 지도자인 블라디슬라프 코시엘스키에게서 신문을 위한 자금 2,000탈러를 받았다. 그러나 신문 기사 하나만으로 반혁명을 막을 수는 없을 것이다. 사람들이 어렵게 얻은 자유를 포기하지 않을 것이라는 사실을 베를린의 권력자들에게 보여주기 위해 대규모 시위가 필요했다.

이미 9월 13일에 쾰른 프랑켄 광장에서 《신라인신문》 편집국이 개최한 집회가 있었는데, 그 집회에 6,000여 명이 모였다. 첫 연설자 빌헬름 볼프는 현재 합법적인 시 행정부가 없는 쾰른의 거주 지역에 치안위원회를 수립하자고 제안했다. 이 제안은 우레와 같은 박수갈채를 받으며 받아들여졌다. 두 번째 연사인 엥겔스는 집회를 열어 프로이센 내각과 왕이 의회를 해산시킬 권리가 없다는 사실을 분명하게 보여주는 청원서를 국민의회에 보내야 한다고 요구했다. 이 시도가 이루어지려면, 이 집회에서 자신의 의무를 다해야 하며 총칼의 폭력에 맞서서라도 집회 장소를 지켜내야 할 것이라고 말했다. 이 안건 역시 만장일치로 통과되었다.

다음 대중 집회는 나흘 뒤에 열렸다. 본과 뒤셀도르프 사이에 있는 보링엔 근처의 라인비젠에 거의 1만여 명의 사람들이 모였다. 그들은 민주적이면서 사회주의적인 붉은 공화국이 수립되어야 한다는 의장 카를 샤퍼의 제안을 거의 만장일치로 통과시켰다. 그리고 다시 한 번 엥겔스의 제안에 따라 다음과 같은 내용을 담은 청원서를 프랑크푸르트의 국민의회로 보냈다. "여기 모인 독일 시민들은 국민의회와 중앙권력의 결정에 대한 프로이센 정부의 저항으로 인해 독일과 프로이센 사이에 충돌이 생긴다면, 생명과 재산을 걸고 독일을 보호할 것이다."[11] 이 공식적인 연설 또한 박수갈채를 받으며 통과되었다.

예니는 연단 근처 자리에서 앞선 연설들을 주의 깊게 지켜보았다. 대부분의 연사들은 그녀가 잘 아는 사람들이었다. 그녀는 뒤셀도르프 노동자들을 대표하는 활기 넘치는 젊은이 페르디난트 라살레를 최근에야 비로소 알게 되었다. 그는 베를린에서 백작부인 하츠펠트의 이혼 소송을 현명하게 해결한 일 덕분에 탁월한 연설가로 명성을 얻었지만, 이 명성은 그에게 너무 이른 것이었다. 백작부인과 백작부인보다 스무 살이나 어린 변호사와의 관계에 대해 여러 소문들이 떠돌았다. 그리고 그 소문은 잘못된 것이 아니었다. 그래서 예니는 이미 백작부인을 알기 전인데도 그 부인에게 마음이 끌리지 않았다. 또한 그 이후에도, 즉 카를과 라살레가 친밀하게 함께 일할 때에도, 그녀와 백작부인의 관계는 찬바람이 불 뿐이었다.

라인란트에서 있은 혁명적인 연설 사건 이후로 여러 도시들에 계엄령이 선포되었다. 이는 민중들의 분노를 샀고 9월 18일 프랑크푸르트에서 격렬한 투쟁을 불러일으켰는데, 이 투쟁에서 민중들에게 미움을 샀던 반동적인 의원 2명이 린치를 당했다. 9월 25일 대중 집회의 주요 연사들인 엥겔스, 볼프, 샤퍼, 몰, 드론케에 대해 구속영장이 발부되었다. 샤퍼는 체포되었고, 엥겔스와 다른 이들은 달아났다. 노동자들이 쾰른의 옛날 시장에 바리케이드를 세우길 원했을 때, 마르크스는 그들에게 동요되지 말고 무장경찰들과 무리한 싸움을 피하라고 간청했다. 그들은 마르크스의 조언을 따랐고 쾰른에서는 유혈사태가 일어나지 않았다. 그러나 9월 26일에 계엄령을 선포한 군사령관의 명령에 따라 쾰른의 모든 신문은 발행이 중단되었다. 이 출판 금지는 2주간 지속되었다.

이 몇 주는 카를과 예니에게 극도의 좌절감을 안겨준 기간이었다.《신라인신문》은 독일혁명의 대변자였고, 또한 이 신문의 목소리는 당시 3월혁명의 모든 성과물을 공공연하게 제거하려는 반동의 시도에 용감하게 맞섰고 여러모로 아주 중요한 역할을 했다. 또한 신문이 발행되지 않는다는 것은 엄청난 재정적 손해를 의미했다. 10월 12일에《신라인신문》발행이 다시 허용되었을 때, 마르크스는 계엄 상황으로 야기된 재정적 어려움을 쾰른 시민들의 도움으로 극복할 수 있을 것이라고 말했다. 편집국원 대부분이 체포를 피해 쾰른을 떠났지만 그들의 이름은 신문의 1면을 장식했다. 시인 페르디난트 프라일리그라트의 이름이 새롭게 추가되었는데, 그는 6월에 출판되고 종종 인용된 자신의 시 〈모든 것에도 불구하고〉를 통해 반동의 바람을 저주했다. 8월에 팸플릿 9,000부가 유포되었으며 민중들에게 혁명을 일으키기를 요구했던 자신의 시 〈죽은 자가 산 자에게〉때문에, 프라일리그라트는 8월 28일에 체포되었다. 4주간 복역한 뒤 그는《신라인신문》의 편집자가 되었다.

혁명의 해인 1848년 정신없이 바빴던 마지막 달에 예니 역시 매일같이 카를이 체포될까봐 노심초사하며 지냈다. 마르크스 역시 자신이 체포될 것이라고 생각했다. 그는 라살레에게 다음과 같이 썼다. "오늘 난 법원출두명령서를 받았다네. 그리고 모두가 내일 내가 체포될 거라고 생각하고 있다네."[12] 그는 물론 체포되지는 않았지만, 이른바 언론법을 어긴 혐의로 기소되었고 2월에 쾰른의 법정에서 스스로를 변호해야만 했다. 프로이센에서 11월 8일 쿠데타가 발생한 이후 베를린의 국민의회가 브란덴부르크로 옮겨지고 나서, 라인 지역 민주주의자 위원회는 모든 민주주의 단체들에게 모든 곳에서 저항 집회를 조직해줄 것을 요청했고, 사람들에게 세금을 내지 말 것을 촉구했으며, 인민회의를 재승인하도록 정부를 압박했다. 《신라인신문》은 이 요구를 지지했고 11월 19일부터 12월 17일까지 한 달 동안 신문의 1면에 "세금은 이제 그만!"이라는 구호를 실었다.

이는 베를린 당국에게 마르크스가 침묵시켜야 할 위험한 선동가라는 것을 보여주는 또 다른 증거였다. 하지만 이 선동가는 시시각각 달라지는 상황들(헝가리, 오스트리아, 이탈리아에서 벌어진 혁명과 반혁명)에 사로잡혀 자신의 미래를 생각해볼 만한 시간이 전혀 없었다. 예니는 밤에만 그를 겨우 볼 수 있었다. 그는 저널리스트로서 일을 하고 기사를 쓰고, 호소문을 작성하며 지시를 내리는 것 외에도, 쾰른 노동자연합의 의장으로서 오랜 회의에 참여했고, 연설을 했으며, 토론을 주도했기 때문이었다. 게다가 그는 체포되거나 도피해 있는 동지들을 위해서 돈을 모아야 했지만, 그의 가족들에게도 돈이 필요했기 때문에 이는 쉽지 않은 일이었다. 예니의 도움이 필요했다. 그녀는 어머니에게 돈을 받거나 전당포에 은을 맡기고 돈을 얻었다. 하지만 그녀는 가계비에 대해서는 별로 걱정할 필요가 없었는데, 렌첸이 언제나 빵과 야채를 얻는 방법을 알고 있었기 때문이다. 예니의 진정한 근심거리는 예니첸과 무슈의 건강이었다. 둘 다 날씨의 변화에 대한 면역력이 떨어져 열이 자주 올랐으며 식욕도 별로 없었다. 렌첸은 그들에게 과일을 많이 먹여야 한다고 조언했지만, 겨울에 과일을 구하기는 어려웠다. 예니는 견과류와 말린 과일을 어머니에게서 받았다. 그녀의 어머니는 전통적인 크리스마스 거위와 아이들을 위한 선물까지도 보내주었다. 커다란 희망으로 시작했던 혁명의 해가 저물 무렵, 세계 정세는 암울해졌다. 그럼에도 축제일 동안 마르크스의 가정 분위기는 즐거웠고 기대감으로 가득 차 있었다. 카를과 예니는 샴페인으로 혁명의 승리를 기원하는 축배를 들며 새해를 맞았다.

3

새해 첫날, 카를은 예니에게 《신라인신문》 49호의 사설 '혁명운동'을 읽어주었다. "프랑스 노동계급의 패배, 즉 프랑스 부르주아지의 승리는 해방을 향한 영웅적인 시도로 갈리아 수탉의 울음소리에 응답하려 했던 국가들에 대한 억압이었다. 폴란드, 이탈리아, 아일랜드는 다시 한 번 프로이센, 오스트리아, 영국의 경찰들에게 약탈당하고 강간당하고 암살되었다. ……프랑스 노동계급의 패배, 즉 프랑스 부르주아지의 승리는 동시에 서방에 대한 동방의 승리였고, 야만에 대한 문명의 패배였다. 왈라키아(루마니아의 한 지방─옮긴이)에서는 러시아인들과 그들의 꼭두각시인 터키인들에 의해 로만 민족(프랑스, 이탈리아, 에스파냐, 포르투갈, 루마니아 사람─옮긴이)이 탄압받기 시작했다. 빈에서는 크로아티아인과 헝가리 병사들, 체코인, 체르케스 사람들, 그리고 이들과 닮은 폭도들이 독일의 자유를 말살했고, 이 당시 러시아의 황제인 차르는 유럽에서 신과 같은 영향력을 미치고 있었다. …… 노동계급 해방이라는 구호는 유럽 해방이라는 구호와 같다."[13]

그러나 혁명의 큰 물결을 가로막은 것은 자국의 산업으로 세계를 지배했고, 모든 국가들을 자국의 프롤레타리아로 바꿔놓았던 영국이라고 할 수 있었다. 영국 없이는 국가 경제를 혁명적으로 변화시키려는 어떤 시도도 찻잔 속의 폭풍에 불과했다. 영국 부르주아지의 지배를 무너뜨리고 그들에게 억압받던 프롤레타리아트들을 해방하기 위해서는, 세계대전이 필요할 터였다. 내년에 어떤 일이 일어날지에 대한 예니의 질문에 《신라인신문》의 편집장은 간단명료하게 대답했다. "프랑스 노동자들의 혁명적 반란과 세계대전, 이것이 1849년에 일어날 일이다."[14]

이후 몇 주는 세계대전 없이도 아주 분주했다. 유럽 전역에서 발발했던 혁명적인 반란은 잔혹한 군대에 의해 진압되었다. 《신라인신문》은 그들이 민중에게 주어진 권리를 침해하는 것에 대해 격렬한 어조로 항의했다. 마르크스는 '반역을 선동한 죄'로 기소된 자신을 변호하기 위해 쾰른의 법정이 개정되기 전인 2월 7일과 8일에 돌아와야 했는데, 자신이 무죄임을 설득력 있게 변론했다. 예니는 그를 자랑스러워했다. 그녀는 법원 안팎을 가득 채운 수백 명의 호기심에 찬 구경꾼들 앞에서 카를이 현명하게 기소 상황을 반전시키는 것을 봤다. 헤겔의 변증법을 능숙하게 이용해 변론함으로써 피고는 원고가 되었다. 헌법을 위반한 책임은 마르크스가 아니라 왕과 그의 장관들에 있는 것처럼 보였다. "3월 현재 현행 헌법을 파기함으로써 왕은 혁명을 불러일으켰고 현존하는 법적 질서를 허물어뜨렸다. 왕은 자신 스스로 수치스럽게 뒤집었던 법에 기댈 수 없었다."[15] 헌법 위반으로 나타난 상황을 약화시키는 것은 언론의 권리이자 의무였다. 사상의 자유를 억압하는 것은 폭정의 상징이었다. 이에 맞서 싸우는 것은 모든 시민들의 권리였다. 큰 박수갈채와 함께 배심원 대표가 감사를 표했던 이 연설이 끝난 뒤에, 마르크스는 자유인이 되어 법정을 나왔다. 쾰른 노동자들은 거리에서 그를 맞아 의기양양하게 그의 사무실로 돌아왔다. 거기에서 그는 예니와 동지들에게 반동을 무찌른 승리자로 환영을 받았다.

그러나 반혁명은 말로만 저지할 수 있는 것이 아니었기 때문에, 마르크스와 《신라인신문》의 다른 편집자들은 독일 여러 도시의 노동자연합의 토대를 마련함으로써 혁명적인 대중 운동을 일으키기 위해 애썼다. 마르크스는 2월 11일 뮐하이머 노동자연합의 집회에서 독일 노동자들이 프랑스, 영국, 벨기에, 스위스의 투쟁에 참여해야 한다고 말했다. 3월혁명을 기념하고 축하하기 위해 쾰른에서 열린 또 다른 집회에 관해 《신라인신문》은 쾰른의 거대한 기념식장이 한꺼번에 몰려든 사람의 절반도 채 수용하지 못했다고 전했다. "5,000~6,000명이 넘는 사람들이 빼곡히 들어차 있었으며, 수천 명이 넘는 사람들이 식장에 들어갈 수 있기를 바라며 하릴없이 기다리고 있었다."[16] 기념식장은 빠르게 자리가 차서 아홉 시가 넘어서야 여러 연사들이 군중을 헤치고 앞으로 나갈 수 있었다. 그토록 선동적인 혁명의 물결로 인해 작센, 라인란트, 팔츠에서는 봉기가 일어났다.

하지만 3월과 4월에는 나쁜 일들이 일어났다. 3월 2일 밤에 쾰른 주둔군 소속의 두 하사관이 예니의 아파트에 찾아와 마르크스를 협박하면서 중대장 우텐호벤에 대한 기사를 써서 최고위층 사람들의 분노를 샀던 저자의 이름을 대라고 요구했다. 예니는 마르크스가 이름을 말하지 않은 것에 놀라지 않았고,

주거 침입이라는 명목으로 그들을 쫓아낸 것에 감명을 받았다. 그녀는 세계가 온통 적으로 둘러싸여 있을 때조차도 그가 자신과 아이들을 곁에서 보호하고 있다고 느꼈다. 그래서 마르크스가 또다시 재정 위기에 직면한 신문을 구하기 위해, 그리고 혁명 상황을 현장에서 신중하게 살펴보기 위해 독일 북부 지역과 베스트팔렌으로 여행을 떠나야 한다고 그녀에게 말했을 때, 눈물을 보였다. 그는 브레멘, 함부르크, 빌레펠트, 뮌스터를 여행했는데, 이 여행 동안 경찰의 감시를 받았다. 베를린 당국은 혁명운동의 지도자인 카를 마르크스의 장사(즉 혁명운동)를 그만두게 해야 한다는 판단을 내렸다. 왕 프리드리히 빌헬름 4세는 직접 프로이센 경찰 빌헬름 슈티버에게 공산주의자들의 음모에 대한 새로운 대책을 제시하라는 지시를 내렸다.

쾰른의《신라인신문》편집국에서는 마르크스가 없는 동안에 '베를린의 반혁명'을 어떻게 저지시킬 것인가를 생각했고, 엥겔스는 5월 1일 자 신문에 이러한 것에 관한 기사를 썼다. 편집국 사람들은 사회민주주의 원칙을 단호하게 고수하기 위하여 라인 지역과 베스트팔렌의 모든 노동자연합의 노동자평의회를 소집해야 한다는 결론을 내렸다. 문제는 오로지 다음과 같은 것이었다. 어떻게? 작센, 운가른, 뵈멘에서처럼 민중이 무기를 들고 격렬하게 저항할 경우 그들은 프로이센와 러시아 군대에 의해 섬멸되어 억압당할 것이다. 그렇기 때문에《신라인신문》은 마르크스가 이미 반년 전에 그랬던 것처럼 독자들에게 선동에 휩싸이지 말라고 당부했다. "쾰른 노동자들은 침착한 태도를 유지하고, 지배계급의 모든 무력 도발에 의연하고도 냉철한 자세를 견지해야 탄압에 대한 어떤 구실을 만들 수 있다."[17] 그렇지만 이러한 것은 애매모호한 해결책이었다. 퀼른 노동자들은 1848년 3월 자신들에게 주어진 권리를 제대로 지키려는 노력조차 하지 않고 그대로 빼앗겼기 때문이다. 혁명운동의 대변자로서 《신라인신문》은 "시민들이여, 무기를 들어라"고 외쳐야 했지만, 그 유명한 붉은 5월 19일 판에서는 이러한 호소문이 실리지 않았다.

5월 9일 독일 북부 지역 여행에서 돌아온 마르크스는 예니에게 가족들이 또다시 추방당할 것에 대비해야 한다고 말했다. 반혁명은 프로이센에서 승리를 거두었고 동시에 독일의 다른 국가들도 무력으로 진압해나갔다. 마르크스는 이러한 상황이 무엇을 뜻하는지를 독자들에게 알려주기 위하여, 경멸과 조롱으로 가득 찬 장문의 기사 '호엔촐레른 가(프로이센 왕족 ─ 옮긴이)의 업적'을 썼다. "프로이센은 다시 예전처럼 러시아의 지배를 받는 부副 왕권 체제로 돌아갔다. 다시 호엔촐레른 가는 모든 러시아 전제군주들의 지배 아래 종속되어 있으며, 작센, 바이에른, 헤센-홈부르크, 발덱의 작은 영주들 위에 군림한다."[18] 그리고 며칠 뒤에 엘버펠트에서 무장 봉기가 일어났을 때 다음과 같은 이야기가 떠돌았다. "《신라인신문》역시 엘버펠트의 바리케이드를 지지했다. …… 5월 10일 《신라인신문》 편집장인 프리드리히 엥겔스는 퀼른에서 엘버펠트로 갔는데, 이때 졸링겐의 노동자들이 그래프라테 무기고를 습격해서 노획한 탄약 두 박스를 가지고 갔다. …… 도착한 첫날 바로 엥겔스는 공병 중대를 만들어서 이 도시로 들어오는 여러 어귀에 바리케이드를 완벽하게 쌓았다."[19]

그러나 곧 다음과 같은 사실, 즉 엥겔스가 무장한 노동자들에게 호감을 사고 있었지만 엘버펠트의 자유 부르주아지들에게는 극도로 불안을 안겨주는 존재였다는 사실이 드러났다. 사람들은 엥겔스가 '붉은 공화국'을 선언했다는 사실에 불안함을 감추지 못했으며 또한 그들 모두 엥겔스가 사라져주기를 바랐다. 엥겔스는 자신을 조직의 일원으로 삼으려는 베르기슈 란트와 브란덴부르크 노동자들의 반발에도 불구하고 엘버펠트에 집착하지 않고 엘버펠트를 포기할 것이라고 말했다. 《신라인신문》은 논평에서 다음과 같은 사실을 지적했다. "지금의 혁명운동은 수없이 일어나는 다른 진지한 운동, 즉 노동자들이 자신의 이해관계를 문제 삼고 있는 운동의 서막일 뿐이다. 이러한 새로운 혁명운동은 오늘날 운동의 결과이며, 또한 이 운동이 시작되자마자 노동자들이 신뢰했던 엥겔스는 《신라인신문》의 다른 모든 편집자들과 마찬가지로 제자리에 있었으며, 게다가 지상의 어떤 권력도 그를 이 자리에서 물러나도록 하지 못했다."[20]

베를린 당국은 선동적인 기사들을 토대로 《신라인신문》이 루비콘 강을 건넜고 이제 무장 봉기까지 획책하려 한다고 확신했다. 그러나 베를린 당국은 공식적으로 라인란트의 신문 발행을 금지하면 시끄러워질 수 있다는 두려움 때문에 이 신문의 편집장을 추방하는 것으로 신문 발행을 금지하는 것과 같은 목적을 이루려 했다. 1849년 5월 16일 마르크스는 이미 5월 11일에 서명된 추방명령서를 받았다. 국왕 정부의 이름으로 "마르크스 박사에게 엄청난 굴욕감으로 마음의 상처를 주었던 체류권을 그"에게서 "빼앗았으며"[21] 24시간 이내에 "이 나라"[22]를 떠나야 한다고 통보했다.

비록 마르크스가 하루 전에 통보받은 24시간이라는 기간을
문자 그대로 따르지는 않았고 독일에 5월 말까지 머물렀지만
그 이후의 날들은 그와 그 가족들에게 대단히 불안하고 걱정
되는 시간이었다.《신라인신문》편집국은 해체되었고, 인쇄기
는 팔렸으며 직장 동료들과 인쇄업자들에게는 급료가 지급되
었다. 이뿐만 아니라 이 신문의 마지막 호는 독자들의 가슴에
불을 지피기 위하여 타는 듯한 붉은 글자로 인쇄되었다. 이 신
문의 마지막 호는 5월 19일에 나왔으며, 1면에는 프라일리그
라트의 혼이 담긴 시〈모든 권력에 저항하라〉가 실렸다.

> 모든 것이 나쁜 상황이지만 고개를 들어라?
> 입술에는 저항과 파르르 떨리는 경멸을 담고
> 손에는 번쩍이는 칼을 들고
> 죽어가면서도 외친다. 반란!
> 그런 다음 나는 명예롭게 쓰러진다……[23]

그 후에 편집국 사람들은 뿔뿔이 흩어졌다. 결정적인 혁명
적 사건들이 프랑스에서 시작되길 기대했던 마르크스는 파리
로 갔다. 프로이센 정부의 지명 수배를 받은 엥겔스는 바덴-팔
츠의 혁명군에 입대하여 빌리히의 부관으로 팔츠와 바덴의 혁
명적인 전투에 참가했다. 예니, 렌첸과 아이들은 트리어의 어
머니에게로 갔다. 그들은 쾰른을 떠나 빙엔으로 갔는데, 빙엔
에서 카를에게 경멸받았던, 아름다운 여배우와 결혼한 하이젠
을 만나 일주일 동안 머물렀다. 예니는 언제나처럼 돈이 부족
하여 브뤼셀의 전당포에서 바로 얼마 전에 되찾았던 은그릇을

프랑크푸르트에서 저당 잡혔다.

그녀를 맞는 트리어의 반응은 마치 개선 행렬 같았던 1년 전 환영 행사와는 달랐다. 그때 그녀는 곧 국가권력을 넘겨받을 것 같은 혁명운동 지도자의 부인이었다. 하지만 지금은 추방 당해 고향을 잃은 망명자의 아내에 불과했다. 카롤리네는 일이 이렇게 전개되어서 특히 괴로워했다. 그녀는 카를이 예니와 아이들을 사랑하는 마음에서 혁명활동을 포기하고 전도유망한 저널리스트 경력을 쌓아나가길 내심 바라고 있었다. 그러나 그는 이제 두 번째로 실패했다. 그동안 그녀의 의붓아들인 페르디난트 본 베스트팔렌은 프로이센 공무원으로서 눈부신 경력을 쌓아가고 있었고 왕이 그를 승진시키려 한다는 소문이 떠돌았다. 그녀의 세 의붓자식들의 존경받고 안정된 삶과 비교해볼 때 그녀의 친자식들의 삶은 두드러지게 실패한 것처럼 보였다. 에드가는 텍사스에서 성공하지 못하고 집으로 돌아왔고, 예니와 그녀의 아이들 앞에는 어두운 미래가 놓여 있었다. 카롤리네가 걱정하는 것도 놀랄 일이 아니었다. 그녀의 재산은 딸과 손주들을 지켜줄 만큼 충분하지 않았다. 카롤리네가 걱정하는 것도 당연했다.

걱정되는 건 예니도 마찬가지였지만 어머니 앞에서는 침착하고 자신감 있는 태도를 유지했다. 또한 그녀의 등 뒤에서 그녀와 카를에 대해 험담을 하는 트리어의 친척들에게는 쾰른에서 지냈던 이야기들을 조용한 어조로 말해주었다. 마르크스 부인은 불쾌한 일을 당해도 싫은 내색을 하지 않으려고 많은 애를 썼다. 친구 리나 쉴러에게 보낸 편지에서 그녀는 다음과 같은 사실을 털어놓았다. "사랑하는 리나, 너에게 내가 말해줄

수 있는 건 이곳의 삶이 장밋빛은 아니라는 거야."[24] 트리어에
온 이후 "온갖 소문들과 우스꽝스러운 자기 만족으로 가득 찬
이 작고 하찮은 곳에서"[25] 그녀는 자유롭게 숨을 쉴 수 없었다.
슬픔과 그리움으로 무거운 그녀의 마음속에는 사랑하는 남편
에 대한 걱정으로 가득했다. "파리에서 봉기가 일어났다는 소
식을 듣고 내가 얼마나 겁에 질렸는지 상상할 수 있을 거야. 거
기서 끔찍한 콜레라가 기승을 부리고 있다는 소식도 나를 두
려움에 떨게 해. 그런데다가 우리 정당의 당원들은 깊은 슬픔
과 패배감에 휩싸여 있고 새로운 세계질서를 위해 싸우는 모
든 이들은 어려운 상황에 처해 있어. 카를이 지금까지 모든 위
험을 이겨냈다는 사실마저도 걱정스러워. 나는 그가 앞으로
더 끔찍한 고통을 겪어야 할까봐 늘 두려워. 앞으로 우리 앞에
어떤 일들이 기다리고 있을지 전혀 알 수가 없어. 카를은 언제
나 확신에 차 있고 생기가 넘치며 우리가 겪는 고통은 인생에
서 곧 맞게 될 완전한 승리의 전조로 여기고 있어. 지금까지 그
는 파리에서 아무 의심 없이 받아들여졌고 계속 거기 머무르
고 싶어해. 그는 우리도 파리로 가길 원해. 하지만 그가 더 이
상 안전하다고 느끼지 못하게 될 때가 오면 제네바로 가게 될
거야. 나는 그러고 싶어. 여름 몇 달 동안 그렇게 천국 같은 자
연환경에서 지낼 수 있으면 좋겠어. 다음 편지에서는 여행에
대해 확실한 지시를 받았으면 좋겠어."[26]

그러나 그녀가 곧 받은 지시는 제네바가 아니라 파리로 오라
는 것이었다. 그녀는 어머니와 눈물어린 작별인사를 나누었는
데, 그녀의 어머니는 헤어지는 딸을 다시 볼 수 있을지 의문이
들었다. 이렇게 어머니와 헤어진 후 그녀는 렌첸과 아이들을

데리고 파리로 떠났고, 파리에 있던 카를은 릴 거리의 작지만 비싼 아파트에서 그녀를 만나기를 학수고대하고 있었다. 그녀는 리나에게 여전히 트리어에 남아 있는 책과 가구를 파리로 보내달라고 부탁했지만, 교외에서 더 싼 집을 찾았으니 시내의 아파트로 보내진 말아달라고 했다. 하지만 나흘 뒤인 7월 19일에 마르크스는 프랑스 당국에게서 그가 파리에서 브르타뉴의 황량한 늪지대인 모르비앙 지방으로 추방될 거라는 통보를 받았다.

마르크스는 이 퇴거 명령을 '위장된 암살 시도'라고 부르며 격렬하게 저항했고, 엥겔스에게 자신은 영국으로 이주할 것이며 런던에서 독일 신문을 발행할 거라고 통보했다. 그는 엥겔스가 도와주기를 기대했다.

그는 처음에 가족들에게 무슨 일이 있었는지조차 알지 못했다. 당연히 예니와 렌첸, 아이들은 런던으로 와야 했다. 하지만 어떻게? 그들에게는 런던으로 건너갈 돈이 없었다. 예니는 점점 딸의 떠돌이 생활에 참을성을 잃어가던 어머니에게 다시 도움을 요청할 수밖에 없었다. 심지어 그녀의 어머니는 예니가 임신 6개월이며 넷째가 11월에 태어날 것이라는 사실도 전혀 몰랐다. 그러나 마르크스는 이 사실을 알고 있었고 얼마 남지 않은 예니의 패물을 파리의 전당포에 담보로 맡기라고 예니를 재촉했다. 마르크스는 8월 24일에 프랑스를 떠났고 예니도 3주 후에 그를 따라갈 수밖에 없었다. 전당포 주인에게 빌리든지, 몇몇 가구들을 팔든지, 트리어의 어머니한테 도움을 받든지 어떻게든 여행 자금을 모으는 것이 또다시 그녀의 임무가 되었다.

예니는 파리가 불과 몇 달 전에 일어났던 혁명의 움직임에도 옛날의 생기를 되찾았다는 것을 알았다. "귀족계급과 부르주아지들은 불행했던 6월 13일에 그들이 승리하자 안심하고 있다. 이미 14일에 숨어 있던 모든 거물들이 의장儀裝 마차와 하인들을 거느리고 자신들이 숨어 있던 동굴 밖으로 기어나왔으며, 또한 이제 파리의 밝은 거리에는 장엄하고 호화로운 광경이 펼쳐졌다."[27] 그녀의 마음은 슬픔으로 가득 찼다. 그녀는 배를 타고 운하를 건너 유럽 대륙을 떠났고, 그녀가 언제 다시 돌아올 수 있을지는 아무도 몰랐다. 예니를 온갖 방법으로 도왔던 렌첸 덕분에 그녀는 9월 중순쯤 돈 문제를 처리할 수 있었고 칼레 해협 연락선에 몸을 실을 수 있었다.

그녀는 아이들과 함께 배 위에서 유럽 대륙이 어떻게 서서히 사라지는지를, 영국의 섬들이 어떻게 물 위로 떠오르는지를 보았다. 도버의 하얀 절벽을 보면서 여행이 끝나가고 있음을 알았을 때 그녀는 그리움에 사무친 눈빛으로 남편을 애타게 찾았다. 하지만 카를은 추방당한 가족들을 맞이하러 나오지 않았다. "내가 아프고 기진맥진한 채로 쫓기고 있는 작은 내 세 아이들과 함께 런던에 도착했을 때 게오르그 베르트가 나를 맞아주었다."[28]

이 문장 속에서 떨리고 있는 슬픈 어조는 예니의 삶에서 가장 절망적이었던 다음 시기를 지배하게 되었다.

8. 런던의 지옥 같은 생활

예니가 런던에 도착하고 난 후 처음 며칠간은 가족들과 함께 독일인 망명자들의 만남의 장소인 레스터 스퀘어의 하숙집에서 묵었다. 예니는 어렸을 때 아버지에게 영어를 배웠지만 영국에 도착한 이후로 영어를 쓸 필요가 거의 없었다. 숙소 근처의 거리와 광장에선 독일어와 프랑스어가 영어만큼이나 자주 쓰였다. 예니가 몇 년 동안 살 수밖에 없었던 런던 시 구역인 소호는 추방된 수천 명의 유럽 혁명가들에게 피난처를 제공해 주었다. 그들이 세계에서 가장 발달된 자본주의 국가인 영국으로 온 이유는 영국이 모든 정치적 망명자들에게 망명을 허용한 유일한 국가였기 때문이다. 어떻게 살 것인가 하는 물음을 망명자들 모두 스스로 해결해야 했는데, 이는 결코 쉬운 일이 아니었다. 왜냐하면 많은 영국인들이 자신들의 일자리와 빵을 빼앗아가는 '빌어먹을 외국인들'을 미워했기 때문이다.

망명자들의 극심한 빈곤 상태를 완화시키기 위한 구호위원회가 결성되었다. 이 위원회는 고향에 있는 친척들과 친구들에게 도움을 요청했다. 마르크스와 엥겔스가 의장을 맡고 있던 런던의 '사회민주주의 망명자위원회das sozialdemokratische Flüchtlingskomite'는 독일 국민의 자유와 명예를 위해 싸운 동지들이 이제 런던의 길모퉁이에서 빵을 구걸하는 것을 막기 위한 자금을 보내달라고 독일의 당에게 간청했다.

남편이 시간을 많이 잡아먹는 구호활동에 열중하면서도《신라인신문》의 연장선상으로 기획했던 정치·경제 저널을 출판하기 위해 엥겔스와 일하고 있는 동안 예니는 첼시의 작은 집에서 생활에 적응하면서 렌첸, 아이들과 함께 넷째아이가 태어날 날을 기다리고 있었다.

11월 중에 넷째아이가 태어났다. 그날은 공교롭게도 영국 민중이 불꽃놀이와 총소리, 가장무도회 행렬로 가이 포크스를 기념하며 축제를 벌이는 날(1965년 11월 5일 가이 포크스가 제이콥 1세와 의회에 대항해서 국회의사당을 폭파하려 했지만 실패했던 사건을 기념하는 날)이었다.

예니는 사내아이를 낳았다. 아이에게 카를 아버지의 이름을 따 하인리히라는 이름을 지어주었고, 아이가 태어난 날의 의미를 기념하여 팩스챈이라는 애칭도 지어주었다. 영국인 유모를 고용하는 건 무척 비쌌기 때문에 예니는 스스로 아이에게 젖을 먹여야 했다. "저의 가여운 작은 천사는 제게 많은 걱정과 슬픔을 안겨주었는데, 아기는 밤낮으로 혹독한 고통에 시달리는 병약한 아이이기 때문입니다. 아기는 태어난 이후로 하룻밤도 잘 자지 못했고, 기껏해야 두 시간이나 세 시간 동안밖에 잠을 자지 못했습니다. 최근에도 여전히 극심한 경련을 일으켜서 아이는 죽음과 비참한 삶 사이를 끊임없이 왔다 갔다 하고 있습니다. 아기가 고통에 겨워 내 젖을 강하게 빨면 내 가슴은 화끈거리고 찢어져서 가엾고, 떨리는 작은 입으로 피가 흘러들어가곤 했습니다."[1] 이렇게 예니는 바이데마이어에게 자신의 슬픔과 네 아이들에 관해 편지를 썼고 심금을 울리는 말로 자신의 망명생활을 구구절절하게 써 내려갔다.

"어느 날, 내가 집에 앉아 있을 때 집주인 여자가 갑자기 찾아왔습니다. 우리는 겨울 동안 그녀에게 250탈러 이상을 지불했고, 잔금은 그녀가 아니라 그녀의 남편에게 바로 주기로 보증하고 계약했습니다. 그런데도 그녀는 갑자기 찾아와 계약을 부인하며 우리가 그녀에게 여전히 빚지고 있는 5파운드를 내놓으라고 요구했습니다. 당시 우리에겐 그 돈이 없었기 때문에…… 압류 집행관 두 명이 들어왔고, 나의 얼마 되지 않는 물건들, 침대, 속옷가지, 옷, 심지어 가여운 아이들의 요람, 숨이 넘어갈 듯 울고 있는 딸아이의 괜찮아 보이는 장난감까지 모든 것을 압류했습니다. 그들은 두 시간 내로 모든 것을 가져가겠다고 협박했고, 나는 얼어붙은 아이들을 아픈 가슴에 보듬고서 맨바닥에 드러누워야만 했습니다. …… 다음날 우린 집을 떠나야만 했습니다. 날은 춥고 흐리고 비가 내렸고, 남편은 우리가 쉴 만한 집을 찾으려 애썼지만 우리한테 네 명의 아이들이 있다는 얘기를 듣고 나면 아무도 우리를 집에 들이려 하지 않았습니다. 마침내 한 친구가 우리를 도와줘서 5파운드를 지불했고, 나는 우리가 저당 잡혔다는 소문을 듣고 의심스러워하며 청구서를 쥔 채 나에게 달려온 약국 주인, 빵집 주인, 정육점 주인, 우유 배달원에게 돈을 갚기 위해 재빨리 내 침대를 팔았습니다. 팔린 침대는 문 앞까지 옮겨져 수레에 실렸어요. 그런데 이게 어찌된 영문일까요? 이 일은 해가 지고 난 후에 일어났는데, 이것은 영국 법률이 금지하고 있는 일이었습니다. 집주인이 경찰관과 함께 나타나서는 자신의 물건들 중 일부가 수레에 실렸을 수도 있고, 또 우리가 다른 나라로 도망가려 한다고 주장하더군요. 5분도 채 안 되어서 200~300명은 넘게 보이는 사람들이 우리 집 문 앞에서 이 일을 구경하며 서 있었는데, 모두 첼시의 하층민들이었습니다. 침대는 다시 들어왔고, 다음날 아침 해가 뜨고 난 후에야 상인에게 넘길 수 있었습니다. 우리의 온갖 소지품들을 팔아 모든 값을 치르고 난 뒤 내 사랑하는 작은 귀염둥이들과 함께 우리는 작은 방이 두 개 딸린 독일 호텔로 이사할 수 있었습니다. 이 호텔에서 우리는 한 주에 5파운드 10실링을 주고 인간다운 대접을 받고 있습니다. 이 호텔은 레스터 광장의 레스터 1번 거리에 있어요."[2]

그러나 그들은 그곳에서조차 오래 머무르지 못했다. 어느 화창한 날 아침에 호텔 주인이 오더니 그들에게 아침을 가져다주지 않겠다고 하며 당장 자신의 호텔에서 나가달라고 요구했다. 때마침 예니의 어머니에게 재정적인 도움을 받은 덕분에 예니와 아이들은 유대인 레이스 상인 집에 딸린 두 개의 방을 구했는데 "그곳은 우리가 여름 내내 심하게 고통을 겪었던"[3] 곳이었다.

가족이 어떻게든 생활해보려고 애쓰는 동안 마르크스는 자신의 공산주의 사상을 구성하고 선전하는 작업을 지치지 않고 이어나갔다. 그의 투쟁 구호는 다음과 같았다. '혁명은 영원하다Die Revolution in Permanenz!' 그는 이 구호에 관해서 1850년 4~11월까지 네 권의 단행본과 하나의 합본으로 함부르크에서 출판되었던 《신라인신문 정치경제학 평론Politisch-ökonomische Revue Neue Rheinische Zeitung》에 여러 쪽의 글을 썼다. 그는 이 책들 중 한 권에서 반혁명의 승리로 끝난 1848~1850년의 프랑스 계급투쟁 발전에 대해 썼다. 무슨 일이 일어났을까? 1848년 6월 파리 노동자들에 대한 유혈 진압으로 프롤레타리아트 혁명

의 제1국면은 좌절되었던 반면 로스차일드(1809~1879, 영국의 은행
가 — 옮긴이)와 "프랑스의 유대인 주식 중개인"[4] 같은 은행가들
로 대표되는 부르주아지는 권력을 얻었다. 그러나 그것은 '피
루스의 승리'(옛 그리스 북서부 에피루스의 왕 피루스가 로마군을 격파한 때
처럼 희생이 너무 많은 유명무실한 승리를 뜻한다 — 옮긴이)였는데, 부르주
아지 권력의 속성이 드러나는 순간 부르주아지가 권력을 행사
하는 날도 얼마 남지 않았으며 미래는 프롤레타리아트의 것이
될 것이기 때문이었다. 이러한 의식을 상기하는 가운데 마르
크스는 자신이 해야 할 주요 과제를 알게 되었다. "우리는 외친
다. 혁명은 죽었다! 혁명 만세!"[5]

　마르크스는 엥겔스와 함께 공산주의자동맹을 재조직했다.
그는 동맹을 선전하고 영국에서 가난에 시달리고 있는 독일인
망명자들을 위한 기금을 모으기 위해 독일, 프랑스, 스위스, 심
지어 미국에까지 특사를 보냈다. 그는 고트프리트 킨켈과 같
은 독일의 프티부르주아 민주주의자의 대표들을 격렬하게 비
판하는 글을 썼고, 오갈 데 없는 모든 당원들을 자기 집에 묵게
했다.

　이 때문에 종종 불쾌하고도 놀라운 일이 벌어지곤 했다. 프
로이센의 중위였던 아우구스트 빌리히가 바덴-팔츠의 자유
부대에서 모험적인 전투를 끝내고 런던에 도착했는데 예니는
그의 행동을 다음과 같이 묘사했다. "그는 공산주의자 친구이
자 동지로 우리 집에서 주인 행세를 했다. 그는 아침 일찍부터
진짜 돈키호테처럼 허리 부분에 벨트 대신 붉은 천을 두른 회
색 모직 재킷(기사의 갑옷 속에 입는 속옷 — 옮긴이)을 입고서 프로이
센의 말처럼 껄껄 웃어대며 우리 침실에 나타나서 바로 '진정

한 공산주의'에 대해 아주 장황하고도 지루한 이론적 논쟁을 벌이려 했다. 카를은 그 논쟁 과정을 간단하게 끝내려고 했다. 그렇지만 그는 우리 결혼생활에 내재해 있는 모든 문제를 캐내려는 듯이 나를 성가시게 굴지는 않았다."[6]

《정치경제학 평론》이 가져다줄 거라고 믿었던 인세 수입은 아주 조금씩만 불규칙적으로 들어왔기 때문에 가정의 경제 상황은 갈수록 위태로워졌다. 예니는 어머니에게 도와달라고 부탁했고 프랑크푸르트 공산주의자동맹의 대표인 바이데마이어 같은 친구들에게도 도움을 요청했다. 그녀는 《정치경제학 평론》으로 벌어들인 돈을 즉시 궁핍으로 인해 고통스럽게 생활하고 있는 이곳 런던으로 보내달라고 간청했다. 그녀 자신이 아주 형편없는 두 개의 방에서 산다는 것은 그렇다 치더라도 굶주린 아이들을 제대로 먹일 수 없었기 때문이었다.

자기 가족의 곤궁함은 혁명을 통해 곧 극복될 것이라고 여기며 마르크스는 자기의 당을 위해 두 배로 더 많이 노력했다. 그는 장시간의 야간 회의 때 다가올 혁명에서 프롤레타리아트가 해야 할 역할에 대해 당원들에게 이야기했다. 자본주의 시대가 피할 수 없는 경제 위기로 인해 스스로 자기 무덤을 파게 해야 한다. 이때 무장한 민중이 싸움을 시작해야 하지만 1848년처럼 소부르주아적인 근심에 흔들리지 않도록 해야 한다. 모든 적대 계급은 엄벌에 처해야 하며, 누구보다도 먼저 유럽 왕들부터 엄벌에 처해야 한다.

마르크스는 1850년 4월, 영국의 인민헌장주의자들, 프랑스 사회주의자들과 협력하여 모든 계급을 철폐하고, 그 계급들을 프롤레타리아트 독재 아래 두기 위한 목적으로 국제 혁명적 공산주의자동맹을 결성했다. 소호에 있는 그레이트 윈드밀 거리 20번지 1층에서 열렸던 비밀 회합에 참여했던 사람들은 당의 모든 사업과 관련된 비밀을 지키겠다고 맹세한 믿을 만한 당원들이었다. 그럼에도 경찰 끄나풀은 이 모임에 몰래 잠입했다. 프로이센 당국은 런던의 독일 공산주의자들이 무슨 일을 은밀하게 계획하고 있는지 파악하는 것에 특히 관심을 기울였다.

프로이센 당국자 중 내무부 장관이며 예니의 이복오빠인 페르디난트 폰 베스트팔렌은 특히 자신의 매부인 공산주의자 마르크스가 뭘 하고 다니는지 궁금해하던 인물이었다. 그래서 그는 가장 뛰어난 첩보원인 빌헬름 슈티버(그는 훗날 비스마르크 첩보기관의 우두머리가 되었다)에게 독일 공산주의자들이 계획하고 있는 모든 것을 알아내라는 특명을 주고 런던으로 파견했다. 슈티버는 신문 발행자 슈미트라는 여권을 가지고, 대영 공업박람회를 방문하기 위해 런던에 온 것으로 알려졌다. 그는 독일 공산주의자 모임에 성공적으로 침투했다. 베를린으로 보낸 장문의 보고서에서 그는 마르크스의 주도 아래 심지어 국왕 살해까지 논의되고 있다고 언급했다. "마르크스와 볼프의 주도 아래 열렸던 그저께 회합에서 참여자 가운데 한 명이 다음과 같이 외치는 것을 들었습니다. '백치들은 운명을 비껴갈 수 없다. 영국의 강철은 세계에서 가장 좋은 강철이며, 단두대는 모든 군주들의 모가지를 기다리고 있다.'"[7]

'백치'라는 표현은 분명 빅토리아 여왕을 지칭하는 것이었기 때문에 프로이센 장관인 오토 폰 만토이펠은 베를린에 있는 영국 대사 웨스트모어랜드 백작에게 독일 공산주의자들의 살해 협박, 즉 버킹엄 궁전에서 몇 백 야드도 떨어지지 않은 곳에서 대역죄가 모의되고 있다고 알렸다. 그 결과 영국 의회에서 '외국인 법'에 관한 논의가 일어났는데, 이 법은 1793년에 최초로 통과되었고 1848년에 다시 시행된 법으로 정부가 달갑지 않은 외국인들을 언제든 추방할 수 있었다.

마르크스는 영국에서 추방될 위험에 대처하기 위해 자신과 엥겔스가 쓴 '런던의 프로이센 첩자Preußische Spione in London'라는 제목의 글을 실어달라는 공개 질의서를《스펙테이터 Spectator》의 편집자에게 보냈다. 이 글에서 그는 자신이 일주일 내내 밤낮으로 경찰 정보원에게 감시당해왔다는 사실을 밝혔다. "우리가 살고 있는 집의 대문뿐만이 아니었다. 아주 의심스럽게 보이는 사람들이 삼엄하게 우리를 감시하고 있었다. 그들은 누군가가 우리 집에 오거나 나갈 때마다 아주 뻔뻔스럽게 메모를 했다. 우리는 그들의 미행 없이는 한 발자국도 움직일 수 없었다. 이 모르는 친구들 중 적어도 하나와 일행이 되는 영광이 없다면, 우리는 결코 버스를 탈 수 없을 뿐만 아니라 카페도 들어갈 수 없었다."[8] 그는 유럽의 다른 모든 국가들의 관례적인 경찰정보원 시스템을 거부하는 영국의 존경할 만한 전통에 호소하며 글을 마쳤다. 영국 정부는 그를 추방하지는 않았지만, 그와 그의 정당을 언제나 주시했고 25년 후 영국 시민권을 달라고 한 마르크스의 요구를 거부했다.

베를린 당국은 불안했는데, 프로이센 첩보원 슈티버의 보고서에 다음과 같은 내용이 있었기 때문이었다. "공산당은 단두대에서 시작해서 백지 상태로 끝났습니다(처음엔 왕을 교수형시키고 마지막엔 자본주의 체제를 완전히 해체하는 것을 목적으로 했다 — 옮긴이). 공산당은 국가뿐만 아니라 가족 그리고 사회질서에 몹시 위험하기 때문에 정부와 모든 시민들은 보이지 않게 잠복해 있는 적들에 대항하여 힘을 모아야 하며 이 암적 존재들의 마지막 한 가닥까지, 불과 검으로 뿌리를 뽑을 때까지 생존 본능을 넘어 행동해야 됩니다."[9]

이 보고서를 보고 프로이센 당국은 공산주의자들에 대한 마녀사냥을 계획했다. 이 사냥은 독일에 살고 있던 마르크스 정당의 몇몇 당원들을 체포하는 것으로 실행되었고, 1852년 10월 4일에 그 유명한 쾰른 공산주의자 재판으로 끝이 났다.

이 끊임없는 정치적 분투의 시기 동안 공산주의 운동 지도자 개인의 상황은 대체로 절망적이었다. 마르크스는 이 시기에 세 명의 아이들(네째아이인 팍스첸은 태어난 지 얼마 되지 않아 죽었다), 예니 그리고 렌첸과 함께 딘 스트리트의 셋집에 살았다. 욕실도 없고 수도 시설도 없는 두 개의 좁은 방에서 일곱 사람이 지냈다. 프로이센 첩보원은 다음과 같이 썼다. "마르크스는 최악의 구역, 그러니까 런던에서 가장 집세가 싼 구역에 살고 있습니다."[10] "마르크스는 두 개의 방에서 살고 있는데, 하나는 거리가 내다보이는 방으로 거실이고 그 뒤쪽 방이 침실입니다. 셋집 전체를 통틀어서 흠 없고 질 좋은 가구는 하나도 찾아볼 수 없고, 모든 것이 부서지거나 너덜너덜하거나 갈기갈기 찢어져 있습니다. 모든 곳에 손가락 두께의 먼지가 쌓여 있으며, 모든 것이 엄청나게 무질서하게 놓여 있습니다. 방수포를 걸치고 있는 크고 낡은 테이블이 거실 한가운데 있는데 그 위에는 마르크스의 원고, 책, 신문들이, 그다음엔 아이들 장난감, 여자들의 바느질 도구가 있습니다. 그 옆에는 가장자리가 부서

진 찻잔 몇 개, 더러운 숟가락, 나이프와 포크, 촛대, 잉크병, 안경, 더러운 사기 파이프, 담뱃재, 한마디로 말하면 온갖 잡동사니들과 물건들이 뒤죽박죽 쌓여 있습니다. 이 모든 것이 이 탁자 위에 놓여 있었습니다. 고물상이라도 이 기묘한 앙상블 앞에 서면 부끄럽게 여기고 뒤로 물러났을 것입니다. 마르크스의 셋집에 들어서면 석탄 연기와 담배 연기 때문에 마치 동굴 안에서 눈이 연기에 익숙해질 때까지 이리저리 더듬거리다가 안개 속에서처럼 점차 사물들이 조금씩 보이기 시작할 정도로 시야가 뿌옇게 될 것입니다. 모든 것이 더럽고 모든 물건에 꼭 먼지가 쌓여 있습니다. 앉기에도 참으로 위험해 보이는 가재도구 하나가 있고, 여기에 다리가 세 개밖에 없는 의자가 하나, 저기에 우연히도 여전히 온전하게 보이는 다른 의자가 있는데, 그 위에서 아이들이 소꿉놀이를 하고 있습니다. 그 의자는 손님을 위해 마련되어 있는 것이지만, 아이들은 여기에서 소꿉놀이를 계속합니다. 만약 당신이 그 의자에 앉는다면 바지 한 벌을 버리게 될 것입니다. 그러나 마르크스와 그의 부인은 이런 것들로 인해 전혀 지장을 받지 않습니다. 그곳에 가면 그들은 당신을 진심으로 환영할 것이고, 담배와 파이프, 그리고 그 집에 있는 건 무엇이든 진심으로 내어줄 것입니다. 끝으로 재기 넘치는 대화가 집 안의 결점들을 대체할 것이고 비로소 불편함은 참을 만한 것이 됩니다. 마침내 그들과 함께 있는 것이 즐겁다는 것을 알게 될 것이고 심지어 원래 그랬던 것처럼 그 상황을 받아들이게 될 겁니다. 이건 공산주의 지도자인 마르크스의 가정 생활에 대한 믿을 만한 묘사입니다."[11]

이 보고서에 부족한 것은 주요 인물들의 심리 상태를 이해해

보려는 노력이다. 예니의 되풀이되는 병치레는 그녀의 천성이
나 체질과는 전혀 다른 낯선 환경에 대한 몸의 반응이었을까?
그녀는 아픈 아이가 걱정스러웠지만 카를의 삼촌인 리온 필리
프스에게 도움을 청하기 위해 1850년 8월 네덜란드로 떠났다
고 기록했다. 그녀는 이미 임신한 상태였고 "절망감을 느끼며
다섯 번째 아이의 탄생과 다가올 미래를 기다리고"[12] 있었다.
그녀가 "폭풍과 뇌우 속에서 열다섯 시간의 끔찍한 배멀미와
피로, 불안감을 겪으며 폭우에 흠뻑 젖어 기진맥진한 채로 그
곳에 도착했을"[13] 때 그녀는 마르크스의 삼촌이 자신을 알아보
지 못해 깜짝 놀랐다고 기록했다. "내가 누구인지 소개를 한 후
에야 포옹을 받을 수 있었어요."[14] 그리고 그것이 그녀가 받은
것의 전부였다. 예니가 마르크스의 삼촌에게 자신들을 도와
주지 않으면, "우리는 미국으로 가는 수밖에 없어요"라고 말하
자, "그는 미국에 뭔가 너희가 할 만한 좋은 것들이 있다면 가
는 것도 괜찮다고 말했어요. …… 사랑하는 카를. 나는 완전히
빈손으로, 가슴이 갈기갈기 찢어진 채로, 죽음에 대한 두려움
과 고통을 안고서 당신이 있는 집으로 돌아갈 것 같아요. 내가
당신과 아이들을 얼마나 그리워하고 있는지 당신이 알 수 있
다면 좋을 텐데. 나는 아이들에 대해 아무것도 쓸 수가 없어요.
내 눈이 떨리기 시작하지만 나는 꿋꿋하게 버텨야 해요. 그러
니 아이들에게 키스하고, 또 키스하고, 나의 작은 천사들에게
수천 번 키스해주세요. 나는 당신과 렌첸이 아이들을 잘 돌봐
주리라는 걸 알아요. 렌첸이 없었다면 난 이곳에서 평정심을
유지할 수 없었을 거예요."[15]
　마르크스의 삼촌 필리프스는 예니가 떠날 때 막내아이에게

줄 작은 선물을 주었지만 그녀가 그를 떠나면서 얼마나 마음이 무거웠는지 알지 못했다. "나는 절망감을 느끼며 집으로 돌아왔다. 작고 가여운 나의 에드가는 다정한 얼굴로 내게 달려왔고, 팩스첸은 그 작은 팔을 내게 내밀었다. 나는 그 아이의 애무와 포옹을 더 이상 받을 수 없었다. 이 연약한 아이는 11월에 폐렴 때문에 생긴 경련 증상으로 죽고 말았다. 나는 지독히 고통스러웠다. 이 아이가 내가 잃은 첫 번째 아이였다. 모든 것을 무의미하게 만드는 이런 괴로움을 얼마나 더 겪어야 할지 나는 몰랐다."[16]

9. 죽음의 거리

영국에서 마르크스 가족이 망명생활 초기를 힘들게 보냈던 런던 중심의 딘 스트리트는 예니에게 빈곤과 죽음을 의미했다. 여기서 예니는 세 명의 아이를 잃었을 뿐만 아니라 정신적 강인함과 생의 기쁨도 잃어버렸다. 마르크스의 말마따나 여기에는 "그녀의 인생을 처참하게 만든" 절벽이 서 있었다.

딘 스트리트 28번지에 있는 조지언 양식(영국 조지 1세에서 3세에 이르기까지 약 100년간 주류를 이뤘던 건축 양식 — 옮긴이)으로 지어진 좁은 3층집은 오늘날까지 여전히 남아 있다. 1층에는 지금 우아한 이탈리안 음식점이 들어서 있고, 다락방과 더그매(지붕과 천장 사이의 빈 공간) 안의 작은 방 두 개는 비어 있다. 공산주의 운동의 이데올로기 창시자가 어디서 어떻게 살았는지 알기를 원하는 방문자들은 지금도 이 방들을 볼 수 있다. "여기에 카를 마르크스가 살았다"는 문구가 새겨져 있는 기념 명판은 1967년 8월에 《프라우다Prawda》(구소련 공산당 중앙기관지) 런던 특파원의 주도로 설치되었다. 그러나 마르크스 가족의 생활환경을 이해하기 위해서는 오늘날 깨끗하게 정리된 텅 빈 방들을 앞에서 봤던 슈티버의 묘사와 비교해봐야 한다.

카바노라는 아일랜드 사람이 마르크스에게 연간 22파운드를 받고 빌려준 집, 초라한 가구가 놓인 방 두 개짜리 집에서 여덟 명이 함께 살았다는 사실을 우리는 알고 있다. 여기서 카를, 예니, 렌첸, 보모까지 네 명의 어른과 네 명의 아이들이 함께 일하고 먹고 잤다. 화장실도 없었고 욕실이나 수도시설도 없었다(이런 것들은 1층에만 있었다). 여기서 이들은 함께 일하고 먹고 잤다. 렌첸은 예니보다 이런 삶을 훨씬 더 잘 견딜 수 있었지만 "프로이센 지방 장관 베스트팔렌의 누이이며 교양 있고 매력적인 부인"인 예니도 마찬가지로 "남편을 사랑하는 마음에서 이러한 집시 같은 생활에 적응했고 이러한 불행 속에서도 고향 같은 편안함을 느꼈다."[1]

그러나 슈티버가 쓴 것은 사실과 달랐다. 예니는 그 불행 속에서 결코 편안함을 느끼지 못했다. 그녀는 자주 절망하여 남편에게 "차라리 아이들과 함께 무덤에 묻혀 있다면 좋겠다"[2]고 말했다. 마르크스에게도 영국에서의 첫 몇 년은 희망이 수포로 돌아간 기간이었다. 쾰른에서 저널리스트 생활이 실패한 이후 그는 런던에서 새로운 생활의 기반을 다지려고 했다. 하지만 엥겔스와 함께《정치경제학 평론》을 출판하여 생계를 꾸리고 동시에 자신의 정치적 이념을 대변하고자 했던 시도는 좌절되고 말았다. 이 잡지의 네 번째 마지막 호는 10월에 발간되었으나 도와달라는 예니의 필사적인 호소에도 돈을 거의 벌지 못했다.

영국에서 저널리스트로서는 생계를 꾸려나갈 수 없다는 것을 깨달은 엥겔스는 자신을 취직해서 먹고살 수밖에 없도록 만든 자본주의 체제가 곧 붕괴될 것이라고 확신하고 있었음에도 맨체스터로 돌아가 그의 아버지 회사에 입사하기로 어렵게 결정했다. 마르크스가 이러한 붕괴를 과학적으로 증명하고자 하는 작업에 몰두해 있어서 따로 돈을 벌 상황이 아니었기 때문에 엥겔스는 마르크스를 경제적으로 후원해야 하는 위치에 있을 수밖에 없었다. 그는 맨체스터로 갈 때 이러한 상황을 알고 있었다. 예니는 엥겔스에게 그가 런던을 떠나 곧 "위대한 방직 왕이 될 것"[3]이기 때문에 기쁘다며 편지를 썼다. 그렇지만 엥겔스는 이렇게 답장했다. "방직 왕, 별로 나쁘진 않은 것 같네요. 그런데 우리 노친께서는 나를 여기에서 결코 필요 이상으로 오래 머무르게 할 계획은 아닌 것 같습니다."[4] 그러나 당분간 그는 일자리를 갖고 꾸준하게 돈을 벌었다.

마르크스는 과거에 그를 추종했던 이들 거의 모두와 사이가 완전히 틀어졌기 때문에 친구의 존재를 더욱더 그리워했다. 샤퍼와 빌리히처럼 전투 경험이 있는 동지들은 노동과 자본에 대한 학술 논문보다 직접 행동에 호소하는 편이 유럽의 노동자들을 움직이는 데 더 도움이 될 것이라고 확신했다. 그들은 공산주의 운동에서 혁명이 "과학적으로 증명될" 수 있다고 믿는 '저널리스트 인사들'을 경멸했다. 바로 얼마 전만 해도 혁명운동의 중심에 있었던 마르크스는 자신이 순식간에 영국에서 공산당, 즉 유럽 대륙에서 여전히 프로이센 경찰의 삼엄한 감시를 받고 있던 정당의 마지막 인물이 되었음을 깨달았다. 게다가 가정에 불행한 일이 일어났고, 어린 팍스헨의 죽음으로 예니는 깊은 절망에 빠졌다. 아이가 그들의 생활환경 때문에 죽었으며, 더 나은 보살핌을 받았다면 살 수 있었을 거란 생각이 그녀의 머릿속을 떠나지 않았다. 20년 후에 그녀가 쓴 자전적 에세이에서 그녀는 다음과 같이 말했다. "1851~1852년은 우리에게 갖가지 크고 작은 걱정, 고통, 실망, 궁핍을 안겨준 해였다."[5]

예니가 가장 크게 실망한 사건은 1851년 초여름에 일어났는데, 이 사건에 대해 그녀는 이렇게 말했다. "더 이상 자세히 언급하고 싶진 않지만 이 사건은 안팎으로 우리의 걱정을 크게 늘어나게 했다."[6] 자세히 설명되어 있지 않은 이 사건은 그녀가 낳지 않은 어떤 아이의 출생이었다. 그녀는 3월 28일 딘 스트리트에 있는 집의 침실에서 다섯 번째 아이를 낳았는데, 그 아이는 프란치스카라는 이름의 여자 아이였다. 그리고 3개월 후 똑같은 방에서 그녀의 믿음직한 하녀 렌첸도 프레데리크 데무트라는 이름으로 출생신고가 된 남자 아이를 낳았다. 마르크스는 그의 좁은 공간에서 임신한 두 여자를 보며 우습고도 슬프다고 생각했지만, 예니에게 렌첸의 임신은 결코 희극적인 사건이 아니었다. 렌첸에게 아이의 아버지가 누구냐고 물었을 때 그녀는 어떤 대답도 할 수 없었다. 절망을 느끼면서 예니는 남편에게 답해달라고 청했다. 카를 역시 침묵했지만 바람둥이 엥겔스가 아이의 아버지로 추측된다고 넌지시 암시했다. 편지에서 대충 말했던 이 희비극적 '미스터리'를 엥겔스에게 설명하기 위해 그는 4월 맨체스터로 떠났다. 그리고 엥겔스에게 렌첸의 아이의 아버지임을 인정하는 것이 당을 위해 좋은 일이라고 설득했다. 자식이 없었던 엥겔스는 이에 동의했으나 그 아이와 개인적으로 어떤 관계도 맺고 싶지 않다는 것을 분명하게 밝혔다.

그러나 예니에게 그 사건은 아직 끝난 것이 아니었다. 그녀는 렌첸에게 숨김없이 아이 아버지의 이름을 대라고 다그쳤다. 하지만 렌첸은 끈질기게 침묵을 지켰다. 렌첸은 이 문제를 풀려면 마르크스의 집을 떠나는 것이 가장 낫겠다고 결심했다. 앞에서 언급했던 것처럼 예니의 편지를 받은 슈테판 본은 이렇게 말했다. "행간에 분노가 서려 있는 슬픈 소식을 담은 편지를 받았다. 거의 가족처럼 충직하고 지칠 줄 모르던 하녀가 그녀의 곁을 떠났다는 소식이었다."[7]

하지만 마르크스는 이에 반대했다. 렌첸이 떠나는 것은 잘못을 시인하는 것이나 다름없으며 자신의 평판뿐만 아니라 그녀의 평판에도 해가 될 터였다. 가장 좋은 해결책은 렌첸의 아이를 다른 영국 가정에게 입양 보내는 것이었다. 우리는 렌첸이 이 제안을 따를 때 어떤 심정이었을지 단지 추측만 할 수 있을 뿐이다. 우리는 렌첸이 아이들을 매우 사랑했다는 사실을 예니의 딸들의 여러 증언을 통해 알고 있다. 또한 렌첸이 비밀리에만 볼 수 있었던 자신의 아들을 죽을 때까지 사랑했다는 사실은 그녀의 유언이 증명해주고 있다. 그녀는 예니가 죽은 지 9년 뒤인 1890년, 죽으면서 얼마 되지 않은 재산 전부를 아들에게 물려주었다.

물론 그녀는 프레데리크의 아버지가 누구인지 알고 있었다. 그렇지만 서자가 결코 공산당 지도자 마르크스의 적자들과 함께 교육을 받을 수 없다는 것 역시 알고 있었다. 만일 그녀가 아이를 키우길 원했다면 마르크스 가족을 떠날 수밖에 없었을 것이다. 하지만 이는 사실상 불가능했다. 그녀가 자신과 아이를 어떻게 돌볼 수 있었겠는가. 마르크스가 그 아이의 아버지라는 것은 말할 것도 없는 사실이지만, 그녀가 그를 사랑하기도 했던 것일까? 그녀는 더 나은 세계질서를 위해 두려울 것이 없었던 전사를 불안에 떨게 했던 유일한 사람이었다. "하인 앞에서 위대한 사람은 없다는 말이 있다. 렌첸에게 마르크스도 그리 대단한 인물이 아니었다. 하지만 그녀는 그를 위해 죽을 수도 있는 사람이었다."[8] 리프크네히트는 이렇게 썼다. "그러나 마르크스는 결코 그녀에게 감명을 줄 수 없었다. 그녀는 그의 변덕스러움과 결점을 통해 그를 파악하고 있었고, 또한 그를 마음대로 주물렀다."[9]

카를이 렌첸 아이의 아버지일 것이라는 말이 단순한 의혹이었다가 나중에 확실한 사실이 되었을 때 예니는 엄청난 충격을 받았다. 그녀는 그를 사랑해서 가족과 조국을 떠나왔고, 망명생활의 절망적인 고통을 견뎌냈으며, 그의 일을 도왔고, 그가 그녀를 필요로 할 때면 항상 곁에 있었다. 카를 역시 그녀를 사랑하고 원했지만 어쩔 수 없는 사정으로 그를 사랑하는 두 여인을 바로 곁에 두고 살아야 하는 남자였다. 한 사람이 떠날 때면 누군가 그 자리를 대신하기 마련이다. 유혹은 명백했다. 예니는 상처를 받았지만 결국 조용히 3자 동거를 받아들였다. 그리고 살아생전 마르크스와의 관계를 비밀에 부쳐야만 했던 렌첸은 마르크스, 예니와 같은 무덤에 묻힐 수 있었다.

렌첸의 분만 날짜가 다가오는 동안 마르크스는 대영박물관의 고요한 도서관으로 숨어들었다. 하지만 자본주의 경제학에 기본적으로 요구되는 광범위한 그의 자료조사 연구 작업은 오직 도서관에서만 할 수 있는 작업이기도 했다. 그는 매일 아침 아홉 시경 딘 스트리트의 두 개의 방이 있는 집을 떠나 밤이 되어서야 집에 돌아왔다. 때때로 리프크네히트와 같은 젊은 추종자들과 함께 토트넘 코트 로드를 따라 여기저기 술집을 돌아다닌 끝에 자정을 넘겨서야 돌아오기도 했다. 그는 세 자식과 병든 아내에 대한 책임을 렌첸에게 떠넘겼고, 렌첸은 필요한 식료품을 사기 위해 돈을 구해야 했다. 렌첸은 종종 살림살이 일부분을 전당포에 맡기기도 했는데, 한번은 주인의 구두를 전당포에 맡기기까지 했다. 그리하여 마르크스는 신발이 없어서 대영박물관에 갈 수조차 없는 너무나 화가 나고 황당한 일을 겪기도 했다.

이 우울한 시기의 유일한 한줄기 빛은 미국의 최대 신문《뉴욕 데일리 트리뷴New York Daily Tribune》편집장 찰스 앤더슨 다나의 제안이었다. 그는 1851년 8월 마르크스에게 자신이 몸담고 있는 신문의 유럽 특파원이 되어보지 않겠느냐고 물었다. 원고료는 한 기사당 1파운드였으며 일주일에 두 개의 기사를 쓰는 조건이었다. 고정 수입이 들어온다는 생각에 예니와 렌첸은 뛸 듯이 기뻐했다. 비록 영어 실력이 정식 기사를 쓸 만큼 훌륭하진 않았지만 마르크스는 다나의 제안을 받아들였다. 어쨌거나 엥겔스도 기사를 써줄 수 있는 능력이 되었고, 마르크스는 엥겔스가 자신과의 우정을 위해 기사를 써줄 것이라고 확신했다. 그리고 그의 생각은 맞았다. 매주 엥겔스는 맨체스터에서 그에게 한두 개의 기사를 보냈고, 마르크스는 이것들을 다시 런던에서 뉴욕으로 보냈으며 약속된 원고료를 받았다. 엥겔스는 종종 기사 쓸 시간을 내는 것이 쉽지 않았다. "난 너무 바빠서 꼼짝도 할 수 없네. 아직 오늘 안으로 써야 할 열한 개의 사업상 편지가 내 책상 위에 놓여 있고, 지금 거의 일곱 시가 다 되었다네. 하지만 다나에게 보낼 편지는 가능하면 오늘 밤, 늦어도 내일 저녁까지는 어떻게든 써보도록 하겠네."[10]

마르크스 가족에게 미국의 돈이 얼마나 간절하게 필요했는지는 예니가 뉴욕으로 이민 간 바이데마이어에게 도움을 요청한 편지에서 볼 수 있다. 그는 "다나에게 우리가 원고료를 더 빨리 수금할 수 있도록 런던의 집 주소를 정확히 지정해달라고 재촉할"[11] 수밖에 없었는데, 왜냐하면 미국에 있는 사람들은 "이곳의 모든 것이 얼마나 위태로운지, 그리고 제때 0.5파운드를 받는 것이 때로는 아주 끔찍한 곤경에서 이 모든 것을 구할 수 있다는 사실"[12]을 잘 모르기 때문이었다. 예니는 자전적 에세이에 당시 상황이 얼마나 끔찍했는지와 한 살 난 프란치스카의 죽음을 이렇게 묘사했다.

"1852년, 그해 부활절, 가엾고 작은 우리 프란치스카가 지독한 기관지염에 걸렸다. 3일 동안 불쌍한 아이는 죽음과 맞서 싸우며 견뎠다. 그 아이의 가엾고 생기를 잃은 몸, 그 아이는 곧 뒤편 작은 방에서 숨을 거두었다. 우리는 모두 앞쪽 방으로 건너왔다. 밤이 왔을 때 우린 마룻바닥에 잠자리를 마련하고서 살아 있는 세 명의 아이들과 함께 누워 차갑게 식어가는 어린 천사를 위해 눈물을 흘렸다. 우리가 극도로 가난했던 시절에 사랑하는 아이가 죽었다. 독일인 친구들은 당시 우리를 곧바로 도와줄 수 없었다. …… 두려움에 떨며 한 프랑스 망명자에게 달려갔는데, 그는 근처에 살면서 가끔 우릴 만나러 오던 사람이었다. 그는 깊은 연민을 표하며 즉시 2파운드를 주었고, 이 돈으로 내 가여운 아이가 평화로이 잠들 작은 관을 마련했다. 그녀가 세상에 왔을 때 요람도 갖추지 못했는데, 그녀의 마지막 안식처마저 도착하는 데 시간이 오래 걸렸다."[13]

1년도 안 되어 또 아이가 죽자 마르크스는 몹시 우울했고, 그를 이런 똥통으로 처박은 것에 책임이 있는 부르주아들을 더욱더 증오하게 되었다.

마르크스는 공급과 수요라는 자본주의 시장의 철의 법칙에 얽매인 노예가 된 기분을 느끼며 "아이들이 점령한 집 안의 소란과 북새통 속에서도"[14] 루이 나폴레옹의 쿠데타에 관한 긴 비판적 에세이《브뤼메르 18일Achzehnten Brumaire》에 필사적으로 매달렸고, 예니는 이를 다시 옮겨 써 뉴욕으로 보냈다. 마르크스는 이 저작이 바이데마이어가 창립한 저널《혁명Die Revolution》에 실리기를 원했다. 그러나 이 저작이 실리기까지는 꽤 시간이 걸렸고, 예니의 표현에 의하면 "없느니만 못한" 성과를 거뒀다.

마르크스 정당의 몇몇 구성원들이 프로이센 국가에 대한 대반역죄로 기소되어 그들 스스로를 변호해야 했던 1852년 10월 4일의 충격적인 쾰른 공산주의자 재판 때문에 마르크스와 가족들은 정신없이 바쁜 시간을 보냈으나 어떤 수입도 없는 시절이었다. 그런데도 예니가 이 소송 사건에 전력을 다했던 것은 그것이 자신의 이복형제 페르디난트가 대표하는 프로이센 당국에 대한 희망 없는 싸움이었기 때문이다.

이 책동의 주모자는 경찰 간부인 슈티버였는데, 그는 가명으로 마르크스의 집을 방문해서 마르크스에게서 개인적으로 "《공산주의자동맹 강령Das Programm des Kommunistenbundes》이라는 제목의 빨간색으로 장정된 책"[15] 복사본을 얻었다. 슈티버가 이 동맹의 구성원이 누구냐고 물었을 때 마르크스는 동맹의 주요 명단은 디츠 아무개라는 사람에게 맡겼다고 대답했으며 그의 주소를 슈티버에게 건넸다. 슈티버는 마르크스를 다음과 같이 묘사했다. "땅딸막한 중년 남성의 모습으로 셔츠 앞부분이 뻣뻣한 낡은 코트를 입었고 검게 구불거리는 머리와 턱수염을 기르고 있었으며 겉보기에는 대학 교수 같았습니다. 유일하게 눈에 띄는 그의 인상은 아주 넓은 이마 아래에 있는 꿰뚫어보는 듯한 날카로운 눈빛이었습니다. 화가 등과 같은 예술가 부류가 주로 착용하는 헐겁게 주름진 넥 스카프를 두르고 오른쪽에 반짝이는 외알 안경을 쓰고 있었습니다."[16] 공산주의자동맹의 독일 구성원들의 이름을 알아내는 것이 목적이었던 슈티버는 명단의 행방을 파악한 다음 막 떠나려고 했다. 하지만 마르크스는 그가 떠나도록 놔두지 않았다. "그는 저를 계속 시험해보려고 하는 것 같았습니다. '당신은 편집자요?' 그가 제게 물었습니다."[17] 슈티버가 자신은 사실 의사가 될 뻔했지만 혁명적 신념 때문에 대학에서 추방되었다고 대답했을 때 마르크스가 되물었다. "'그러니까 당신이 의사란 말이죠? 그럼 치질에 효과적인 약이 무엇인지 말해줄 수 있겠소?' 처음 저는 마르크스가 나를 심문하는 줄 알았는데, 그는 이 병 때문에 견딜 수 없는 고통을 받고 있으며 글을 쓰려고 의자에 앉아 있는 것이 거의 고문 수준에 이르러 이제는 서서만 작업할 수 있다고 거리낌 없이 말했습니다."[18]

마르크스는 '쾰른 공산주의자 재판에 대한 폭로'라는 문서의 날조자이자 사기꾼이라고 낙인찍혔던 슈티버에게 자기 손으로 기소장 자료를 주었다는 사실은 알지 못했다. 그리고 예니는 재판 기간 동안 1848년의 모든 혁명들이 마르크스의 책임으로 전가되었기 때문에 이 사건이 남편과 프로이센의 싸움이라는 것을 깨달았다. "돈과 싸움의 모든 수단을 갖춘 공권력에 대항하는 투쟁은 꽤 흥미롭고, 만일 이 싸움에서 승리한다면 우리에겐 가장 영광스러운 일이 될 것입니다. 왜냐하면 우리는 편지를 쓸 종이를 어디서 구해야 하는지도 알지 못하는 반면 그들은 돈과 권력, 모든 것을 지녔기 때문이죠."[19]

쾰른 공산주의자 재판은 마르크스의 승리로 끝나지 않았다. 그러나 5주의 법원 심리 동안 독일 대중은 슈티버의 지휘 아래 경찰들이 피고인들이 저질렀다고 추정되는 대반역죄의 증거를 입수하기 위해 미심쩍은 방법을 사용했다는 것을 알게 되었다. 경찰의 수법은 마르크스가 런던에서 피고인들에 대한 소식을 전달한 방식인 비밀문서 통신을 통해 알려졌다. 배심원들은 소지품 중 《공산당 선언》의 복사본을 가지고 있는 이들이 모두 반역자라는 주장을 기각했다. 그럼에도 대부분의 피고인들은 3년에서 5년의 징역형을 선고받았다.

5주의 투쟁 기간 동안 이 사건에 관련된 모든 사람들이 마르크스의 아파트에 머물렀다. "글을 쓰는 이들의 활동을 보장하고 낡아빠진 정부의 가장 유례없는 스캔들을 폭로하기 위해 두세 명은 글을 쓰고 몇몇은 사방팔방 돌아다녔으며, 다른 이들은 푼돈이라도 긁어모으고 있었어요. 이 와중에 나의 세 명의 쾌활한 아이들은 노래와 휘파람을 불렀고, 애들 아빠는 종종 사나운 목소리로 조용히 하라고 명령했죠. 북새통이 따로 없었어요!"[20]

세 명의 아이들(예니첸, 라우라, 무슈)은 망명생활의 음울한 일상에서 그들에게 큰 위안이 되었다. 예니와 렌첸은 지극정성으로 아이들을 보살폈고, 자식을 끔찍이도 사랑하는 마르크스는 할 수 있는 한 최선을 다해 아이들의 응석을 받아주었다. 그는 기우뚱거리는 테이블에 앉아 기사를 쓰는 동안에도 아이들이 그의 등 위에서 놀도록 내버려두었고, 일요일에 햄스테드 히스로 소풍을 가서 아이들과 함께 들판에서 뛰어놀았다. 두 딸을 사랑하긴 했지만 그의 가장 큰 희망은 아들이었다. 혁명의 시대에는 여자보다는 남자가 더 귀하다고 생각했기 때문이다. 그럼에도 그는 여전히 가족들을 부양하기 힘든 상황을 겪어야 했다. 그는 엥겔스에게 물었다. "여드레에서 열흘 정도는 가족들에게 빵과 감자를 먹일 수 있지만, 오늘은 그것들을 얻을 수 있을지 모르겠네. …… 내가 어떻게 이 모든 개 같은 상황에서 벗어날 수 있을까?"[21]

질병은 이런 빈약한 식생활의 결과였다. 그들의 가족은 한 명이라도 아프지 않고 넘어가는 날이 거의 없었다. "내 아내가 아파, 예니첸도 아프고, 렌첸은 일종의 신경성 질환을 겪고 있어. 하지만 나는 절대 의사를 부를 수 없군. 약을 살 돈이 하나도 없으니까."[22] 이 말은 매주 엥겔스에게 약간의 돈을 보내주면 좋겠다는 요구로 끝나는 편지에 마치 후렴구처럼 언제나 반복되었다. 엥겔스는 가능할 때면 언제든 돈을 보내주었다. 그러나 그는 상인의 삶을 이제 처음 시작했기 때문에 쉰 살이 된 당시에도 그의 재력은 입에 풀칠할 정도였다. 그는 낮에는 아버지의 공장에서 일해야 했고, 마르크스의 이름으로 《뉴욕 데일리 트리뷴》에 써 보내던 기사는 밤에 쓸 수밖에 없었다. 이 기사는 런던 생활 초기에 친구의 가족을 먹여 살렸다. 마르크스가 스스로 영어로 작성한 기사를 뉴욕 신문에 보낼 수 있게 된 후에야 엥겔스의 환경은 어느 정도 나아졌다.

예니는 그들이 런던에 도착한 후 5년째 해인 1853년 크리스마스에야 처음으로 쾌활한 파티를 열었다고 기록했다. "힘들고 매일매일 신경을 갉아먹는 걱정거리들은 카를이 '트리뷴'과 계약함으로써 사라졌다. 아이들은 여름 내내 야외에서, 공원에서 뛰어노는 시간이 더 많았다. 우리는 올해 버찌와 딸기, 심지어 포도도 먹었고, 우리 친구들은 사랑스러운 세 아이들에게 갖가지 예쁜 선물들을 가져다주었다. 아이들은 인형, 총과 부엌 용품, 드럼과 트럼펫을 얻었고, 밤늦게 드론케가 크리스마스트리를 장식하기 위해 집으로 왔다. 아주 행복한 저녁이었다."[23] 하지만 예니의 인생에서 행복한 순간마다 늘 불행의 그림자가 덮쳤듯이 "일주일 뒤에 저 끔찍한 질병의 첫 번째 증상이 우리 사랑스런 에드가에게 나타났고"[24], "이 병으로 인해 에드가는 1년 뒤에 목숨을 잃었다. 만일 우리가 좁고 비위생적인 집을 떠나 에드가를 바닷가에 데려갈 수 있었다면, 그를 구할 수 있었을지도 모른다".[25]

그 이후로 딘 스트리트의 좁은 집에서 지낸 몇 년은 거의 그리스 비극 같은 것이었다. 치명적인 병을 앓고 있던 일곱 살짜리 아이는 죽음에서 결코 멀리 달아나지 못하는 가족의 삶에 매달리고 있었다. 사랑스러운 무슈가 죽음과 힘겹게 싸우는 동안 여섯 번째 아이를 임신했다. 이런 절망적인 환경에서 또 다른 아이를 출산한다는 생각은 그녀를 매우 힘들게 했고, 마르크스는 진지하게 그녀의 인생을 걱정했다. "내 아내의 상태가 위험하네."[26] 그는 이렇게 엥겔스에게 편지를 썼다. 그리고 이런 집 안의 걱정거리들 때문에 자신의 일을 할 수 없었으므로 그는 한숨을 쉬며 라틴어로 말했다. "Beatus ille('축복받은 자'라는 뜻—옮긴이), 행복은 가족이 없는 자의 것이다."[27] 그는 자조적인 말투로 자신은 돈을 버는 것보다 아이 만드는 것을 훨

썬 더 잘하는 것 같다고 덧붙였다.

예니가 결혼한 지 열두 해가 되던 1855년 1월 16일, 그녀의 여섯 번째 아이가 태어났다. 또다시 딸이었다. 마르크스는 유감스럽게 생각했는데, "차라리 남자아이였다면 나았을지도 몰랐기"[28] 때문이었다. 아이의 이름은 엘레아노어라고 지었으며, 마르크스의 가족들에게 모두 애칭이 있듯이 엘레아노어는 '투시'로 불렸다. 투시는 매우 생기 있는 아이였다. 이 아이는 배가 고플 때 하도 큰 소리로 울어서 온 집 안을 깨웠다. 예니는 이 아이를 달랠 수가 없어서 두 명의 유모를 고용했다. 렌첸이 갓 태어난 아기를 돌보는 동안 예니와 카를은 아들 무슈의 생명을 걱정했다. 이 꼬마아이는 의사가 복부경화증이라고 진단했던 병 때문에 아주 극심한 고통을 겪고 있었지만 계속 밝은 모습을 보였고 심지어 큰 목소리로 프라일리그라트 버전의 〈라 마르세예즈〉를 부르기도 했다.

오 6월이여, 오라 그리고 우리를 행동하게 하라.
우리의 심장은 용감한 행동을 열망하네. ……[29]

하지만 6월이 오기도 전에 무슈(엥겔스는 그의 용기를 칭송하며 '무슈 대령'이라고 불렀다)의 삶은 거의 끝에 다다르고 있었다. 그의 부모는 희망과 절망 사이를 오가며 아들이 죽음과 사투를 벌이는 것을 지켜보았다. "요 며칠 무슈는 눈에 띄게 좋아졌고, 의사도 아주 희망적이라고 말했다네."[30] 1855년 3월 27일 마르크스는 맨체스터로 보내는 편지에 이렇게 알렸다. 하지만 3일 뒤 이미 병세는 "우리 집안의 유전병인 장결핵으로 악화되었고, 심지어 의사도 희망을 포기해야 할 것 같다고 하더군. 내 아내는 일주일 내내 전에 없던 정신적인 충격으로 많이 아팠다네. 내 가슴도 찢어질 듯이 아팠고, 내 머리도 쑤시고 있어."[31] 성스러운 금요일(그리스도 수난의 날, 부활절 직전의 금요일)의 다섯 시와 여섯 시 사이, 무슈는 아버지의 팔에 안겨 숨을 거두었다. "우리가 얼마나 그 아이를 그리워하는지는 말로 표현할 수 없어. 나는 온갖 종류의 불행을 다 겪어왔다고 생각했는데 이제야 겨우 진정한 불행이 무엇인지 알게 되었네. 나는 완전히 무너져버렸어. 다행인지 장례식 이후 나는 머리가 너무 아파서 생각하는 것도, 듣는 것도, 보는 것도 할 수 없다네."[32]

그리고 예니는 지칠 대로 지쳐 있었다. 죽음이 그녀 앞에 다시 닥쳤다. "이 세상에서 가장 사랑하는 나의 단 하나뿐인 에드가를 빼앗아갔어요. 그것은 결코 치유될 수도 없고 아물 수도 없는 고통이었습니다. 이 상처는 결코 낡지도 않고 출혈을 멈추지도 않을 가슴 깊숙한 곳에 새겨졌습니다."[33] 그녀는 요람과 관이 서로 나란히 바짝 붙어 있는 적막하고도 섬뜩한 방에서 어떻게 계속 살아갈 수 있을지 몰랐다. 그리고 마르크스는 이전에 팩스첸과 프란치스카가 죽었을 때 그랬던 것처럼 무슈를 토튼햄 코트 로드의 묘지에 묻은 후 몇 주간 딘 스트리트의 집을 떠나기로 결정했다. 그는 예니가 마음의 평화를 얻을 수 있도록 세심하게 배려하면서 그녀와 함께 맨체스터에 있는 엥겔스를 방문했다.

런던으로 돌아오자마자 그들은 다시 익숙한 일상의 빈곤과 마주했다. 빵집 주인과 정육점 주인, 채소 장수, 우유 배달원의 청구서에 적혀 있는 요금을 지불해야 했고, 또한 방세와 '친절한 친구 의사 선생님'의 비싼 진료비도 밀려 있었다. "이 유대인은 파산 직전에 놓여 있었기 때문에 독촉이 심했다."[34]고 마르크스는 엥겔스에게 말했다. 예니와 렌첸은 전당포를 찾아감으로써 가장 까다로운 빚쟁이의 빚을 갚으려고 했다. 카를은 도망치듯 대영박물관으로 가서 그의 삶을 근본적으로 바꿔놓을 앞으로의 혁명에 대해 생각했다.

때마침 일요일에 신문 발행이나 레스토랑과 술집 같은 유흥장소의 개장을 금지하여 사람들이 교회에 갈 수 있게 한 '일요법'이 의회에서 통과되었고, 이 법은 격렬한 저항에 부딪혔다. 차티스트들은 이 법이 직접적으로 노동자를 겨냥하고 있다고 주장했다. 왜냐하면 부유한 사람들은 다른 날들과 마찬가지로 일요일에도 그들만의 모임에서 즐거운 시간을 보낼 수 있기 때문이었다. 사람들은 하이드 파크에서 승마를 즐기고 있던 신사숙녀들에게 사람들이 이 법에 대해 어떻게 생각하는지 보여주기 위해 대중 집회를 열었다. 그곳에서 약간의 충돌이 있긴 했지만 명백한 혁명적인 행동은 없었다. 마르크스가 다음 날《노이에 오더 자이퉁Neue Oder Zeitung》에 쓴 기사에서 "어제 하이드 파크에서 영국의 혁명이 시작되었다"[35]고 명확히 선언했지만 말이다.

이런 궁핍한 망명생활 한가운데에서 예상치 못한 소식, 즉 마르크스의 말에 따르면 "아주 행복한 사건"이 전해졌다. 이 사건은 "어제 우리는 아내의 아흔 살 된 삼촌의 죽음을 알게 되었다"[36]는 것이었다. "이 늙은이가 재산의 일부를 가정부에게 유산으로 남기지 않는다면"[37] 예니는 100파운드 혹은 그 이상의 유산을 받게 될 터였다. 예니 스스로도 친구에게 스코틀랜드의 늙은 친척에게서 150에서 200파운드 정도의 상속을 받을 수 있을 것이라고 말했다. "고인이 된 사랑하는 나의 아버지의 어머니인 할머니는 스코틀랜드 태생의 여인으로, 스코틀랜드 제일의 가문 중 하나인 아가일 가문의 여인이었다. 그러므로 아가일 공작은 내 조상들과 가까운 친척이다. 그리고 내가 결혼할 때 나의 사랑하는 어머니는 내게 스코틀랜드 아가일 가문의 문장이 새겨진 아주 화려한 은제 식기류들을 주셨다. 물론 은과 가문의 문장은 모두 우리가 추방되고 이주하고, '푸른 침대에서 누런 침대로' 이민 가면서 자연스럽게 사라져버렸으며, 또한 내가 난파선에서 구할 수 있던 약간의 것들은 삶과 죽음 사이에서 어디론가 사라졌지만 대부분 삼촌의 수중에 있다."[38]

예니가 실제로 스코틀랜드 태생의 할머니에게 유산을 받았는지 아니면 친구에게 자신이 남작 집안의 딸임을 강조하기 위해 (출입국 카드에 자신이 귀족 출신이라고 적었던 것처럼) 이렇게 썼는지 정확히 알 수는 없다. 예니의 귀족 타령은 프롤레타리아트 독재의 예언자를 종종 당황하게 했고 그는 이렇게 말하곤 했다. "당신의 귀족 신분증을 조심해!"[39]

어쨌든 예니는 유산으로 인해 잠시나마 진절머리 나는 돈 걱정에서 벗어나서, 오랫동안 원했던 대로 나이 든 어머니가 있는 고향 트리어를 방문할 수 있었다. 그녀는 사랑하는 어머니의 노년을 편안하게 해드리지 못했다는 것과 런던에서 트리어로 보냈던 나쁜 소식들 때문에 죄책감을 느꼈다. 그녀는 편지로 어머니에게 자신의 세 아이가 죽었다고 말했고, 자식을 잃은 바 있던 카롤리네는 자신의 딸이 얼마나 지독한 고통을 겪고 있는지 알았다. 그녀는 예니를 직접 만나 위로해주고 싶었다. 그러나 프로이센에서 추방된 공산주의 지도자의 아내인 예니가 도대체 어떻게 트리어로 가는 여권을 얻을 수 있겠는가? 하지만 예니는 이복형제인 페르디난트에게 여권을 얻을 수 있도록 도와달라고 간절히 부탁하여 스스로 이 문제를 해결했다. 페르디난트는 그녀가 어머니를 방문하려고 했기 때문에 여권을 얻을 수 있도록 도왔을 것이다. 페르디난트는 언제나 '몰락한 여동생'을 도와주려고 했다. 그래서 그 즉시 예니가 여권을 얻을 수 있도록 애를 썼다. 1856년 4월 10일 마르크스는 엥겔스에게 다음과 같이 편지를 썼다. "아내가 '황제 폐하의 특별 지시로' 베를린에서 여권을 받았다네. 5월에 그녀는 가족 모두와 함께 3~4개월 정도 일정으로 트리어로 떠날 거야."[40] 예니는 극심한 등 근육통으로 고통을 호소하며 일주일 내내 아파했던 남편을 걱정하면서 세 아이와 함께 5월 22일 런던을 떠났다.

여든 살이 된 어머니의 모습에 예니는 충격을 받았다. 카롤리네 폰 베스트팔렌은 반신마비가 와서 모르는 사람들의 도움에 의지하고 있었다. 그러나 예상치 못했던 딸과의 재회는 카롤리네에게 새로운 활력을 주었다. 그녀는 이전에 한 번도 보지 못했던 예쁜 세 손녀인 열두 살 된 예니, 열한 살의 라우라, 그리고 생기 넘치는 아기 엘레아노어에게 푹 빠졌다. 정치 얘기는 하지 않았다. 카롤리네에게 카를은 반동적인 독일의 언론들처럼 반란을 꾀하는 공산주의 조직의 악명 높은 우두머리로 보이지 않았고 오히려 미국 거대 신문사의 해외 특파원으로 보였다. 그녀는 예니가 6월 말경에 맨체스터의 카를에게서 받은 황홀한 러브레터 몇몇 구절을 읽어주었을 때 기쁨을 느꼈다. 카를은 기분전환을 할 필요가 있어 맨체스터에 있는 엥겔스에게 갔다고 했다. 하지만 그는 끝없이 독촉하던 딘 스트리트의 빚쟁이들에게서 도망치고 싶었을 것이다. 그때 그는 맨체스터의 자기 방에 홀로 앉아 있었고 그의 앞에는 그와 14년 전에 결혼한 여성의 빛바랜 사진이 놓여 있었다.

"사랑하는 당신, 당신의 사진 상태가 정말 나쁘지만 이 사진은 내게 아주 큰 도움을 주고 있어요. 나는 이제야 어떻게 성모 마리아의 가장 수치스러운 초상화인 〈검은 성모 마리아 초상화〉가 끝없는 존경을 받을 수 있는지, 심지어 다른 훌륭한 초상화들보다 더욱더 존경받을 수 있는지 이해가 된다오. 어찌되었든 이런 검은 성모 마리아상들 중 그 어떤 것도 당신의 사진보다 더욱 키스하고 싶고, 추파를 보내고 싶고, 숭배하고 싶은 것은 없어요. 여기 내 앞에 당신이 있어요. 나는 손을 내밀어 당신의 머리 끝에서부터 발 끝까지 입을 맞추고 당신 앞에 무릎 꿇은 채 한숨을 내쉬며 말합니다. '부인, 당신을 사랑합니다.'"[41]

예니는 남편이 친숙한 하이네의 시에서 따온 마지막 어구를 보고 웃었다. 그러나 이후에 뒤따라 나온 구절들은 그녀를 감동시켜 눈시울을 붉게 만들었다. "당신이 내게서 떨어져 있는 이 순간, 당신을 향한 나의 사랑은 있는 그대로 나타납니다. 그것은 내 정신의 모든 힘과 내 마음의 모든 개성을 담고 있는 광대한 것입니다. 나는 또다시 내가 특별한 사람이라는 것을 느낍니다. 왜냐하면 내가 엄청난 열정을 느끼고 있기 때문이지요. 그런데 연구와 현대 교육을 통해 우리가 알게 되는 다양성,

그리고 우리로 하여금 필연적으로 모든 객관적이고 주관적인 인상에 대한 결함을 지적하는 회의주의는 우리 모두를 작고 나약하고 불평하고 의심하도록 만들어요. 하지만 사랑, 다시 말해 포이어바흐의 인간에 대한 사랑이 아닌, 프롤레타리아트에 대한 사랑이 아닌, 오히려 가장 사랑하는 사람, 즉 당신에 대한 나의 사랑은 평범한 남자를 특별한 사람으로 만듭니다."[42]

편지를 읽자마자 예니 역시 모든 어려움에도 사랑하는 남편에 대한 감정이 14년 전과 똑같음을 보여주기 위해 기꺼이 맨체스터로 달려가고 싶었다. 그러나 불가능했다. 그녀의 집은 맨체스터에 있었던 것이 아니라 끔찍한 딘 스트리트에 있었고, 무엇보다도 그녀의 병든 어머니 곁을 지키고 있어야 했다. 6월 11일은 카롤리네의 여든한 살 생일이었고 예니는 카롤리네 곁에서 생일을 축하해주고 싶었다. 이번 생일이 사랑하는 어머니와 함께할 수 있는 마지막 시간으로 느껴졌다. 그리고 그녀의 생각은 옳았다. 실제로 카롤리네는 몸이 많이 허약해져 있었고, 12일이 지난 뒤에 사망했다. 자주 그랬듯이 예니의 삶은 다시 한 번 기쁨에서 슬픔으로 갑작스럽게 건너뛰었다.

그녀는 어머니의 장례식에 참여한 유일한 혈육이었으며 어머니가 남긴 유산을 정리해야 했다. 이는 베를린에 있는 그녀의 이복오빠 페르디난트와 상의해야 한다는 것을 의미하기도 했다. 그녀의 슬픔을 덜어주기 위해 페르디난트는 매우 다정하게 답했다. 그는 동생을 "나의 사랑하는 소중한 예니"[43]라고 부르며 "너와 우리 모두에게 돌이킬 수 없는 커다란 상실감을 안겨준…… 사랑하고 존경하는" 우리 "어머니"[44]의 죽음을 매우 애통해했다. 고인의 유산과 관련하여 페르디난트는 "너와 에드가가 상속자"[45]라는 것에 별다른 이견을 달지 않았다. 빚이 있거나 또는 "당장 돈이 필요할 때 바로 내게 편지를 주거라. 그러면 즉시 돈을 보내주도록 하마".[46] 이러한 말들은 예니에게 위안이 되었다. 만일 페르디난트가 그녀가 평생 동안 어떤 재정적인 어려움을 겪어왔는지 알았더라면! 그녀는 즉시 카를에게 어머니의 유산을 마음대로 할 수 있다고 알렸고, 카를은 엥겔스에게 다음과 같이 편지를 썼다. "오늘 아내에게서 편지 한 통을 받았다네. 그녀는 노모의 죽음으로 몹시 충격을 받은 듯해. 자잘한 유품들을 경매로 처리하고, 그 수익금을 에드가와 나누기 위해 8일에서 10일 정도 트리어에서 지낼 거라고 하네."[47]

어머니의 살림살이들이 사라지는 것은 예니에게 너무나도 슬픈 일이었다. 그렇게 되면서 고향과의 마지막 연결고리마저 끊겨버렸기 때문이다. 그녀는 곧 딘 스트리트로 돌아가 그곳에서 살아야 한다는 생각에 힘들어했다. 그녀는 남편에게 아이들과 런던으로 가기 전에 독일에서 겪은 압박감을 해소하기 위해 9월과 10월을 저지에서 보내고 싶다고 편지를 썼다. 카를은 "훌륭한 계획"[48]이라고 생각했지만, 여행 비용을 어떻게 마련해야 할지 몰랐다. 《뉴욕 데일리 트리뷴》이 그의 몇몇 기사들을 거절해서 그는 또다시 매우 궁핍한 상태가 되었기 때문이었다.

그와 예니는 상속받은 돈이 도착하는 대로 마침내 '죽음의 거리'를 벗어나서 "기쁜 마음으로 멋진 프림로즈 힐과 멀지 않은 로맨틱한 햄스테드 히스 기슭에 있는 작은 집으로"[49] 이사하기로 결정했다. "우리들만의 침대에서 처음으로 잠을 자고, 우리들만의 의자에 앉고, 심지어 로코코 스타일의 중고 가구들, 아니 좀 더 정확히 말하면 '골동품'으로 꾸며진 응접실을 가졌을 때, 우리가 정말 마법의 성에 살게 되었다고 믿었으며 북을 치고 트럼펫을 불며 우리의 신선한 영지에 경의를 표했어요."[50]

10. 외롭고 깊은 겨울

1

예니의 마법의 성은 전형적인 영국 중산층의 연립주택 양식의 작은 집으로 런던 시민들의 휴식처로 유명한 햄스테드 히스 공원 끝자락의 신주택 단지에 있었다. 마르크스의 가족들 역시 햄스테드 히스에서 일요일을 아주 즐겁게 보냈다. 리프크네히트는 딘 스트리트에서 시작되는 한 시간 반 정도의 산책을 다음과 같은 순서로 묘사했다. "나는 두 소녀와 함께 이야기를 하거나 자유롭게 이리저리 날쌔게 뛰어다니면서 제일 앞에서 걸어가고 있었다. …… 그다음 주력 부대는 마르크스와 그의 아내, 관심을 요구하는 일요일의 손님들. 그리고 그들 뒤에는 렌첸과 그녀가 '소풍 바구니'를 나르는 것을 도와줬던 배고픈 사람들이 있었다."[1] 소호 아파트의 답답함을 벗어나 야외에서 약간의 시간을 보낼 수 있는 것은 축복이었다. 그래서 예니는 어머니의 유산을 상속받자마자 햄스테드 히스 근처에 집을 얻자는 생각을 했다. 그리고 드디어 1856년 가을, 그녀는 다음과 같이 쓸 수 있었다. "집을 찾으려는 힘겨운 탐험 끝에 결국 우리는 정말 좋은 집을 찾았어요. 그 집은 런던에서 가장 아름답고 건강에도 좋은 지역에 있어요. 이 지역은 아마 오빠도 이름은 들어봤을 만큼 유명하며 그리고 아름다운 경치와 순수한 공기로 유명한 햄스테드 히스와 그리 멀지 않아요."[2] 예니는 이사한 지 5일 후에 바로 이복오빠 페르디난트에게 그녀의 가족들이 이사한 새집을 설명했다. 그녀는 계속해서 그 집이 양과 말, 염소, 닭이 뛰어노는 신선하고 푸른 목초지로 둘러싸여 있으며, 집 앞으로 "멀리 거대한 대도시 런던 시내가 희미한 윤곽으로 펼쳐져 있어요. 반지하로 된 부엌, 세탁실, 거실이 있고, 크진 않지만 큰 닭장을 두기엔 충분한 정원도 옆에 있습니다. …… 1층에는 두 개의 응접실 있고 2층에는 큰 방, 침실 하나 그리고 작은 휴대품 보관실, 3층에는 똑같은 크기로 배치된 방들이 있습니다. 그리고 여행가방과 상자들을 보관할 수 있는 넓은 다락방도 있어요."[3]라고 이야기했다.

그들이 7년 동안 살아야 했던 음울한 다락방 같은 아파트와 비교해볼 때 하버스톡 힐, 메이트랜드 파크, 그래프톤 테라스 9번지에 있는 작은 집은 정말 마법의 성이었다. 그 집은 영국의 양식에 따라 '머리에서 발끝까지' 양탄자로 깔려 있었다. "아이들은 여러 새 방에서 행복해해요. 그리고 정말 행복해하는 작은 엘레아노어는 '좋은 카펫'과 펠트 깔개에 웅크리고 있는 강아지에게 끊임없이 입을 맞추고 있어요."[4]

결혼한 지 14년 만에 그들은 존중받을 만한 삶의 길에 들어서게 되었다. "보헤미안의 삶은 끝이 났다. 망명생활에서의 가난과 싸우는 대신 우리는 최소한의 품위를 유지해야 한다. 우리는 부르주아의 삶을 향해 닻을 올리고 나아갔다. 이러한 삶에도 예전과 같은 억압들, 투쟁들, 그리고 오랜 비참함과 전당포와의 몹시 가까운 관계가 남아 있다. 사라져버린 것은 웃음이다."[5]

웃음이 사라졌을 뿐만 아니라 예니의 건강 역시 나빠졌다.

즉 그녀는 새집으로 이사하고 나서 얼마 지나지 않아 몇 달 동안 병으로 앓았다. 그녀의 담당 의사였던 알렌은 그녀의 병이 신경질환이라고 진단하고 온갖 종류의 약을 처방했다. 그렇지만 예니는 병의 원인이 원치 않았던 임신일 거라고 스스로 짐작했다. 1856년과 1857년 사이의 여름에 일곱 번째 아이가 태어날 것이 분명했다. 이러한 생각이 그녀를 몸서리치게 했다. 여섯 번의 분만 중 어떠한 것도 결코 쉬웠던 적은 없었으며 모유수유가 너무 고통스러워 매번 포기할 수밖에 없었다. 그러나 아기가 몇 주 동안 젖을 먹어야 했기 때문에 비용을 들여 유모를 고용해야 했다. 그녀의 적은 유산은 곧 바닥이 났고, 딘 스트리트의 빈곤의 망령이 햄스테드에도 어슬렁거렸다. 그런데 이곳에서 겪은 빈곤은 더욱더 고통스러웠다. 겉으로나마 부유한 생활을 유지해야 했는데, 딸들이 햄스테드 여자 대학에서 고등교육을 받고 있었기 때문에 더욱더 그랬다. 큰 아이들 둘은 아버지가 종종 8파운드의 학교 등록금을 내주기 힘들다는 것을 알았지만 학교 친구들에게 집에서와 같은 생활을 보여주지 않았다. 예니첸과 라우라는 부지런했고, 금방 배웠으며, 그 대가로 자주 상을 받았다. 예니는 두 딸이 자랑스러웠고 두 딸의 작은 물질적인 소망들을 실현시켜줄 수 있기를 바랐다. 그러나 1857년 미국 경제 위기로 인해 카를의 수입이 절반으로 줄어들었기에 이 바람은 그녀의 능력을 넘어서는 것이었다. 또한 다나는 마르크스에게 미국의 한 언론인 단체에 의해 출판되었던 《새로운 미국 백과사전The New American Cyclopedia》을 만드는 일에 참가해줄 것을 제안했지만 이 일은 오래가지 못했다. 마르크스 가족은 여느 때처럼 부정기적으로 들어오는 수입, 엥겔스가 보내준 것과 앞으로 상속받을 유산에 의존했다. 예전에 소호에서 살았을 때는 다른 망명자들과 재정적 어려움을 함께 나눌 수 있었지만, 이제는 완전히 혼자였다. "내가 이런 외로움에 익숙해지기까지는 오랜 시간이 걸렸다. 나는 종종 웨스트엔드의 살아 있는 거리를 오랫동안 산책하고 싶고, 우리의 클럽들, 삶의 걱정들을 잠시 동안 잊을 수 있고 편안하게 이야기를 나눌 수 있던 단골 술집들로 돌아가고 싶었다."[6]

마르크스 역시 작은 집이 있는 시골 환경에 익숙해지는 것이 어렵다는 것을 알았다. 그는 도시 사람이었고 윈드밀 스트리트나 토트넘 코트 로드의 여러 술집에서 젊은 당원들과 함께 맥주와 와인을 마시면서 몇 시간 동안 정치 문제에 대해 토론하기를 좋아했지만 햄스테드에서 술집들까지는 거리가 멀었기 때문에 예전처럼 쉽게 갈 수 없었다. 대영박물관까지 가는 시간도 딘 스트리트에서보다 훨씬 더 오래 걸렸다. 예니는 이렇게 썼다. "게다가 우리의 작고 예쁜 집은 오고 가는 길이 매우 불편했다. 우리 집까지 평탄한 길은 하나도 없었고, 도처에서 집 짓는 공사가 진행 중이어서, 여기저기 쌓여 있는 토사 더미들 위를 통과해야 했고, 비오는 날에는 붉은 점토 진흙이 신발 바닥에 너무 두껍게 붙어 진이 빠지도록 힘들게 집에 와야 했다. 이때 칠흑 같은 어둠이 이방인의 구역(마르크스 가족이 살고 있는 집 주변 — 옮긴이)을 지배하게 되면 위험을 무릅쓰고 어둠과 진흙, 돌 더미들 속으로 나가서 고생하기보다는 차라리 따뜻한 난로불 앞에 앉아 있고 싶어진다."[7]

그녀가 일곱 번째 아이를 출산하기 전 몇 달 동안 그녀의 삶은 단조로웠다. 그런데 새로운 젊은이가 나타나면서 변화가 생겼다. 렌첸의 이복자매였던 마리아네 크로이츠가 4월에 세인트 벤델에서 런던으로 왔다. 그녀는 스물두 살이었고 아주 사랑스럽고 열심히 일하는 여성이었다. 그녀는 렌첸과 함께 5년 동안 마르크스의 집 살림을 했다. 예니는 이 시기에 온전히 남편의 작업에 몰두할 수 있었다. 그녀의 남편은 대출이나 약속어음을 통해 나날의 양식을 위해 필요한 자금을 구했다. 그리고 여기에 당연히 시간을 많이 써야 함에도 자신의 주요 작품에 대한 구상을 했다. 그는 그것을 《정치경제학 비판Zur Kritik der politischen Ökonomie》이라고 불렀다. 하지만 이 저작 활동은 더디게 진척되었다. 그도 병에 걸렸기 때문이었다. 그는 오래된 간질환으로 예니처럼 약에 의지해서 살았다.

예니가 딸을 낳았던 7월 6일, 그들은 이런 상황에 처해 있었다. 마르크스는 엥겔스에게 다음과 같이 썼다. "그 아이는 바로 죽었다네. 이것 자체는 결코 불행이 아니야. 하지만 아이를 죽게 만든 환경이 바로 아이가 죽었다는 사실을 고통스럽게 떠올리도록 하고 있어."[8] 그는 이러한 상황이 어떠한 것인지를 편지로는 결코 알려줄 수 없었다. 엥겔스는 이 소식에 충격을 받았다. "아이가 죽은 이유를 모르고도 자넨 아이의 죽음을 냉정하게 받아들일 수 있겠지. 그러나 자네 부인은 그러기 힘들 거야."[9] 엥겔스의 생각이 맞았다. 예니는 4주 동안 침대에서 일어나지 못했고, 심지어 그녀가 몸이 좋아졌다는 것을 느꼈을 때에도 그랬다. "그녀는 여전히 침대에 누워 있고 극심하게 상심한 상태라네. 이것이 나를 성가시게 하지만 나는 지금 보호받고 있는 그녀를 정말로 탓하지 않는다네."[10]

마르크스가 '상심'이라고 말한 것은 심각한 우울증이었다. 죽은 네 명의 아이들 생각 때문에 예니는 결코 마음의 평화를 찾지 못했고, 세 명의 딸(이중 둘은 후에 자살한다)이 없었다면 그녀는 살아갈 힘을 내지 못했을 것이다. 마르크스 역시 "하는 일 없이 지내는 것보다 100피트 밑의 땅속에 누워 있는 것을 원했던"[11] 순간도 있었다. 당시 그가 처했던 경제 상황이 얼마나 절망적이었는지는 엥겔스에게 도움을 요청하는 편지에 잘 묘사되어 있다. 엥겔스는 아버지의 회사에서 돈을 많이 벌어 말을 사고, 사냥개를 끌고 다니고 상류층들의 클럽에 드나들 수 있었다. "나 스스로도 우리 비용을 더 이상 줄일 수 없을 정도로 줄이려 했네. 예를 들어 학교에서 아이들을 데려오고, 진짜 프롤레타리아트의 집으로 이사하고, 가정부를 해고하고, 감자로 연명하려 했지. 하지만 우리의 모든 가구를 경매로 내다팔아도 빚쟁이들에게 돈을 갚기엔 역부족이고 아무런 방해도 받지 않는 은신처로 물러나 사는 것도 힘들군. 파산을 막을 수 있는 유일한 방법은 지금도 우리가 여전히 품위를 유지할 수 있다는 것을 보여주는 것뿐이야. 만약 내가 화이트채플에 살아서 단 한 시간만이라도 좀 쉬고 내 일에 전념만 할 수 있다면 이에 관해 전혀 신경 쓸 필요가 없을 거야. 하지만 지금 아내의 상태로는 이런 변화가 위험할 수 있고, 한참 크고 있는 딸들에게도 맞지 않을 거야."[12]

엥겔스는 늘 그렇듯이 받는 대로 즉시 답장을 보냈다. 그는 "사랑하는 무어"에게 다음과 같은 조언과 함께 40파운드를 보냈다. "다시 자네의 노친네나 어떤 네덜란드인에게 다가가야 할 때가 된 것 같군."[13] '노친네'라는 표현은 자신의 어머니를 항상 그렇게 불렀던 마르크스에게 빌린 것이었고, '네덜란드 인'은 예니가 언젠가 도움을 구하기 위해 방문했던 부유한 친척이었다. 엥겔스는 다음과 같은 말로 편지를 끝맺었다. "그렇지만 모든 문제가 우리 사이에서 세어나가지 않도록 이 편지를 태워버리게."[14] 마르크스는 이번 경우에는 친구의 조언을 따르지 않았다. 하지만 마르크스 가족의 많은 서류들, 특히 예니와 카를의 사생활과 관련된 서류들이 불타 없어졌다는 것은 확실하다.

엥겔스의 돈을 받고 난 후 마르크스는 지친 아내를 4주 동안 켄트 동부 해안의 인기 있는 해변 휴양지인 램즈게이트로 보냈다. 그녀는 처음 며칠 동안 홀로 지내다 두 권의 소설을 갓 출판한 안나 벨라 칼라일과 친한 사이가 되었다. 미스 칼라일은 커닝엄 부인의 여동생이었고, 커닝엄 부인의 두 딸과 마르크스의 딸들은 친구 사이였다. 커닝엄 부인 역시 작가였고 잉글랜드와 스코틀랜드 여러 가문들의 회고록을 쓰고 있다고 예니는 말했다. 글쓰기를 좋아했던 예니도 당시에 소설을 써보려 했다는 것을 추측해볼 수 있는데, 아직까지 증거는 없다. 오랫동안 잘 알려져 있지 않던 그녀의 자전적 에세이인 《파란만장한 삶의 단상》은 1964년 《무어인과 장군Mohr und General》이라는 저서로 알려지게 되었으며, 그녀가 결혼한 날로부터 60대 초반 마르크스와 라살레가 서로 대립하던 시절까지 그녀의 사상과 정서를 이해할 수 있게 해준다.

예니에게 램즈게이트에서 머물렀던 4주의 시간은 런던에서의 '단조로운 정물화 같은 삶'에서 벗어나게 해준 쾌적한 시간이었다. 렌첸이 세 딸을 그녀에게 데리고 왔고 그들은 함께 매우 행복한 2주의 시간을 보냈다. 마지막 주에 그녀는 다시 혼자가 되었고, 그녀가 "마치 물라토(백인과 흑인 부모 사이에서 태어난 사람)같이 바다의 날카로운 바람에 의해 검게 그을린 채 집으로 돌아왔을 때, 그녀는 예쁘게 꾸며진 집에서 대단한 환영을 받았다".[15]

그러나 즐거움은 오래가지 않았다. 생활비는 다시 부족해졌고 빵집 주인, 정육점 주인, 과일 가게 주인의 요구도 처리해야 했다. 하지만 페르디난트 라살레의 소개 덕분에 독일인 출판업자가 '자본 일반Das Kaputal im Algemeinen'에 대한 마르크스의 15년간 연구 중 1권을 기꺼이 출판하겠다고 했고 인세 소득을 받을 희망이 생겼다. 물론 원고를 작성해야 했을 뿐만 아니라 그 후 예니가 알아보기 쉬운 필체로 옮겨야 했는데, 늘 그랬듯이 이 작업은 계획했던 것보다 오래 걸렸다. "집에서 하는 작업은 더욱더 따분하고 외로운 것 같아."[16] 12월에 마르크스는 엥겔스에게 이렇게 편지를 썼다. "아내는 직접 아이들을 위해 크리스마스 축제 준비를 할 수 없었다네. 대신 사방에서 오는 미지급 청구서들에 시달리면서 내 원고들을 옮겨 적어야 했지. 이런 정신없는 와중에 전당포에 가기 위해 시내를 뛰어다녀야 했고, 그래서 집 안 분위기가 너무 침울하다네."[17]

엥겔스는 답장으로 5파운드짜리 지폐와 포트와인(포르투갈 산 적포도주 — 옮긴이)들과 셰리주(스페인 남부 지방의 백포도주 — 옮긴이), 샴페인 병으로 채워진 크리스마스 선물 바구니를 보냈다. 마르크스 가족은 두려운 마음으로 위기를 모면하게 되었지만, 확신을 가지고 새해, 즉 새로운 사회체계의 탄생을 기다렸다. 이 새로운 사회체계는 다음과 같은 마르크스의 인식론에 근거하고 있다. 의식이 인간 존재를 규정하는 것이 아니라 그 반대로 사회적 존재인 인간이 자신의 의식을 규정한다는 것. "일정한 발전 단계에서 사회의 물질적 생산력은 이전의 생산관계와 모순에 빠지게 되기 때문이다. …… 생산력의 발전 형태들로부터 이 관계는 생산력의 족쇄가 된다. 그리하여 사회 혁명의 시기가 도래하게 된다."[18]

마침내 "불운한 원고"[19]가 완성되었던 1859년 1월, 마르크스에게는 원고를 부칠 우편 요금조차 없어서 이를 베를린의 출판업자 둔커에게 보낼 수 없었다. 물론 엥겔스가 이 문제를 해결해주었으나 둔커가 라살레의 희곡 《프란츠 폰 지킹엔Franz von Sickingen》을 먼저 출판하고 싶어했기 때문에 마르크스의 책이 출판되기까지는 수개월이 걸렸다. "돼지 같은 놈 둔커는 내게 인세 지불을 늦출 또 다른 변명거리를 찾았으니 아주 좋아 죽을 거야. 난 이 유대인 놈(라살레)의 장난질을 절대 잊지 않을 거야."[20] 1859년 5월 마르크스는 엥겔스에게 이렇게 편지를 썼다. 한 달 후 마침내 마르크스의 《정치경제학 비판》 첫 권 1,000부가 출간되었다.

그러나 12월에 예니가 참담한 심정으로 인정했던 것처럼, 카를의 책이 독일 언론의 주목을 거의 받지 못했기 때문에 그녀가 이 책에 대해 품고 있던 높은 기대는 충족되지 못했다. 상품 및 상품의 사용가치와 교환가치에 대한 깊이 있는 연구는 일반 대중들에게 흥미롭지 않았을뿐더러 그들이 이해하기도 쉽지 않았다. 엥겔스와 영국에 사는 다른 마르크스 당원들이 독일 신문에 책의 서평을 신고자 노력했음에도 서평을 통해 독자를 얻게 해줄 전문적인 경제학자의 수가 너무도 적었다.

예니가 "지금보다 더 고통스러운 적이 없었으며, 예쁘고 우아하게 자라고 있는 딸들마저 고통받아야 하는"[21] 경제적 빈곤에 대항해서 끊임없이 싸우는 동안 카를은 어처구니없는 명예훼손 소송에 휘말리게 되었다. 이 소송 때문에 그는 수개월 동안 다른 어떤 일도 할 수 없었다. 이 소송은 마르크스도 가끔 같이 일했던 런던의 소규모 독일 신문 《민족Das Volk》에서 6월 18일에 발간한 《경고에 대하여Zur Warnung》라는 소책자에서 시작되었으며, 이것이 6월 22일 아우구스부르크의 《알게마이네 자이퉁Allgemeine Zeitung》에 게재되었다. 그 소책자는 사람들에게 독일의 저명한 자연과학자이고, 독일 민족회의의 다섯 명의 지도자 중 하나이며, 자신이 설립한 독일 신문의 동업자를 스위스에서 구하고자 노력하던 칼 포크트를 주의하라고 경고했다. 포크트의 의도는 나폴레옹 3세를 위하고 오스트리아에 반대하는 선전선동을 하는 것이었는데, 그는 오스트리아의 존재가 독일 연합을 저해한다고 믿었기 때문이다. 이 소책자는 포크트가 프랑스의 돈을 받은 앞잡이라고 주장했다.

2

이러한 주장을 명예훼손이라고 여긴 포크트는 《알게마이네 자이퉁》 편집자를 아우구스부르크 지방법원에 고소했다. 오랜 심리 끝에 지방법원은 이 사건이 배심재판에 해당된다는 것을 근거로 소송을 기각했다. 그러자 포크트는 곧바로 《알게마이네 자이퉁을 상대로 한 나의 소송》이라는 제목의 200쪽에 달하는 소책자를 자비를 들여 출판했다. 소책자에는 그의 변호사가 '폭력 집단'의 활동에 대해 쓴 상세한 설명이 포함되어 있었다. 이 집단은 카를 마르크스의 지도 아래 독일 망명자들로 이루어진 공산주의 비밀 역모조직이며, 그들은 프롤레타리아트 독재를 주장했지만 실제로는 독일에 살고 있는 조직원들에게 일정한 금액의 돈을 송금하라고 강요했으며, 그렇지 않으면 그들이 이 조직원들의 이름을 경찰에게 통고할 것이라고 했다는 설명이 포함되어 있었다.

마르크스는 포크트의 소책자에 실려 있는 "나에 대한 아주 무례하고 더러운 내용들"[22]을 들었을 때 분노로 이성을 잃었다. 마르크스는 이 내용들이 자신의 이름을 더럽혔을 뿐만 아니라 독일 노동자의 당을 비방했다고 말했다. 그는 프라일리그라트와 같은 오랜 당 친구들이 포크트의 비방 내용을 경멸적으로 무시하라고 했을 때조차도 이 비방에 맞서 싸울 수밖에 없었다. 엥겔스도 처음에는 당의 오랜 친구들과 같은 생각이었다. 하지만 마르크스가 그에게 "포크트, 그 사기꾼이 내가 여기서 노동자들의 주머니를 털어 살아간다고 독일인들을 기만하려고 하고 있어"[23]라고 말했을 때 비로소 포크트의 거짓말을 맹렬히 비난했다(왜냐하면 엥겔스만큼 이것이 거짓말이라는 사실을 잘 아는 사람이 없었기 때문이다). 엥겔스는 마르크스가 자신에게 "나는 물론 이 쓰레기 같은 소송에 대해 어떤 것도 아내에게 말하지 않을 거야"[24]라고 말한 것을 이해할 수 없었다. 또한 예니가 최근에 보낸 편지에서 "나는 마르크스 모르게 지난주에 그(페르디난트)에게 돈을 빌려달라고 부탁했어요"[25]라고 쓴 것도 이해할 수 없었다. 분명히 행복한 결혼생활을 하고 있는 이 두 사람이 왜 서로에게 비밀이 있어야 하는 걸까?

만약 마르크스가 정말 포크트의 고소를 예니에게 숨길 수 있다고 생각했다면 그는 스스로를 속이는 것이었다. 그녀는 그의 모든 저작들에 적극 참여했는데 그의 이념들에 관심이 있었을 뿐만 아니라 가족의 생계 또한 그가 받는 인세에 의존하고 있었기 때문이다. 그녀는 마르크스가 《트리뷴》에 실을 기사들을 쓰지 않고 수개월 동안 포크트의 중상모략에 반박하는 것을 보고 걱정했다. 1860년 가을, 예니는 엥겔스에게 다음과 같이 썼다. "여하튼 가능하다면 금요일이나 토요일까지 기사를 작성해달라는 요청이 오면 무어는 당신에게 모두 다 써달라고 부탁할 거예요."[26] "불행하게도 몇 개는 이미 못 썼어요."[27] 이런 경우가 한두번이 아니었다. 1860년 마르크스는 오직 하나의 목표, 즉 공산당의 적인 칼 포크트를 법적으로뿐만 아니라 출판업계에서도 파멸시킨다는 목표만을 가지고 있었다. 이미 2월에 그는 《베를린 민족신문Berliner Nationalzeitung》을 명예훼손으로 고소했다. 이 신문이 사법적으로 고소 가능한 포크트의 "똥 같은 것에 지나지 않은"[28] 책의 일부분을 인쇄했기 때문이었다. 그 소송은 네 단계를 거쳤으나 공개 재판이 열리기 전에 기각되었다. 따라서 포크트를 출판계에서 퇴출시키는 것이 더욱 중요해졌다. 마르크스는 빈번히 나타나는 "끔찍한 간의 고통"[29]과 만성적인 자금 부족에도 불구하고 그 일에 전념했다.

원고를 옮겨 적는 것으로 마르크스를 도왔던 예니는 포크트에 반대하는 소책자로는 큰 인세를 받을 수 없으니, 얼른 일을 마무리지으라고 충고했다. 그리고 그녀가 옳았다. 논쟁서인 《포크트 씨Herr Vogt》가 11월에 비로소 완성되었지만 어떤 독일 출판사도 이 책을 출판하려 하지 않았고 마르크스가 자비로 출판해야 할 지경에 이르렀다. 이 책의 출판이 늦어진 가장 주된 이유는 마르크스가 포크트의 소책자에 인용된 전 프로이센 중위인 폰 테코프의 장문의 편지를 분석하고 논박하려고 했기 때문이었다. 테코프는 1850년 8월 런던에 있던 공산주의자 동맹의 수장인 카를 마르크스를 방문하여 그와 엥겔스, 동맹의 몇몇 구성원들과 함께 술집에서 밤늦도록 보냈던 사실을 이렇게 썼다. "처음에 우리는 포트와인을, 그다음에는 레드 보르도와인 클라레를, 그다음에는 샴페인을 마셨습니다. 그(마르크스)는 레드 와인을 마신 후 완전히 취해버렸어요. 이는 정확히 내가 원했던 바였는데 그가 평소와는 달리 더욱 솔직해졌기 때문입니다. 나는 그저 내가 추측해왔던 많은 것들을 알게 되었습니다. 술이 취한 상태에도 마르크스는 마지막까지 대화를 지배했습니다. 그는 보기 드물게 강한 정신력을 지녔을 뿐만 아니라 중요한 인물이라는 인상을 주었죠. 만약 그가 지성만큼의 감성 그리고 증오만큼의 사랑을 가지고 있었다면 나는 그를 위해 물불을 가리지 않았을 것입니다. …… 내가 그와 공유하고 있던 목표를 생각해보면 이 사람이 자신의 탁월한 정신만큼 고귀한 마음을 갖지 못한 것이 유감스럽습니다. 나는 그의 안에 있는 아주 위험한 개인적 야망이 모든 좋은 점들을 갉아먹을 것이라고 확신합니다. 그는 자신이 빌리히와 같은 공산주의자들을 비웃는 것과 마찬가지로, 그리고 부르주아를 비웃는 것과 마찬가지로 그의 프롤레타리아트의 교리 문답서를 비판 없이 받아들이는 바보들을 비웃습니다. 그가 존중하는 건 귀족들뿐입니다. 그는 그들에게서 권력을 빼앗아 프롤레타리아트에게 돌려주기 위해 힘이 필요하고, 그렇기 때문에 자신의 이론이 귀족들에 관한 것이라고 주장합니다. 하지만 그의 확신에 찬 반박에도, 어쩌면 그 반박 때문에도 더욱더, 나는 그가 벌이는 모든 일들의 목적이 사적 권력을 얻기 위한 것이라는 인상을 받았습니다."[30]

촉망받는 젊은 당원이 자신을 그렇게 묘사한 것에 대해 마르크스가 화가 난 것은 당연하며, 마르크스가 테코프의 편지를 독자의 의식 속에서 완전히 지우려고 모든 노력을 기울인 것 또한 당연하다. 예니 역시 카를이 자신의 이념에 관심을 가지고 런던으로 왔던 젊은이에게 그런 인상을 줄 수도 있다는 것에 화가 났을 것이다. 설사 그녀가 내심 카를에게도 부분적으로 책임이 있다고 인정했을지라도 말이다.

나폴레옹 3세를 찬양하는 글을 썼던 아랍인이 '다 다Dâ Dâ'(어린아이들이 타고 노는 목마를 가리키는 프랑스 단어. 한국어에서 '까까', '빠빠' 같은 단어처럼 별다른 의미가 없는 말이다―옮긴이)라고 불렀던 것을 비꼬아 인용하여 카를이 처음에 '다 다 포크트'라고 부르려 했던 소책자를 옮겨 적으면서, 예니는 엥겔스에게 카를이 모든 사태를 근본적으로 파고 들어가기 때문에 일이 늦어진다고 편지를 썼다. "나는 테코프의 편지를 분석하는 것을 못 견디겠어요. 뭔가 문제가 있는 것 같아요. …… 불행하게도 출판업자를 찾을 방도가 없어요."[31] 논쟁서인《포크트 씨》를 출판해줄 독일 출판사를 찾는 것이 불가능하다는 것이 거의 분명해졌다. 마르크스는 런던에서 25파운드의 자비를 들여《포크트 씨》를 출판했는데, 그 돈은 가족이 수개월 동안 생활할 수 있는 비용이었다. 소책자를 판매하여 이 돈을 되찾으려던 그의 희망은 물거품이 되어버렸다. 마르크스는 독일 당의 상황 속에서 나타난 이 소책자를 폭탄이라 불렀는데, 이 폭탄은 불발탄이었다. "완전히 고의적으로 언론이 침묵한 원인은 당연히 이 책이 우리의 기대만큼 잘 팔리지 못한 데 있다"[32]라고 예니는 썼다. 엥겔스와 볼프 같은 카를의 절친한 친구들만이 소책자가 비꼬고 있는 위트에 고무되었고 또한 이 소책자가 그 시대 역사의 중요한 한 장이 될 것이라고 생각했다.

예니는 원고를 다 옮겨 적고 그것을 인쇄업자에게 넘겨주고 나서 얼마 지나지 않아 병에 걸렸다. "너무도 지독한 열병에 걸려서 의사를 불러야 했다. 의사는 11월 20일에 왔다. 오랜 시간 동안 나를 신중히 진찰했고, 긴 침묵 끝에 다음과 같이 말했다. '마르크스 부인, 유감스럽게도 부인은 천연두에 걸리셨습니다. 아이들은 즉시 이 집에서 떠나야 합니다.'"[33] 그 후 며칠, 몇 주간은 너무나도 끔찍했다. 아이들을 인근에 살고 있던 리프크네히트 집에 맡겼고 천연두 예방주사를 맞은 카를과 렌첸이 병세가 위중한 예니를 돌보았다. 그녀는 열이 너무 높아져 입술에 얼음을 갖다 대거나 이따금 보르도 와인으로 입을 축여야 했다. 그녀는 거의 삼킬 수 없었다. 그리고 청력을 잃어가고 있었다. "마침내 내 눈이 감겼고, 끝없는 어둠 속에 그들이 있는지 없는지 알지 못했다."[34]

그렇지만 고비를 넘겼다. 예니는 마마자국으로 망가진 자신의 얼굴을 처음 거울에서 보았을 때 너무나 큰 충격을 받았다. "내가 백인보다는 차라리 동물원의 코뿔소에 가까워 보였다."[35] 그녀의 딸들은 5주 전에 자신들이 떠났을 때까지만 해도 아름다웠던 불행한 어머니를 보며 눈물을 흘렸다. 그녀가 사람의 모습을 갖출 때까지는 수개월이 걸렸다.

이 시기에 마르크스 가족에게 대단히 중요했던 두 가지 사건
이 일어난다. 첫 번째 사건은 프로이센의 왕 빌헬름 1세가 1861
년 1월 즉위한 것인데, 그는 모든 정치 이민자들이 아무런 제
약을 받지 않고 프로이센의 여러 공국으로 돌아오는 것을 허
용하는 사면 조치를 공표했다. 두 번째 사건은 링컨이 미합중
국 대통령에 당선되면서 북부와 남부의 갈등(즉 노예제와 관련된
문제)이 시작되었다는 것이다.《뉴욕 데일리 트리뷴》편집진은
남북전쟁으로 확산된 미국의 갈등 소식을 모든 소속 해외 특
파원들에게 알렸다. 미국 여론은 자신들의 사건에 완전히 몰
입해 있어서 더 이상 해외 사건들에 관심이 없다는 것이었다.
이 결정으로 인해 마르크스는 유일한 고정 수입원을 잃게 되
었다.

예니의 병과 카를의 간질환 때문에 다시 빚이 엄청나게 늘
어났고, 결국 집행관이 다시 나타났다. "카를은 아버지의 나
라, 담배와 치즈의 나라인 네덜란드를 습격하기로 결정했다.
그는 삼촌을 구슬려 푼돈이라도 마련해볼 계획을 가지고 있었
다. 최근에 경험한 것들로 인해 우리는 우리만의 기관지 없이
는 존재할 수 없다는 사실을 확신했다. 만약 카를이 성공한다
면 그는 월간지나 주간지를 창간할 수 있을지 알아보기 위해
베를린으로 비밀 여행을 떠날 것이다."[36]

1861년 2월 말, 마르크스는 뷔링 씨가 만들어준 여권을 가지
고 런던을 떠났다. 그는 떠나기 전에 여행 비용을 모으기가 몹
시 어려웠다는 것을 엥겔스에게 알렸다. 마르크스는 몇몇 채
권자에게 미국의 위기가 수입원에 영향을 끼쳤다는 해명을 하
며 지불 연기를 해달라고 설득했다. 채권자들은 "하지만 내가

없는 동안 내 아내가 매주 갚을 것이라는 조건으로"[37] 동의했다. 이것은 엥겔스가 예니에게 생활비를 보내기로 했다는 것을 의미했다. 엥겔스는 생활비, 또는 그 이상을 보냈다. 예니가 엥겔스에게 남편의 여행에 관해 편지를 막 쓸 무렵 렌첸이 갑자기 폐렴에 걸려 생명이 위태로워지자(예니는 엥겔스에게 렌첸이 죽을병에 걸렸다고 했다) 엥겔스는 예니에게 5파운드를 보내주었다. "내가 뛰어올라가서 그녀(렌첸)에게 엥겔스가 5파운드를 보내왔다고 말했을 때 그녀의 꺼져가는 눈빛이 얼마나 기쁘게 반짝이던지."[38]

예니는 오랜 시간 남편에게서 아무 소식도 듣지 못했다. 그는 수주일 동안 네덜란드 잘트-봄멜이라는 도시에 사는 부유한 삼촌 리온 필리프스의 집에서 편안한 시간을 보냈다. 그곳에서 마르크스는 이후 베를린으로 여행을 떠나기 전까지 젊고 매력적인 사촌 나네테를 추근대며 따라다녔다. 베를린에서 마르크스는 자신을 선구적인 사회주의 이론가라고 소개하며 마르크스를 따르던 라살레에게 열렬한 환영을 받았다. 라살레는 베를린의 가장 부유한 곳에 있는 아름다운 집에 살고 있었으며 하츠펠트 백작부인에게 전폭적인 후원을 받았기 때문에 재정적인 걱정은 하지 않았다. 그는 마르크스에게 예전에《신라인신문》을 만들던 동료와 베를린에 와서 새로운 신문사를 만들어보라고 제안했다. 그는 자신도 편집장이 된다는 조건이면 2만 탈러에서 3만 탈러 정도를 보태겠다고 했다. 또다시 독일 신문사의 편집자가 될 수 있다는 생각은 마르크스에게 매우 매혹적이었다. 그의 마음에 걸렸던 것은 자신이 동등한 동업자가 되어야 한다는 라살레의 요구였다. 하지만 그는 오직 경제적인 이유로 인해 현재 상황의 탈출구를 찾아야 했기에 이 계획을 상세하게 논의했다. 이에 대해 그가 즉시 해야 할 것은 수년 전에 공식적으로 포기했던 프로이센 시민 신분의 복권을 신청하는 것이었다. 무국적자 신분으로는 베를린에 살 수 없기 때문이었다. 마르크스가 이 신청 결과를 기다리는 동안 라살레와 백작부인은 그를 베를린 사교계에 소개했다. 마르크스는 엥겔스에게 다음과 같이 썼다. "왕실을 모욕하기 위해 하츠펠트 백작부인은 첫째 날에 '잘생긴 빌헬름'과 그 공모자들 바로 옆에 있는 오페라 특별석으로 나를 데리고 갔다네."[39] 그러고 나서 그는 '잔인한 작은 마녀' 나네테에게 다음과 같이 썼다. "목요일에 라살레는 나의 귀환에 경의를 표하는 저녁 만찬회를 열어주었어. 그는 이 만찬회에 신사숙녀들을 초대했지. 저명인사들 중에서 나이가 많은 폰 푸엘 장군, 전쟁 화가 블라이프트로이, 추밀 고문관 푀르스터(유명한 프로이센의 역사학자이며 죽은 왕과 개인적으로 친구였기 때문에 일찍이 '왕실 선동가'로 불렸다) 그리고 기타 등등의 사람들이 있었단다. 푀르스터 추밀 고문관은 불초소생(마르크스)을 위해 건배했지."[40]

붉은 유령의 예지자가 그의 사랑스런 네덜란드 사촌에게 베를린에서 있었던 이 '건배'를 묘사한 아이러니와 자아도취는 감탄할 만한 것이다. 그렇지만 오랫동안 그가 예니에게 자신이 어디에서 무엇을 하고 있는지 전혀 알리지 않았다는 사실은 감탄스럽지 않다. 그는 3월 말경 예니에게 50탈러만을 보내줬을 뿐 그녀에게 어떠한 자세한 소식도 전하지 않았다. 예니가 나네테에게 보낸 편지에서 자신의 딸들이 "존경하는 아빠가 가족들을 데리고 베를린으로 이주하려 한다는 사실을 독일 신문을 통해 알게 되었을 때"[41] 충격에 휩싸였다고 언급했다. 그리고 그녀는 라살레에게서 사람들이 탕아의 귀환에 얼마나 기뻐했는지를 들었을 때 다음과 같이 대답했다. "당신이 머지 않아 조국으로 돌아간다는 소식이 나에게 빛나는 희망을 보여 주고 있어요! 하지만 솔직히 나에게서 조국의 소중함은 완전히 사라졌어요. 가장 멀고, 작은 나의 가슴 구석까지도 샅샅이 뒤져 조국을 찾으려 해봤지만 찾지 못했어요. 시인들의 성모 마리아인 '사랑하고 소중한 독일'의 일반적인 상황은 너무 불쾌해서 매력적이기보다는 오히려 역겨워요."[42] 그녀는 현재 자신이 독일로 돌아가는 것은 매우 어려울 것이라고 덧붙였다. 그녀의 얼굴이 마마자국으로 인해 보기 흉하게 일그러져 있었기 때문이다.

반면 마르크스는 라살레에게 만약 자신의 귀환 신청서가 승인된다면 "반년 정도 베를린으로 이주해 있을 것"[43]이라고 장담했다. 그는 삼촌 필리프스에게 다음과 같이 말했다. "아내는 베를린으로 이주하는 것을 여전히 반대합니다. 그 이유는 그녀가 하츠펠트의 사교계에 우리 딸들을 소개하고 싶지 않기 때문입니다."[44]

결국 마르크스 가족의 독일 귀환은 프로이센 황실 경찰국장 폰 체들리츠에 의해 거부되었다. 마르크스는 런던으로 돌아가기 전에 자신의 부채의 일부를 갚아주었던 트리어의 어머니를 잠깐 방문했으며, "한편으로는 삼촌과의 대화로, 또 한편으로는 사촌의 환심을 사는 것"[45]으로 시간을 보냈기 때문에 완전히 헛된 시간을 보냈다는 비난을 받았던 잘츠-봄멜의 삼촌에게 다시 한 번 갔다. 마르크스와 예니는 4개월 이상을 떨어져

있었다. 마르크스가 선물을 들고 런던으로 돌아온 것은 1861
년 말 즈음이었다.

예니는 라살레에게 다음과 같이 썼다. "무어가 지난 월요일
에 기대하지도 않았는데 갑자기 우리한테 돌아와서 무척 기뻤
어요. 우리는 밤이 깊도록 이야기하고 무어가 가지고 온 선물
들을 꺼내보고 환호성을 지르며, 웃고, 껴안고, 입맞춤을 했어
요. 일시적인 통치의 족쇄에서 벗어나 새롭게 '독일 국민'임을
느껴서 정말 좋아요."[46]

네덜란드의 자금 덕분에 "물이 새고 있던 배를 다시 띄울 수
있었으므로, 우리는 한동안 계속 기분 좋게 항해했다".[47] 카를
이 돌아오고 난 후 며칠 뒤 네덜란드인 사촌 나네테의 남자형
제 자크가 런던에 도착한다고 알려왔다. 그래서 작은 집을 "재
빨리 손님을 위한 축제 분위기의 환영 연회장으로 장식해야
했고, 품위 있는 부부는 손님에게 이른바 로코코 양식으로 화
려하게 장식된 침대 방을 비워주기 위해 위층으로 옮겨 가야
했다".[48] 자크는 예니첸, 다시 말해 "검은 눈동자를 가진 우리
의 사랑스러운 예니첸"[49]의 열일곱 살 생일과 같은 날인 5월 1
일에 방문했다. "그리고 이날은 정말 즐거웠어요. 요리를 하고
빵을 굽고 경쾌하고 생기 있게 춤을 추고 노래를 부르며 깡충
깡충 뛰어다녔어요."[50]

3

이 즐거움은 오래가지 못했다. 네덜란드에서 얻어온 돈은 곧
떨어졌고 예니첸의 건강이 눈에 띄게 악화되었다. 그녀는 지
독한 기침병을 앓았다. 이 병으로 그녀는 쇠약해졌고 그녀의

부모는 수년간 크게 걱정했다. 학교에 갓 입학한 투시 역시 아프기 시작했다. 그녀는 주로 어른들이 걸리는 황달과 같은 병을 앓았다. 예니는 남편의 책을 팔아 생활비를 구하려고 해봤으나 실패했다. 그리고 늘 그렇듯 마르크스는 엥겔스에게 도움을 구했다. "아내는 날마다 아이들과 함께 죽고 싶다고 말한다네. 하지만 정말이지 난 아내를 결코 비난할 수 없어. 왜냐하면 그녀가 이 상황에서 겪어야 하는 굴욕과 고통, 공포는 정말 어떤 말로도 표현할 수 없기 때문이야."[51]

예니가 반복적으로 전당포를 들락거리면서 가족들의 생계를 책임지기 위해 노력하는 동안 마르크스는 자본주의의 역사와 자본주의의 필연적 붕괴에 대한 책을 저술하는 데 필사적으로 매달렸다. 마르크스는 엥겔스에게 다음과 같이 썼다. "나는 책의 부피를 늘릴 거야. 독일의 개들이 책의 가치를 내용물의 부피로 판단하고 있기 때문이지."[52] 그러나 독일 출판업자에게서 선금을 얻고자 하는 그의 희망은 실현되지 않았다. 라살레가 1862년 7월 몇 주 동안 열리는 세계박람회 때문에 런던에 올 것이라고 편지를 썼던 때는 바로 그가 이런 상황에 처해 있었다. 예니는 이 소식을 듣고 불쾌했고, 자전적 에세이 마지막 페이지에 라살레의 연극적인 가식과 자신이 천재라고 우기는 행동 때문에 얼마나 불쾌했는지 적어두었다. 라살레가 "독일 노동자들의 메시아"[53]가 되길 원했다는 사실 그리고 남편의 학설에 대한 이해도 없이 그 학설을 자신의 주장에 대한 증거로 삼았다는 사실에 그녀는 격분했다. 라살레에게 "돈을 빌리려 했던" 마르크스는 사실 "유대인 깜둥이"[54]가 다시 온다는 것에 기뻐했다. "그놈은 돈을 쓸데없이 허비하기보다는 친구에게 빌려주고 싶어해. …… 게다가 자신이 유대인 남작처럼 또는 (아마도 백작부인에 의해서) 남작이 된 유대인으로 살아야 한다는 기대를 가지고 있어. 생각해보게. 미국에서 무슨 일이 일어나는지 알고, 그곳에서 내가 발견한 위기가 뭔지도 아는 이 친구가 뻔뻔하게 내 딸들 중에 한 명을 하츠펠트 백작 부인에게 '여성 동반자'로 맡길 생각이 있는지 물어봤어. …… 그리고 지금은 이론적인 작업 말고는 딱히 하는 일도 없으니 그와 함께 시간을 때워도 괜찮을 거 같아."[55]

이런 증오로 가득 찬 말들을 했음에도 마르크스는 라살레가 1862년 8월 떠나기 전에 미국의 수입원이 끊겨 재정이 불안정하게 되었다는 비밀을 말해주었다. 라살레가 마르크스에게 400탈러 약속어음을 보내주었다는 것은 놀랄 만한 일이다. 이렇게 해서 한 번 더 재앙을 피했기에 집행관이 집에 찾아오지 않았고, 예니는 아이들과 함께 램즈게이트의 해변으로 몇 주 동안 떠날 수 있었다. 이 몇 주간의 휴양은 특히 건강이 좋지 못했던 예니첸에게 중요했다. 부모는 예니첸의 건강을 매우 걱정했고, 마르크스에게 그녀는 "세상에서 가장 훌륭하고 재능이 있는 아이라네. 그러나 그녀는 두 가지 이유로 고통받고 있었네. 하나는 신체적인 문제 때문이고, 다른 하나는 자본주의적인 문제들 때문이지".[56]

그의 가족들이 램즈게이트에서 런던 생활의 불쾌한 일들을 잊고 휴식을 취하는 동안 마르크스는 네덜란드의 사촌과 트리어의 어머니에게로 여행을 떠났다. 그러나 그는 아버지 유산의 선금을 받지 못했다. 연로한 어머니는 마지막으로 그에게 저널리스트로는 생계를 꾸릴 수 없으니 다른 온전한 직업을 구하라

고 했다. 이미 여러 번 그를 도와주었던 리온 필리프스 삼촌 역
시 자리를 구해줄 테니 런던 철도사무소에 지원해보라고 권유
했다. 마르크스는 1862년 9월 다음과 같이 편지를 보내 엥겔스
를 놀라게 했다. "내가 철도국에서 일을 할 수도 있을 것 같네
(물론 그사이에 많은 일이 생기겠지만)."⁵⁷ 하지만 결국 악필 때문에 일
자리를 구할 수 없었다. 철도사무국 감독관은 이 지원자의 글
씨를 도저히 읽을 수 없었기에 당연히 채용을 하지 않았다.

그해가 끝나갈 무렵 엥겔스가 도와줬음에도 살기가 더 어려
워진 마르크스는 부유한 프랑스 친구에게 지원을 부탁하기 위
해 아내를 파리로 보내기로 했다. 예니는 그곳에서 무슨 일이
있었는지 다음과 같이 이야기한다. "나는 지독한 추위와 걱정
에 휩싸여 뇌졸중으로 쓰러져서 거의 사람을 알아보지 못하는
마르크스의 친한 친구를 만나러 갔다. 하지만 그는 나를 만나
고 며칠 후 죽고 말았다. 절망적인 마음으로 집으로 돌아왔는
데, 내가 도착하기 몇 시간 전에 렌첸의 자매인 사랑스럽고 충
실한 마리아네가 심장병으로 아이처럼 평화롭게 죽었다는 끔
찍하고 고통스러운 소식을 들었다. 착하고 믿음직스럽고 성실
한 그녀는 우리와 5년을 함께 지냈다. 나는 그녀를 정말 사랑
했고, 그 애착이 너무 커서 상실감도 너무나 깊었다. 나는 성실
하고 헌신적이고 상냥한 사람을 잃었다. 나는 그녀를 절대 잊
지 않을 것이다. 12월 26일에 그녀는 영원한 휴식의 장소로 안
내되었다."⁵⁸

1862년 12월 24일 엥겔스에게 보낸 편지에서 마르크스는 처
음부터 끝까지 불행하기만 했던 예니의 프랑스 여행에 대해
썼다. 우선 해협에서 엄청난 폭풍이 있었고, 기차가 지연되었

으며, 그다음엔 버스가 뒤집혔다. 마지막으로 그녀가 런던에 도착했을 때 "타고 있던 택시가 다른 택시에 부딪혔다네".[59] 게다가 한 가지 더 나빴던 것은 두 번째 금요일 마리아네 장례식 때 그가 장의사에게 장례비로 7.5파운드나 지불해야 했다는 것이다. 마리아네 장례식은 "가난한 아이들을 위한 크리스마스의 좋은 구경거리"[60]였다.

몇 주 후부터 마르크스 가족들이 누렸던 중산층의 삶은 더 이상 유지되지 못했다. 그해 겨울은 추웠고, 석탄을 살 돈이 없었기 때문에 얼어 죽거나 아니면 침대 안에서 몸의 온기를 유지해야 했다. 여전히 지난 학기의 수업료를 내지 못했을 뿐만 아니라 학교에 신고 갈 신발조차 없었기 때문에 딸들은 학교에 갈 수 없었다. 최소한 음식을 살 돈이라도 구하기 위해 예니는 카를 몰래 맨체스터에서 가정교사를 하며 힘겹게 살고 있던 그녀의 오랜 친구 루푸스에게 도움을 청했는데, 그는 즉시 그녀에게 2파운드를 보냈다. 이와 거의 동시에 엥겔스는 20년 동안 같이 살았던 동지 마리 번스가 심장마비로 사망했다는 사실을 그들에게 알렸다. "내가 어떤 기분인지 말로는 표현할 수 없다네. 이 가련한 소녀는 진심으로 나를 사랑했지."[61]

이 소식에 대한 답으로 마르크스는 마리의 죽음 때문에 자신이 너무나 놀라고 당황했다는 말만 썼고, 그런 다음 자신의 재정적 걱정거리들을 장황하게 늘어놓았다. 예니는 어떤 연민의 말도 없었다. 그녀는 엥겔스가 20여 년 동안 아일랜드인 방직노동자와 자유결혼 상태로 동거한 것을 결코 찬성하지 않았다. 만약 예니가 현명했다면 편지에 연민을 표하는 몇 마디라도 했을 것이다. 엥겔스는 자신의 친구와 예니의 무심함에 깊이 상처를 받았다. "그냥 지인에 불과한 사람들도 나를 몹시 슬프게 한 이 일에 대해 카를과 예니보다는 많은 연민과 우정을 보여주었다."[62]

마르크스는 집행관이 집에 머물고 있고, 정육점 주인이 지불 청구서로 성가시게 하고 있으며, 난방용 석탄뿐만 아니라 음식마저 없으며 또한 예니첸이 침대에서 병으로 앓고 있을 때 마리의 죽음에 관한 소식이 도착했다고 변명하는 내용의 편지를 엥겔스에게 썼다. "내 아내는 내가 자네한테 우리가 처한 상황을 한 번도 제대로 알려주지 않았다고 생각하는데 그게 날 정말 화나게 한다네."[63] 그러나 결국 그는 아내에게 다음과 같은 제안을 수락하게 했다. "만약 모든 채권자들이 나를 조용히 내버려두지 않는다면 파산법정에서 파산 신청을 할 것이라는 통지서를 그들에게 보낼 거야. …… 큰 아이 둘은 커닝엄 가족의 가정교사 일을 하면 돼. 렌첸은 다른 가정부 일자리를 알아봐야 할 것이고, 나는 아내와 투시첸과 함께 공산주의자 볼프가 한때 그의 가족들과 함께 살았던 시티 모델 임시숙소로 이사하면 되네."[64]

이 말을 듣고 엥겔스는 깜짝 놀랐는데, 마르크스에게 화가 나 있긴 했지만 세계 공산주의 운동의 지도자가 파산 선언을 한다는 것은 상상할 수도 없는 일이라고 생각했기 때문이다. 그 당시에는 그조차도 당장 마음대로 사용할 수 있는 자금이 없었기 때문에 에르멘과 엥겔스 회사 고객에게 작성되는 100 파운드짜리 어음을 마르크스에게 건네줌으로써 "그는 대담하지만 매우 어리석은 일을 했다".[65] 게다가 예니는 마르크스 가족들의 넉넉하지 못한 경제 상황을 알고 있던 독일에 사는 유대인 귀부인(마르크스의 어머니)에게서 돈을 받았다. 그들은 한동안 안정을 되찾을 수 있었고, 마르크스는 대영박물관에서 정치경제학 연구를 계속할 수 있었다. 이때 마르크스는 딸 라우라와 자주 동행했다. 게다가 그는 미국과 유럽 대륙의 정치 사건들을 대단히 관심 깊게 주시했다. 그는 특히 러시아의 압제자들에 대항하는 폴란드 사람들의 혁명적인 봉기에 감명을 받았다. "폴란드 사건에 대해 어떻게 생각하나?"[66] 마르크스가 엥겔스에게 물었다. "혁명의 시대가 유럽에서 다시 활짝 열리고 있다는 것만큼은 확실하네."[67] 엥겔스 역시 폴란드 사람들이 "완전히 훌륭한 친구들"[68]이며 또한 혁명이 러시아 문 앞에 당도해 있다고 믿었다. 두 사람 모두 폴란드의 재건이 독일인의 관심사가 돼야 한다는 생각을 독일 내에 전파하기 위한 선언문 발행을 고려했다. 그러나 마르크스가 눈병에 걸려 당분간 글을 쓸 수 없었기에 이 일은 실행되지 못했다.

하지만 그가 글을 쓰기 어렵게 된 이유는 눈병 때문만이 아니었다. 고통스러운 종기들이 온몸에 생겼을 때 그는 두려워했다. 질병은 가족에게 끊임없이 방문하는 손님과 같았다. "아내는 2주 동안 병석에 누워 있었고 게다가 거의 귀가 먹었는데 아무도 그 원인을 몰랐다네. 예니첸은 다시 디프테리아에 걸렸어. 자네가 이 두 사람을 위해 와인을 좀 보내준다면(의사 알렌이 말하길 예니첸에겐 포트와인이 좋다고 하네) 아주 좋을 거야."[69]

카를과 예니의 건강은 매우 안 좋아졌다. 1863년 5월 23일, 페르디난트 라살레가 독일 노동자들의 첫 독립 기관인 '전국독일노동자연합Allgemeinen Deutschen Arbeitervereins' 총회장에 당선되었다. 엥겔스는 마르크스가 아닌 라살레가 당선된 것이 일종의 스캔들이라고 생각했으며 또한 자신의 친구에게 책을 완성해서 "다른 종류의 여러 이야기들을 하자"[70]고 말했다. 예니 역시 다음과 같이 느꼈다. "이 불운한 책은 악몽과 같이 우리 모두에게 짐이 될 거예요. 이 거대한 괴물이 출간된다면 좋을 텐데."[71] 하지만 당분간은 그렇게 되지 못했다. 몇 년간 카를을 괴롭히고 있는 부스럼 종기가 점점 커져서 수술을 해야만 했기 때문이다. 의사 알렌은 마르크스의 등에 난 주먹 크기의 종기들이 그의 생명을 위협한다고 생각했기 때문에 진통제를 구할 시간도 없이 등에서 종기들을 잘라냈고, 그 옆에서 예니와 렌첸은 흘러나오는 고름과 피를 닦아내야 했다.

예니는 카를의 심한 통증이 4주간 지속되었다고 말했다. 이 기간 동안 그녀는 남편의 침대 옆 바닥에서 잤으며, 그를 위로했고 엥겔스가 보내준 와인을 먹여주었다. 다시 생활비가 떨어졌기 때문에 그녀는 렌첸에게 은수저를 전당포에 맡기게 했다. 그녀는 자전적 에세이에 육체적 고통뿐만 아니라 "신경을 갉아먹는 걱정들과 온갖 종류의 정신적 고통"에 대해 썼다. "시어머니의 사망 소식을 갑작스럽게 받았을 때 우리는 거의 심연의 끝에 서 있었다."[72] 어머니가 돌아가시고 나서야 마르크스는 마침내 아버지 유산의 소유권을 상속받을 수 있었다. "비록 그 자신도 무덤에 한 발을 들여놓긴 했지만"[73] 유산을 정리하기 위해 트리어에 간 것은 그나마 잘한 일이었다.

의사 알렌은 기분을 전환하는 것이 마르크스에게 좋을 것이라고 생각해서 그 여행을 허락해주었다. 마르크스는 여행 자금이 필요했기 때문에 1863년 12월 2일 엥겔스에게 편지를 썼다. "두어 시간 전에 어머니의 사망 소식을 알리는 전보가 도착했다네. 우리 중 한 사람이 고향으로 가야 할 형편이야. ……
이 편지를 받는 즉시 돈을 부쳐주게. 그래야 내가 바로 트리어
로 출발할 수 있다네."[74] 이튿날 엥겔스는 그에게 10파운드를
보내주었다. 12월 7일 마르크스는 아직도 다 낫지 않은 몸으로
가족 곁을 떠났다. 그는 아버지의 유산을 가지고 크리스마스
전에 가족 곁으로 돌아오길 희망했다.

그런데 상황이 바뀌었다. 2주 동안 트리어에서 어머니가 남
긴 채권과 동산을 상속받기 위해 노력했으나 실패했다. 그 후
그는 네덜란드의 친척들에게 갔고, 엥겔스에게 돈을 가지고
가려면 4~6주 정도 걸릴 것 같다고 편지를 보냈다. "아내가
1864년 1월 10일까지 정육점 주인의 외상 어음에 적힌 10파운
드를 갚아야 하는데, 자네가 그것들을 바로 처리해주면 내 사
정이 정말 좋아질 거야."[75] 상속 문제가 잘 해결되길 기다리는
동안 그의 건강은 악화되었다. 이전에 종기가 있던 자리에 새
로운 "빌어먹을 종기"가 생겼다. 하지만 그는 연로한 삼촌 리
온 필리프스와 "재치 있으며 치명적인 검은 눈동자를 가진 사
촌 여동생"[76] 나네테의 지극한 보살핌을 받았다. 반면 그의 가
족은 런던에서 쓸쓸한 크리스마스를 보냈다.

소식이 없는 '사랑하는 카를'과 연락을 취하기 위해 예니는
해가 바뀌고 난 후 그에게 장문의 편지를 보냈다. "난 걱정했
어요. 당신이 게으른 땅(프라일리그라트의 표현)에서 추위에 떨지나
않는지, 눈 속에 갇히지나 않았는지 해서요. 여기에는 온통 얼
음 덩어리들뿐이고, 우리의 작은 방들을 안락할 정도로 따뜻
하게 만들려면 산더미 같은 석탄이 필요해요. 만일 내가 당신
이 축복받은 땅에 있다는 것을 몰랐다면 가정과 가족이 표어

가 돼버린 크리스마스 계절에 난 정말, 정말 버림받은 느낌이 들었을 거예요. 당신이 병을 앓고 있을 때 간호를 받을 수 있다는 사실이 나를 안심시켜요. 그래서 적어도 안심은 되었어요. 그리고 이 사실을 통해 나는 많은 것을 극복할 수 있었어요. ……

나는 지금까지 당신에 관한 새로운 소식을 들을 수 있기를 원했지만, 어차피 다시 아무런 소식을 듣지 못할 것 같기 때문에 내가 먼저 이런 '장미빛 결단'을 내린 거예요. 이제 이 편지로 거의 8일 동안이나 서로 소식을 전하지 못한 것을 끝낼 수 있겠네요. 당신이 잘 지내고 있는지 알 수 있다면 좋겠어요.

밤 두 시가 돼서야 앵무새처럼 재잘거리는 아이들이 춤추고 노래하는 소리가 잦아들어서 집 안이 좀 조용해졌어요. 나는 이 '늘 지저귀는 자고새'가 귀찮았지만, 아이들은 아랑곳하지 않고 서로 어울려 신나게 웃고 떠들며 즐겼어요. 그것도 프랑스 방식으로 즐겨서 저녁에 혼자 뭘 할 수도 없었어요.

작은 아이는 매일 아빠가 오늘 올 거라고 말하면서 간절히 당신을 기다려요. 그 아이는 정말로 크리스마스 휴가를 즐겁게 보냈어요. 물론 작으나마 크리스마스트리가 하나도 없었지만, 언니가 그 아이에게 온갖 종류의 옷을 입은 인형을 스무 개나 넘게 만들어주었거든요. 그로테스크한 인형들 중에는 루이 블라스라고 이름 붙인 검객 인형과 아주 중요한 인물처럼 보이는 중국인 인형도 있는데, 이 중국인 인형은 아이들이 투시첸의 머리카락으로 만들었어요. 대머리 쿠이 쿠이 인형에는 긴 옷을 입혔고요. ……

언젠가 우리 가족 모두 주디 리아 역을 맡았던 미국의 유명한 여배우 베이트만을 보기 위해 극장엘 갔지요. 이것은 우리의 비극에 비하면 큰 기쁨이었어요. 그러고 나서 우린 아주 즐거운 기분으로 택시에 올라 집으로 돌아왔어요. ……

아이들은 어제 저녁부터 계속 피곤해서인지 오늘은 글쓰기를 빼먹었어요. 아이들이 당신과 당신 주변 사람들에게 가장 따뜻한 인사말을 전하네요. 나 역시 그럴 거예요. 이제 안녕 올드 보이! 나에게도 당신의 소식을 어서 들려줘요. …… 당신의 예니."[77]

예니는 자서전에 오로지 이렇게만 썼다. "끔찍한 시절이었다. 외롭고 절망적인 겨울!"[78]

11. 공산주의 사회로 가는 길

1

외롭고 절망적인 이 겨울에 예니를 위로해주는 것은 그녀의 건강하고 쾌활한 세 딸뿐이었다. 어머니의 자만심이라는 비웃음을 살 수도 있겠지만, 예니는 세 딸 모두 매력적으로 보인다고 생각했다. "예니첸은 굉장히 매력적인 검은 머리와 살결을 가졌고 아이같이 둥글고 발그레한 뺨과 깊고 달콤한 눈이 정말 매력적으로 보였다. 모든 면에서 좀 더 밝고 가볍고 깔끔한 라우라는 균형 잡힌 몸매를 가졌고 검은 눈썹과 긴 속눈썹을 지닌 빛나는 초록빛 눈은 끊임없이 기쁨의 불길을 내뿜어 그녀의 언니 예니첸보다 더 예쁘다. 두 딸 모두 중간 정도의 체형이지만 아주 날씬하고 아름다운 몸매다. …… 막내인 셋째는 정말로 사랑스럽고 우아하지만 이런 고집불통도 없다. 셋째는 우리 집의 삶이자 빛이다."[1]

이 세 자매는 점차 영국 여성으로 자라서, 독일 말을 거의 사용하지 않았으며, "또한 이들에게 언젠가 영국에서 독일로 돌아갈 수밖에 없다는 생각보다 더 끔찍한 것은 없었다".[2] 예니 역시 조국을 다시 보고 싶지 않았다. 대도시 런던에서는 당신이 무엇을 생각했고 어떤 행동을 했는지 아무도 관심을 가지지 않았지만 독일에서는 모두가 다음날 아침이면 "가장의 수입이 어느 정도인지"[3] 이미 알았고, 예니는 이 질문에 결코 어떤 대답도 할 수 없을 것이기 때문이었다.

1869년 2월 말 카를이 아버지의 유산 일부를 가지고 돌아왔다. 예니는 가장 먼저 그녀와 아이들이 너무 많은 슬픔을 겪은 그래프톤 테라스의 연립주택을 떠나야겠다는 생각을 했다. 그녀는 얼마 전에 지금 세든 집에서 그리 멀지 않은 크고 우아한 집을 발견했다. 그 집은 고전적인 스타일을 본뜬 기둥들로 장식되어 눈길을 끄는 현관이 있었고, 이 현관은 널찍한 돌계단에서 작은 앞뜰 정원 쪽으로 가다보면 나왔다. 균형이 잘 잡힌 현관 홀을 지나면 공원의 전경이 보이는 커다란 응접실이 있었다. 2층에는 마찬가지로 공원의 아름다운 전망이 보이고 벽난로가 있는 커다란 방이 있는데 카를을 위한 연구실로 안성맞춤이었다. 게다가 예니첸의 특별한 보살핌을 받았던 덩굴식물이 곧 꽃을 활짝 필 매력적인 온실도 있었다.

예니 가족은 1864년 3월 말 '메디나'라고도 불리는 모데나 빌라스 1번지로 이사했다. 이는 공산주의 운동의 무관無官의 지도자가 보헤미안에서 고위직 공무원이나 의사, 변호사에 비하면 초라하지만 부르주아 신분으로 상승했다는 것을 의미했다. 엥겔스는 그곳을 "메디나 천도(마호메트가 성지 메카에서 메디나로 이주한 것을 가리키는 말로 헤지라라고도 불린다 ― 옮긴이)"라고 불렀다. 여기서 마르크스의 가족은 11년 동안 살았고, 그 기간에 공산주의 성경인《자본론》1권이 세상에 나왔으며, 제1인터내셔널인 국제노동자협회Internationalen Arbeiter-Assoziation, IAA의 가장 중요한 사항이 결정되었다. 예니첸과 라우라가 젊은 프랑스 혁명가들과 알게 된 곳도 여기였다. 그녀들은 이 청년들과 훗날 결혼을 해서 어머니를 크게 슬프게 했다. 예니는 딸들이 그녀가 그랬던 것처럼 "모든 정치적인 여성들의 숙명인 여러 걱정과 고통"[4]에 휩싸이게 될까봐 걱정했다. 그녀는 한숨을 쉬며 솔직하게 말했다. "사람들은 종종 모든 정치적인 것을 혐오하면서 회피하고자 합니다. 나는 우리가 이 정치 분야를 순수한 '아마추어'로서 지켜볼 수 있기를 바라지만 불행하게도 우리에게 정치는 언제나 생사가 걸린 문제이죠."[5]

그녀의 친구들 대부분에게 정치는 생사가 걸린 문제가 아니었다. 그들은 정치를 포기하고 직업상 의무에 전념하거나 하루 일과가 끝난 후에 맥주를 마시면서 정치에 대해 이야기했다. 예니는 근심으로 가득 찬 자신의 삶을 끊임없이 생각하면서 다가올 혁명과 프롤레타리아트의 독재를 기다리는 것이 부유한 방직 공장장인 엥겔스에겐 쉬운 일이라고 생각했다. 그녀는 새로운 세계질서의 기본 이념을 정초하기 위해 애쓰고 있는 카를이 엥겔스의 재정 지원에 의존하고 있는 것이 우울하고 불공평한 일이라고 느꼈다. 공산주의 운동의 지도자로서 카를과 그의 가족들은 적어도 생계를 위해 필요한 돈을 쓸 정도는 되어야 했다.

카를이 상속받기를 오랫동안 바랐던 아버지의 유산은 그가 여러 번 선금을 받아왔기 때문에 기대했던 것만큼 많지 않았지만 약 700파운드에 달했다. 뜻밖에도 거의 비슷한 액수의 유산이 또 들어왔다. 마르크스 가족이 모데나 빌라스로 이사한 직후 그들의 오랜 친구이자 충실한 당 동료였던 빌헬름 볼프-루푸스가 맨체스터에서 사망했다. 그는 가정교사를 하며 독신으로 검소하게 살았기 때문에 어림잡아 1,000파운드 가량의 재산을 모았고, 그중 상당 부분을 마르크스 가족에게 물려주었다. 그는 예니가 얼마나 자주 생활비에 쪼들렸는지 그녀의 편지를 통해 알고 있었다.

거의 1,500파운드가량의 자본을 가지고 있었지만 여전히 자본주의 체제에 대한 과학적인 반증에 몰두하고 있던 마르크스는 갑자기 자신이 소자본가 집단에 속해서 자본가인 그의 삼촌 리온 필리프스를 "적잖이 놀라게 했던" 행동을 했다. "저는 투기 자금 일부를 미국 국채 증권에, 그렇지만 대부분은 그해에 이 지상에서 우후죽순처럼 생겨나기 시작한 영국의 주식어음에 투기했습니다. …… 저는 이런 방법으로 400파운드 이상의 돈을 벌었고 이제 새로운 것을 시도해볼 생각입니다. 이런 방법은 시간을 별로 안 빼앗지만, 적들의 돈을 빼내기 위해서는 다소 위험을 감수할 준비가 이미 돼 있습니다."[6]

하지만 마르크스는 주식투자에 대해 뭔가 잘못 생각한 것처럼 보이는데, 왜냐하면 그가 주식투자로 어떻게 돈을 벌었는지에 대한 이후의 이야기가 전혀 없기 때문이다. 그 반대로 그는 갑작스럽게 부를 얻게 된 지 2년도 채 안 돼서 다시 엥겔스에게 임대료와 생활비를 얻어야 했다. 그러나 그 2년 동안 마르크스의 집 안에는 즐거움이 가득했다.

1864년 가을 예니는 전당포에 가서 드레스를 저당 잡혀야 하는 신세에서 벗어나 런던의 커다란 상점에서 집에 필요한 것들과 자신과 딸들에게 필요한 물건을 샀다. 그녀는 이런 일을 즐겼다. 그녀는 카를이 엥겔스네 집에 칼과 포크가 사라졌다는 말을 듣고 한 경매에서 엥겔스를 위해 "(식탁의 음식을 나눠 담는) 나이프와 포크"[7]를 샀다. 예니가 엥겔스에게 나이프와 포크를 선물해주었다는 것은 아이러니가 아닐 수 없다. 왜냐하면 정

작 마르크스 가족이 나이프와 포크를 계속 사용할 수 있도록
해준 사람이 다름 아닌 엥겔스였기 때문이다. 예니는 커다란
무도회를 열어서 영국인 친구와 지인들에게 트리어의 무도회
여왕인 예니 폰 베스트팔렌이 이제 마르크스 집안을 지배하고
있음을 보여주기로 결심했다. 이를 위해 자신과 딸들의 이브
닝드레스도 샀다. 영국의 마르크스 전기 작가 로버트 페인은
런던에 남아 있는 오래된 장롱 안 어딘가에 분명히 예니가 약
50명의 친구와 지인들에게 보낸 금테를 두른 무도회 초대장이
있을 것이라고 추측하고 있다.

> 카를 마르크스 박사 그리고 그의 부인 예니 마르크스(결혼
> 전 성은 폰 베스트팔렌) 박사가 기쁜 마음으로 당신을 우리의
> 저택에서 열릴 무도회에 초대합니다.
>
> 1864년 10월 12일
> 런던 N. W. 3 하버스톡 힐, 메이트랜드 파크,
> 모데나 빌라스 1번가[8]

춤곡 반주를 해줄 악단이 초청되었고, 제복을 입은 하인들이
정선된 요리와 음료를 가져다주었다. 새로 산 무도회 드레스
를 입은 예니와 리본을 단 외알 안경을 쓰고 프록코트를 입은
카를은 딸들에게 상류사회에서 사람들이 어떻게 행동하는지
를 보여주었다.

아주 황홀한 저녁이었고, 예니는 "이 작은 무도회 이후로도
더 작은 파티들이 뒤따랐다"[9]고 썼다. 그녀는 쉰 살이었다. 일
용할 양식을 위해 여러 해 동안 고군분투한 결과 그녀는 지치

고 병들었지만, 이제 아름다운 새집에서 다음과 같은 좌우명 아래 살게 되었다. 인생은 짧으니까 멋지게 살아야지. 카를의 인세 수입이 얼마 되지 않기 때문에 지금처럼 살면 유산이 사라진다는 걸 무의식중에라도 알고 있었을 것이다. 또한 설령 카를이 오랫동안 계획했던 주요 저작을 끝낸다고 하더라도 금전적인 성공으로 이어질 것인지에 대해서도 의심하고 있었을 것이다. 그래도 그녀는 생활을 마음껏 즐겼는데, 요양 차 해변으로 여행을 갔으며, 콘서트와 연극을 관람했고, 딸들을 위해 파티를 열어주었다. 동물을 사랑하는 막내 투시에게는 여러 마리의 애완동물을 사주었다. 나중에는 두 마리의 강아지와 세 마리의 고양이, 두 마리의 새, 이렇게 일곱 마리나 되었다.

어느 날 흥분한 카를이 예니에게 라살레가 결투로 목숨을 잃었다는 내용의 프라일리그라트의 편지를 보여주었을 때 그녀는 처음에 믿을 수 없다는 듯 머리를 가로저었다. 그러나 결국 허풍쟁이 라살레가 더 이상 독일노동자연합의 회장이 아니라는 사실이 독일의 노동자들에게는 오히려 잘된 일이라고 생각했다. 그 자리에 딱 맞는 사람은 역시 남편뿐이라고 확신했기 때문이다. 마르크스 역시 독일노동자평의회에서 자신을 노동자연합의 회장으로 선출하지 않을까 생각해보았다. 가족과 함께 독일로 돌아가 노동자연합의 주도권을 잡은 리프크네히트가 마르크스에게 회장직을 받아들일 것인지 물었을 때 그는 "우선 여전히 내가 프로이센에 정착하는 것을 거부당하고 있기 때문에"[10] 이는 불가능하다고 대답했다. 다른 한편으로 그는 다음과 같은 생각도 하고 있었다. "만일 노동자평의회에서 나를 선출한다면, 이는 프로이센 정부와 부르주아에 대항하는

당의 태도를 보여주는 좋은 본보기가 되겠지. 그다음에 내가
왜 회장 자리를 받아들일 수 없는지 공개 석상에서 분명하게
대답하겠네."[11] 하지만 이런 일은 일어나지 않았다. 노동자연
합의 평의회에서 라살레가 다음 회장으로 이미 지명해두었던
베르나르트 베커가 회장으로 선출되었기 때문이다. 마르크스
는 거만하게 베커를 "덜 떨어진 놈"[12]이라고 칭했다.

그는 영국과 프랑스 노동자들이 세운 국제노동자협회
를 이끄는 역할을 맡았고, 1864년 10월 유명한 〈취임 연설문
Inauguraladresse〉을 작성했다. 이 연설문에서 그는 미국 남북전쟁
에서 노예제 국가를 옹호했던 지배계급의 정치가 청산될 것이
라는 점을 예리하게 지적했다. "지배계급의 현명함이 아니라
지배계급의 어리석은 범죄 행위에 대한 영국 노동자계급의 영
웅적인 저항이 노예제를 영원한 것으로 만들려는 대서양 건너
편의 십자군 전쟁에서 서구 유럽을 지켰다. 파렴치한 동의, 위
선적인 동정 또는 어리석은 무관심, 이런 것들로 유럽의 상류
계층은 영웅적인 폴란드의 암살과 카프카스 산맥 광산에 대한
러시아의 약탈을 방관했다. 아무런 저항 없이 이루어진 이 야
만적인 권력(이 권력의 머리는 상트페테르부르크에 있고, 그 손은 유럽 각국의
내각에 있다)의 엄청난 개입은 노동자계급에게 국제 정치의 비밀
을 캐게 하는 의무를 제시해주었다."[13] 공산당 선언처럼 이 연
설문의 절정은 다음과 같은 호소로 이루어져 있다. "만국의 노
동자여, 단결하라!"

몇 년 동안 마르크스는 제1인터내셔널의 운명을 이끌어가
는 데 시간과 노력을 쏟아 부었다. 그 결과 메이트랜드 파크의
그의 연구실은 노소를 막론하고 여러 혁명적 사회주의자들의

만남의 장이 되었으며, 마르크스는 과학적 사회주의의 예언자뿐만 아니라 이를 현실화시키기 위한 선구자로도 존경받게 되었다.

이런 이중 역할을 통해 짊어진 일에 대한 부담이 너무 커서인지 그의 몸은 탈이 났다. "불쌍한 내 남편은 3주 동안 거동도 하지 못한 채 소파에 딱 달라붙어 있었어요."[14] 참기 힘든 궤양의 고통과 그의 몸 곳곳, 심지어 항문과 성기에도 생긴 종기와 악성 부스럼들은 그로 하여금 일을 할 수 없게 만들었다. 이는 가족 모두가 무어를 도와야 한다는 것을 의미하기도 했다. 예니와 아빠를 사랑하고 존경했던 딸들은 그를 돕는 데 주저하지 않았다. 가장 나이가 많은 두 딸, 즉 이제 스무 살이 된 예니첸과 열아홉 살이 된 라우라는 그를 위해 대영박물관에 가서 노동하는 인구의 경제 상태에 관한 공식 보고서를 필기하거나 그를 대신해 편지를 썼으며, 예니는 종기의 고통을 완화시키는 습포로 카를이 고통을 견디고 생활할 수 있도록 노력했다.

"난 요 몇 년 동안 (부스럼 종기 때문에) 아팠는데, 이 종기만 아니었으면 정치경제학에 관한 나의 저작《자본론》은 이미 세상에 나왔을 거야. 난 정말 두세 달 안에 이 저서를 끝내서 부르주아지에게 회복할 수 없을 만큼 이론적 타격을 가했으면 좋겠네."[15] 마르크스는 1864년 10월 4일 편지에 이렇게 썼다. 언제나 그랬듯이 그건 자신만의 바람이었다.《자본론》이 출판되기까지는 3년이란 시간이 더 걸렸다. 책이 출판되기를 간절히 기다렸던 예니에게 1864년은 놀라운 일들이 많이 생긴 해였다.

첫 번째로 맨체스터의 엥겔스에게 그녀의 동생 에드가가 텍사스에서 돌아왔다는 전보를 받았다. "나는 무려 16년 동안이

11. 공산주의 사회로 가는 길　　　233

나 그를 보지 못했어요. 그런데 놀랍게도 소식이 왔어요. 그 소식을 듣고 기쁨과 행복으로 심장이 터지는 줄 알았어요. …… 에드가는 내 어린 시절의 이상이었고, 내가 사랑하는 하나뿐인 친구이기도 했어요. 나와 그의 영혼은 하나였죠. 내 아들 에드가의 이름도 그에게서 따온 것이고요. …… 그가 도착했을 때, 아 그는 너무나 많이 변해 있었어요. 병들고 비참해져서 거의 알아볼 수 없는 지경이었죠. 시간이 점차 지나서야 비로소 이제 그의 얼굴에서 예전의 모습을 찾을 수 있게 되었고 어린 시절의 소꿉친구를 다시 볼 수 있었어요. 그는 3년간 텍사스 전쟁에 나가 있었고, 형용할 수 없을 만큼 고통을 겪었으며, 모든 것을, 건강을 포함해 모든 것을 잃었어요. 그는 여기서 건강을 좀 회복한 후에 오빠와 다른 친척들이 있는 베를린으로 가서 행복을 찾을 거예요! 가여운 내 동생! 사람들은 부유하고 고귀한 풍모가 어떤 것인지, 게다가 이 풍모가 언제 꼬질꼬질하고 후줄근한 것으로 변하는지 알 거예요. 그리고 바로 이 순간 비로소 비참해진다는 것이 어떤 의미인지를 느끼게 되지요."[16] 예니는 베를린에서 남편 빌헬름, 자녀들과 함께 살고 있는 에르네스티네 리프크네히트에게 보낸 편지에서 동생 에드가에 대해 이렇게 묘사했다. 그녀는 리프크네히트 가족이 "에드가를 따뜻하게 잘 맞아주기를"[17] 바란다고 덧붙였다. 하지만 예니는 에드가가 정치와 관련한 어떠한 일에도 휘말리지 않길 바랐는데, "왜냐하면 그가 의지해야 하는 친척들과의 관계가 불투명해질 수도 있기 때문"[18]이었다. 그리고 그녀는 다음과 같은 영어 문장으로 편지를 끝맺었다. "당신에게 넌지시 알립니다."[19]

마르크스는 과거 당의 동지이자 처남인 에드가의 갑작스러운 등장을 복잡한 심경으로 지켜보았다. 그는 자신과 함께 6개월을 지낸 에드가를 "비싼 손님"[20]이라고 불렀고, 엥겔스에게 보낸 편지에 "자기 자신을 제외한 누구도 착취하지 않았으며, 엄밀한 의미에서 그 누구도 착취하지 않았기에 언제나 노동자였던 이 에드가가 노예 소유자를 위해 싸운 전쟁에서 굶주림을 겪었다는 것은 운명의 아이러니"[21]라고 썼다. 또한 두 사람이 모두 미국 남북전쟁을 통해 한순간에 빈털터리가 된 것 역시 운명의 아이러니였다. 마르크스는 에드가가 남부의 편에서서 전쟁을 수행했기 때문에 빈털터리가 되었고, 자신은《뉴욕 데일리 트리뷴》의 수입원이 사라져서 빈털터리가 되었다고 생각했다.

마르크스를 짜증나게 한 점은 에드가가 "별로 하는 일도 없이 무위도식했다"는 것이다. "그는 심지어 여자를 사귀는 것도 포기했고, 그의 성욕은 복부 속으로 들어가버렸다네."[22] 하지만 그의 딸들은 외삼촌이 좋은 품성을 타고났고, 유쾌한 사람이라고 생각했으며 그가 텍사스에 관해 이야기할 때는 귀를 기울여 들었다. 그의 딸들은 에드가가 텍사스로 돌아가서 "모피를 담보로 잡혀 담배와 와인을 더 쉽게 구할 수 있을 것이라는 뻔한 술책으로"[23] 담배와 와인 가게를 열고 싶어한다는 것에 놀라지 않았다.

동생과 함께 있다는 예니의 기쁨은 돈이 빠르게 떨어지기 시작하면서 사라지기 시작했다. 커다란 집으로 이사한 지 거의 2년 만에 또다시 생활비가 부족하게 되자 그녀는 가족과 에드가를 먹여 살릴 돈을 구하기 위해 다시 전당포를 찾아가야만 했다. 그렇기 때문에 그녀는 에드가가 11월에 베를린으로 돌아갔을 때 기뻐했고 그녀의 부유한 친척들이 만신창이가 된 텍사스인을 친절하게 받아주었다는 소식을 듣고 또 한번 기뻐했다. 그는 새로운 길을 갈 것이고, 친척들은 그를 위해 하급 관리직을 알아봐줄 것이며, 또한 무신론자 에드가를 신앙심 깊은 그들의 품으로 다시 돌아오게 하기 위해, 예니가 아이러니하게 묘사했던 것처럼, "크리스마스 선물로 찬송가 책"[24]을 그에게 줄 것이다,

에드가가 떠난 직후 마르크스 역시 엥겔스와 함께 국제노동자협회의 몇몇 기본적인 문제들을 논의하기 위해 런던을 떠났다. 여러 대륙의 신뢰할 수 있는 당 동지들이 국제노동자협회를 통해 서로 연결될 수 있도록 하는 것이 중요하며, 또한 국제노동자협회 발전에 영향력을 행사하려는 프랑스 프루동주의자들과 바쿠닌 추종 세력들의 기도를 막는 것도 중요했다. 리프크네히트에게는 독일에서 국제노동자협회를 위한 선전을 해야 하는 임무가 주어졌다.

마르크스와 엥겔스가 맨체스터에서 "기대보다 먼저 올 수도 있는 다음 혁명에서 우리(즉 자네와 나)가 이 강력한 기구를 장악한다"[25]는 고도의 정치적 논의를 하고 계획을 세우는 동안 집주인이 나타나서 바로 집세를 내지 않으면 집행관을 데려와 재산을 압류하겠다고 예니를 협박했다. "나는 아내가 너무나도 고독한 심경인 것을 알게 되어 사태의 본질에 대해서 설명할 용기가 나지 않았다네."[26] 사태의 본질이란 더 이상 생계를 유지할 돈이 없다는 것, 그리고 "생활비를 만들어야만 한다는 것"[27]이었다.

다시 한 번 엥겔스가 즉시 도움의 손길을 보냈다. 그는 15파운드를 보냈으며 또다시 아픈 예니첸을 위해 심장 기능 강화에 좋은 포트와인과 셰리(스페인산 백포도주 — 옮긴이) 그리고 클라레(프랑스 적포도주 — 옮긴이) 한 상자를 보냈다. 그 다음해부터는 중산계층의 부유한 겉모습을 유지하기가 난처해졌는데, 인터내셔널 회의에 참가하고 있는 많은 젊은이들이 공산주의 운동 지도자의 어여쁜 두 딸을 좋아했기 때문이었다. 특히 라우라 주변에는 여러 남자들이 떼 지어 몰려들었다. 1865년 5월 1일, 언니 예니첸의 스물한 살 생일날, 라우라는 자매가 친하게 지내던 여성들의 남자 형제인 젊고 부유한 남아메리카인에게 청혼을 받았다. 라우라는 이 남자의 여동생들과는 친했지만 이 남자의 청혼은 단호히 거절했다. 그 젊은 남성을 사랑하지 않았기 때문이다. 사랑에 빠진 이 바보는 보석으로 장식된 배지를 사서 라우라의 사진을 그 배지 이면에 감추고 다녔다. 그녀의 어머니는 이러한 행동에 감동받았지만 왜 라우라가 이에 대해 화를 내는지, 정치에 몰두한 딸들과 자신의 관계가 얼마나 더 멀어지고 있는지 이해하지 못했다.

라우라가 언니에게 보낸 편지에는 어느 날 자신이 좋은 친구와 진지하게 긴 대화를 나누는 동안 어머니가 나타나서 많이 놀랐다는 내용이 쓰여 있다. "엄마는 장화도 신지 않고, 가린 것보다 보이는 부분이 더 많게 옷을 입어서 정말 알몸처럼 보이는 걸 간신히 면한 차림이었어. 언니는 이 친구가 얼마나 예민하고, 얼마나 쉽게 얼굴이 빨개지는지 알잖아. 당연히 그 친구 얼굴이 빨개졌지. 나로서는 그냥 눈을 감고 얼굴을 붉히거나 사색이 되지 않고는 바라볼 수 없는 장면을 외면할 수밖에 없었어."[28]

반면 사랑하는 '찰리', '마스터', '무어', '올드 닉'이라는 애칭을 가진 아빠와 딸들의 관계는 처음부터 친밀했고 시간이 지날수록 더 가까워졌다. 딸들은 그의 통찰력과 유머, 풍자와 재치를 좋아했다. 딸들은 오랜 시간이 걸렸던 《자본론》 저술에 참여했고 이 책의 저술을 끝마쳤을 때 다음과 같이 기뻐했다. "악몽과도 같은 이 책이 더 이상 아빠의 어깨를 짓누르지 않겠군요."[29]

마르크스가 1857년 4월 《자본론》 제1권의 첫 원고를 들고 함부르크에 있는 출판업자 마이스너에게 가서 몇 주 동안 머물렀을 때 라우라는 다음과 같이 편지를 썼다. "아빠는 잠시 동안 일상적인 집안일에서 벗어나 있다고 생각하신 것 같아요. 또한 교류하고 있는 모든 단체에 대해 완전히 입을 다물고 있어야 한다고 생각하신 것 같아요. 제가 알기로는, 아빠 편지에서 아주 자주 언급되던 여성이 있던데요. 그녀는 젊은가요? 똑똑한가요? 예쁜가요? 그녀에게 연애를 걸었나요? 아니면 그녀가 아빠에게 연애를 걸도록 했나요? 아빠는 그녀에 대해 상당한 존경을 표하고 있는 것처럼 보이고, 또한 이 사실을 아주 어리석게도 받아들이고 계시지만, 바로 그 존경이라는 것은 단지 아빠의 입장에서만 그럴 뿐이에요. 제가 엄마였다면 질투했을 거예요."[30]

그러나 예니는 남자들의 도덕규범이 여자들과 다르다는 점을 알았기 때문에 질투하지 않았다. 그녀는 복사된 《자본론》의 원고가 눈앞에 놓여 있는 것을 보고 다음과 같이 썼다. "마음의 큰 짐을 내려놓게 됐어요. 하지만 부담과 짐이 아직도 많이 남아 있는데, 특히 사랑에 빠진 딸들이 의대 학생인 프랑스 남자와 약혼을 하려고 할 때 더욱 그래요."[31]

마르크스 역시 처음에는 크리올 출신의 할머니를 모시고 사는 의학도 폴 라파르그와 라우라의 약혼을 결코 기뻐하지 않았다. 마르크스는 두 사람이 원했던 약혼을 허락하기 전에, 프랑스어(라파르그는 영어도 못했고 독일어도 못했다)로 쓴 장문의 편지에서 미래의 사위에게 라파르그 가족의 재정 상황을 정확하게 설명해달라고 요구했다. 또한 마르크스는 라파르그에게 진실한 사랑은 자신의 우상을 향한 자제와 겸손 그리고 심지어 소심함 속에서 나타나는 것이기 때문에 열정적으로 '구애하려는' 그의 방식을 포기하라고 경고했다. 예니는 이 얘기를 듣고 내심 미소를 지었음에 틀림없다. 그녀는 자신의 맷돼지의 열정적인 포옹을 매우 잘 기억하고 있었기 때문이다. 마르크스는 아마도 라파르그에게 보낸 편지의 내용 중 다음과 같은 부분을 예니에게 보여주지 않았을 것이다. "자네도 알다시피 나는 혁명적 투쟁에 온힘을 쏟아왔다네. 결코 이를 후회하지 않는다네. 오히려 그 반대지. 만일 내가 다시 태어난다고 해도 똑같은 삶을 살 것일세. 다만 결혼은 하지 않을 거야. 내 능력이 되는 한, 아내처럼 실패한 삶의 절벽에서 내 딸 라우라를 보호해야 한다네."[32]

이러한 요구로 가득 찬 마르크스의 긴 편지에 대한 답변으로 라파르그는 경제적으로 결혼할 수 있는 상태에 있다는 걸 증명해야만 했다. 라파르그의 아버지는 언제나 자신의 아들을 경제적으로 뒷받침할 것이며 폴이 런던과 파리에서 의과대학 시험에 합격한 후에야 폴의 결혼을 고려해볼 것이라는 내용의 편지를 보르도에서 보내왔다. 예니는 이 소식을 듣고 안도의 한숨을 내쉴 수 있었다. 그녀의 미래 사위가 정치에 관여한다고 해도, 그가 정규 수입이 있는 직업이 있다면 라우라의 운명은 평탄할 것이다. 그녀는 친구인 에르네스티네 리프크네히트에게 보내는 편지에 다음과 같이 말했다. "다행스럽게도 사위가 될 폴이 처음엔 늘 힘들게 마련인 자신의 병원 개업에 의존하지 않아도 된다는군요. 그의 부모는 산티아고와 보르도에 농장과 토지를 소유하고 있을 정도로 부유해요. 그리고 폴은 유일한 자식이기 때문에 모든 것을 물려받을 거예요. 폴의 부모는 라우라에게 매우 관대해서, 두 손을 벌려 딸처럼 맞아주었고, 결혼식 당일에는 어린 부부가 될 그들에게 1,000프랑을 주기로 약속했어요."[33] 예니는 딸의 행복이 중요했기 때문에 폴이 라우라와 같은 생각을 하고 있다는 사실, "특히 종교에서 그러했음을" 강조했다. "그러면 부르주아 사회에서 그녀의 신념 때문에 겪게 되는 불가피한 갈등과 슬픔을 피하게 될 것이라고 생각했어요."[34] 예니는 라우라가 아버지에게서 '종교는 인민의 아편'이라고 배웠다는 사실과 라파르그가 무신론자라는 사실에 의미를 두었다.

남편에 의해 무신론자가 되었던 예니의 일생의 화두는 종교에 대한 의문이었다. 그녀가 짜증났던 것은 영국 부르주아의 위선이었는데, 그들은 일요일마다 교회에 나가며 위선적인 일상을 보냈다. 그러나 이런 모습도 보였다. "하나님이 예니의 마음에서 자신의 무보수 명예직 자리를 잃은 지 오래지만, 그녀가 신을 믿든 안 믿든 그녀의 말과 글에서 사랑하는 하나님에 대한 언급은 지속적으로 등장한다네."[35] 그녀는 "유명한 귀족 가문"³⁶인 커닝엄스의 딸이 예니와 라우라를 결혼식의 신부 들 러리로 초청했을 때 자랑스러웠고, 화려하게 차려입은 딸들 이 교회에 가야 하는 것을 걱정하지 않았다. 오히려 예니는 교 회에서 한 자신의 결혼식을 떠올리며 향수를 느꼈다. 이와 반 대로 라우라의 결혼식을 교회에서 치른다는 것은 논의조차 되 지 않았다. 집에 돈이 없었기 때문이다. 그래서 호적상의 결혼 (일반적인 시민의 결혼)은 자꾸만 늦어질 수밖에 없었다. 카를은 부 자인 네덜란드 친척에게 돈을 빌리려고 했지만 실패했다. "그 런데 결혼식은 4월 8일에 해야 했고"³⁷, 그는 엥겔스에게 1868 년 3월 14일에 결혼식 날짜를 통보해주었다. "나는 애를 써서 라파르그가 생각하는 것보다 더 늦게 결혼식을 연기했다네."³⁸ 늘 그렇듯이 엥겔스는 즉시 5파운드짜리 어음을 보내주었다. 라우라 마르크스와 폴 라파르그의 결혼식은 4월 2일에 행해졌 다. 예니는 안도의 한숨을 내쉬었다. 부족한 생활비에서 이 젊 은 두 사람이 죽을 때까지 써야 하는 잡비를 앞으로 절약할 수 있기 때문이었다.

그녀가 또다시 자신의 값진 물건들을 전당포에 맡길 수밖에 없었던 이 어려운 시기를 견딜 수 있었던 것은 카를의 주요 저 작인《자본론》의 상업적 성공에 대한 기대와 그 책에서 명시된 앞으로 다가올 불가피한 사회의 혁명적 변화에 거는 희망이었 다. 예니는 프롤레타리아트 독재를 공포한 사람의 삶을 이토 록 어렵게 만든 모든 경제적인 어려움이 사라질 것이라고 기 대했다. 엥겔스는 이런 희망을 품고 있는 예니를 격려하면서 1866년 6월에 다음과 같이 편지를 썼다. "14일 안에 프로이센 에서 그 조짐이 시작될 겁니다."³⁹ "만약 이 혁명 조짐의 기회가 활용되지 못하고 지나가버린다면, 그리고 사람들이 이것을 뼈아프게 받아들인다면, 우리는 조용히 우리의 혁명적인 도구들을 보따리에 싸서 더 고차원적인 이론에 몰두할 수 있을 겁니다."[40] 그리고 이 기회가 지나가버렸고, 1867년 9월에 마침내 고차원적인 이론을 담은《자본론》1권이 나왔을 때 사람들은 거의 이해하지 못했다. 마르크스와 엥겔스는 여러 익명으로 쓴 서평을 많은 독일 신문에 보냈지만 거의 실리지 않았다. 또한 마르크스가 상당한 양의 비평용 기증본을 요구했지만 마이스너 출판업자는 이를 거절했다. 예니 역시 남편의 책을 알리려고 노력했다. 특히 친구이자 1867년 10월에 창간한 스위스 신문《선구자Der Vorbote》의 편집자인 요한 필리프 벡커에게 다음과 같은 내용의 긴 편지를 썼다.

"만약 당신이 카를 마르크스의 책을 갖고 있다면, 아직 첫 번째 장의 날카로운 변증법적 분석을 제대로 파악하지 못했다면 저처럼 자본의 시초 축적과 근대 식민지론을 다루는 장을 읽어보세요. 당신도 저처럼 이 부분의 내용을 아주 만족스럽게 받아들일 것이라 확신합니다. 물론 마르크스는 ― 지금 자기들 세계 역시도 사회주의라고 부르는 부르주아 세계(라살레 류의 사민주의를 뜻함-옮긴이)가 그렇게도 강력하게 외치는 ― 특별한 치료법, 즉 상처로 피를 흘리고 있는 우리 사회를 위한 알약, 연고, 붕대는 가지고 있지 않아요. 하지만 내가 보기에 그는 근대 사회의 발생 과정의 자연사적 발전에 따라 그 실천적 결과와 적용을 대담하고도 일관성 있게 설명하고 있고, 또한 통계적 사실과 변증법 때문에 크게 놀란 속물들에게 다음과 같이 현기증이 날 만한 높은 단계의 문장을 이해시키는 것은 결코 쉬운 일이 아니에요. '폭력은 새로운 사회를 잉태하고 있는 모든 낡은 사회의 산파이다. 폭력은 그 자체 경제적 힘이다. ······ 오늘날 출생증명서도 없이 미국에 등장한 여러 자본은 어제 영국 어린이들의 피가 축적된 자본인 것이다.' ······ 만약 돈이 '본래 있는 뺨의 붉은 혈반에서 나온 것이라면, 그 자본은 머리에서 발끝까지 나 있는 모든 숨구멍과 땀구멍에서 흘러나온 피와 오물이다.' 또는 '자본주의적인 사적 소유의 마지막 시간이 오고 있다' 등의 문장으로 끝을 맺을 수 있어요. 이런 핵심에 대한 단순한 열정이 나를 사로잡았고, 역사가 나에게 햇빛처럼 명확해졌다는 것을 솔직히 고백할 수밖에 없네요."[41]

예니가 열정과 신념으로 쓴 이 평론이 좀 더 큰 신문에 실렸다면 영향력도 더 컸을 것이다. 유감스럽게도 제네바의 월간지 《선구자》는 사실 인터내셔널의 기관지로 알려져 있어서 독일 독자는 적은 편이었다. 마르크스는 책을 많이 팔려면 '소동을 일으켜야' 한다는 사실을 알고 열심히 노력했다. 그러나 효과가 없었다. 책을 발행한 첫해에 《자본론》은 약 200권이 견본으로 조판되었을 뿐이다. 이런 이유로 인세 수입은 없었고 집행관이 다시 일주일마다 집으로 찾아왔다. 늘 집행관의 첫 번째 희생양이었던 예니는 전당포에 뭔가를 저당 잡혀서 이 집행관을 달래려고 했지만, 점차 저당 잡힐 것이 없어졌기 때문에 이 일도 늘 어려웠다. "아내는 모든 것을 저당 잡혀 거의 밖으로 나갈 수도 없다네."[42] 마르크스는 엥겔스에게 이렇게 편지를 썼다.

1868년 11월 말 무렵 엥겔스가 마르크스에게 빚이 얼마나 되는지 그리고 1년에 350파운드로 살 수 있는지 물었을 때, 마르크스 가족의 상황은 이러했다. 엥겔스는 에르멘&엥겔스 회사의 주식을 동료에게 팔아치우고 섬유업에서 손을 떼려던 참이었지만, 자신의 경제적 지원 없이 인터내셔널의 지도자가 살아갈 수 없다는 사실을 알고 있었기 때문에 자신의 퇴직금 일부와 더불어 인터내셔널에서 마르크스에게 연금을 줄 것을 요구했다.

마르크스는 1년에 350파운드의 연금이라는 엥겔스의 관대한 제안에 감동을 받았는데 이 제안으로 그는 일용할 양식에 대한 끊임없는 걱정을 줄일 수 있었다. 그는 답장에서 다음과 같이 썼다. "지난 몇 달 동안 집에서 불행한 문제들이 참 많이 일어났네. 예컨대 예니첸은 나 몰래 영국 집안의 가정교사를 맡았다네. …… 나는 이 상황(아이가 아이들을 하루 종일 가르쳐야만 하는 상황)이 매우 난처해서(나는 처음에 이 사실을 자네에게 말하려 하지 않았다네), 한 달 단위로 묶인 계약 조건에 한해서만 이 일을 허락했다네. 왜냐하면 무엇보다도 예니첸이 특정한 일을 통해 기분전환을 하고, 특히 여기, 자기 집을 떠나 일을 한다는 것이 좋다고 봤기 때문일세. 아내는 몇 년 동안 (이러한 상황을 통해 보면 이해가 가지만 그 때문에 유쾌하지는 않은) 히스테리가 매우 심한 상태[마음의 평정을 잃은 상태]였네. 그리고 그녀는 비탄과 짜증 그리고 몹쓸 농담[나쁜 감정]으로 아이들을 죽도록 괴롭혔다네. 그렇지만 어떤 아이도 엄마의 모든 히스테리를 묵묵히 받아들일 수 없었네."[43]

예니가 몇 년 동안 아이들을 죽도록 괴롭혔다는 주장은 확실히 터무니없는 것이었다. 물론 몇 년 동안 계속된 일상의 어려움이 그녀를 신체적으로, 정신적으로 무너뜨렸고, 아이들에게 종종 무뚝뚝하게 대했다는 것은 사실이다. 하지만 이는 딸들에게 집안의 재정적 어려움을 감추기 위한 것이었다. 엥겔스의 정기적 연금 제의는 지금까지 비관적인 불확실성으로 가득 찼던 그녀의 삶을 구했다. 그녀는 남편의 이념과 계획에 조용히 몰두할 수 있는 시간을 더 많이 가졌다. 그리고 이 일에 엄청난 열정을 쏟아 부으며 몰두했다.

2

예니는 종종 이른 아침까지도 끝이 나지 않고 이어지는 토론의 증인이었다. 이 토론은 인터내셔널에 분명한 지침을 주기위해 그녀의 남편이 노동자협회의 다양한 대표들과 함께하는 것이었다. 이 대표들은 인터내셔널의 총평의회가 인정한 독일, 프랑스, 벨기에, 네덜란드, 스위스, 미국으로 파견된 당원들이었고, 물론 그들은 지도자의 뜻에 항상 정확하게 잘 따라주지는 않았다. 심지어 마르크스의 오랜 친구이자 전국독일노동자연합 회원인 빌헬름 리프크네히트조차 많은 비판을 견뎌야만 했다. 그를 두고 예니는 "헛소리를 잘하는 사람"이라고 말했다. 그녀는 노동운동 전체가 자신의 존립을 오로지 카를의 사상에 의존하고 있었는데도 빌헬름첸(리프크네히트)이 진화론적 사회주의라는 라살레의 오류에서 전국독일노동자연합을 구해내어 남편의 혁명적인 공산주의로 전향시킬 수 있는 용기가 없다는 점에 화가 났다. 그녀는 카를이 인터내셔널의 이념적 지도자로서 그의 자리를 더 공고히 하기를 원했고, 인터내셔널의 총평의회 서기에 독일 재단사 에카리우스가 임명되지 않기를 희망했다. 자주 그랬던 것처럼 카를은 몸이 너무 아파 많은 양의 편지를 혼자 처리할 수 없었다. 이럴 때에는 예니가 대신 답장을 썼는데 이 편지들은 때때로 출판되기까지 했다.

1866년 2월 《런던 편지》 발췌본이 제네바의 노동자 간행물 《선구자》에서 나왔는데, 이 편지에서 예니는 "뜻 깊은 운동"[44] ("종교적 관점에서 봤을 때 타락한 영국에서 일어난"[45] 운동)에 대해 묘사했다. 문제는 그것이 "가장 계몽적이고 진실하면서도 대담한 대중 강연회"였다는 데 있었다. "이 강연회는 헉슬리를 필두로 한 몇몇 과학자들에 의해 일요일 저녁, 바로 그 시간에 보통 어린 양이 주님의 목초지에서 순례를 하는 곳에서 열렸어요. 강당은 사람들로 가득 찼어요. 내가 가족들과 함께 보내는 첫 주 일요일 저녁에는 2,000명 정도가 왔어요. 민중의 환호성이 너무 커서 숨이 막혔고 더 이상 현관 안으로 사람들이 들어가지 못할 정도였어요. 목사는 이런 놀라운 집회가 세 번 열릴 때까지 별 말을 하지 않았어요. 그렇지만 목사는 어젯밤에 집회 측에 '민중을 위한 일요일 저녁' 강연회에 대한 자신의 소송이 처리될 때까지 더 이상 어떤 강연도 열리지 않을 것이라는 사실을 통고했어요. 집회에서 사람들은 분개하며 격렬한 반응을 보였고, 또한 소송 비용을 위해 100파운드 이상을 모았죠. 이 일에 끼어든 사제들이 어찌나 바보 같던지요."[46]

예니는 이 출판된 편지에서 "페니언(영국의 통치를 종식시킬 목적으로 아일랜드 사람들이 미국과 아일랜드에서 결성한 단체—옮긴이)의 사태를 영국 노동자계급이 깊이 동감하고 있다는 것"[47]은 시대의 징후라고 분명하게 말했다. 그녀는 마르크스의 가족도 '영국의 억압'에서 아일랜드 해방을 위해 싸우는 페니언의 사태에 깊이 동감한다고 덧붙여 말했다.

마르크스는 아일랜드 해방 투쟁에서 자본주의 압제자들에 대항하는 혁명과 함께할 수 있는 동맹자들을 보았다. 고인이 된 섬유 노동자 매리 번스의 여동생 리지 번스와 자유결혼을 해서 같이 살고 있는 엥겔스에게 아일랜드 사태는 절실한 문제였다. 엥겔스는 아일랜드 역사에 관한 책을 쓰기 시작했다. 맨체스터에 살고 있는 몇 명의 페니언이 범인 호송차를 습격해 체포된 페니언 지도자들을 구출하려 한 사건이 일어났다. 이 시도로 영국 경찰이 죽게 되자 사건에 연루된 다섯 명이 체포되어 사형을 선고받았다. 이 사형 선고는 아일랜드와 미국에서 저항을 불러일으켰고 인터내셔널 총평의회도 사형 선고를 강력히 규탄했다. 마르크스는 다음과 같이 선언했다. "맨체스터의 정치적 사형 집행은 하퍼스 페리의 존 브라운스(미국 노예제도 폐지론자로 무기를 탈취하여 노예들을 무장시키려다 실패해 교수형에 처해졌다 — 옮긴이)의 운명을 상기시킨다. 그들은 영국과 아일랜드 사이의 투쟁에서 새로운 시대를 열었다."[48]

마르크스는 대영제국과 아일랜드 남성 노동자와 여성 노동자에게 보내는 호소문과 성명서를 통해 토지 소유주에 대항하는 공동전선을 창설하려고 했다. "우리가 투쟁한 노력의 결과는 권력을 가진 자에게 가하는 압력에 달려 있습니다. …… 그래서 우리는 당신들에게 단결하고, 조직하고, 당신들의 행동을 조정하며 또한 아일랜드, 스코틀랜드, 웨일즈, 영국 모두에서 한목소리로 다음과 같이 외치도록 강력히 호소합니다. '땅을 민중에게!'"[49]

유럽 대륙에서 영국 정부에 의해 투옥된 페니언들의 운명이 주목받도록 하기 위해 마르크스와 그의 장녀 예니는 인터내셔널과 관련된 신문《라 마르세예즈》에 이 사건을 고발하는 기사를 프랑스어로 실었다. 예니첸은 아일랜드 페니언 조직의 공동 설립자이자《아일랜드 민중Irish People》의 출판인으로 영국에서 종신형을 선고받은 오도노반 로사의 장문의 편지를 출판했다. 그녀는 그가 손을 뒤로 묶인 채 어두운 감방에 어떻게 팽개쳐져 있는지를 다음과 같이 묘사했다. "경찰들이 낮이든 밤이든 수갑을 풀어주지 않아서 그는 식사로 나오는 멀건 죽을 핥아서라도 먹으려고 땅바닥에 엎드릴 수밖에 없었다."[50] 그녀는 더 많은 아일랜드 순교자들을 열거한 뒤 다음과 같은 문장으로 글을 마쳤다. "나는 이 명단에 여러 사람들의 이름을 더 추가할 수 있다. 경찰이《아일랜드 민중》사무국에 대해 일제 수색 검거에 나섰던 1866년 이래 20명의 페니언이 영국의 자비로운 감옥에서 죽거나 미쳐버리고 말았다는 사실을 말하는 것만으로도 충분하다."[51] 티퍼레리(아일랜드 먼스터 주에 있는 소도시 — 옮긴이)의 농부들이 감옥에 있는 오도노반을 하원의원으로 뽑았다는 소식을 접했을 때 사람들은 마르크스의 집에서 기쁨의 춤을 추었다. "투시는 신이 났고"[52], 예니는 영국 언론이 다음과 같이 선거 소식을 전하면서 보여준 당황스러움을 기쁘게 받아들였다. "유죄가 확정된 범죄자가 뽑히다니. 오, 경악하고 경악할 일이에요!"[53]

인터내셔널 총평의회 지도자의 페니언에 대한 열성적인 지지는 총평의회 영국인 회원들의 반대에 부딪혔다. 총평의회 회의는 "불꽃 튀고, 격렬하며, 열띤"[54] 모습이었다. 그렇지만 결국 마르크스는 아일랜드 정치를 위해 윌리엄 에워트 글래드

스턴(영국의 정치가로 자유당 당수를 지냈고, 수상 직을 네 차례 역임했다 — 옮긴이)의 통치를 신랄하게 비난하는 데 성공했다.

마르크스 사상세계에 빠져든 독일 지지자 중에는 루트비히 쿠겔만이라는 훌륭한 부인과 전문의가 있었는데, 그는 하노 버에서 풍족하게 살며 상류층과 교류했지만 이미 공산주의 이 념에 열성적인 지지를 보내는 학생이 되어 있었다. 그는 몇 안 되는 《자본론》의 독자였다. 이 책을 꼼꼼하게 읽으며 공부했 고 마르크스는 물론 그의 가족들과도 개인적이고 친밀한 관계 를 유지했다. 마르크스가 1867년 4월 《자본론》 1권의 원고를 들고 함부르크의 출판업자 마이스너에게 갔을 때 쿠겔만은 마 르크스에게 하노버를 방문해달라고 요청했다. 마르크스는 "우 리 둘이(즉 마르크스와 엥겔스!) 가진 것보다 더 좋은 우리의 저작 들"[55]이 쿠겔만의 서재에 있다는 사실에 놀랐다. 그는 엥겔스 에게 다음과 같이 편지를 썼다. 쿠겔만이 "우리와 우리의 신념 에 대한 광적인 (그리고 베스트팔렌 출신으로 나에게 경탄한) 지지자"인 것 같다고 말했다. "그가 의사로서 가지고 있는 냉정한 기질과 는 상반되는 그의 광기는 때때로 나를 짜증나게 했네."[56]

쿠겔만의 가족 거실에는 신들의 흉상이 많았는데 쿠겔만은 그중 제우스의 흉상이 마르크스와 닮았다고 생각했다. 그는 크리스마스 선물이자 마르크스에 대한 존경의 징표로 1867년 런던으로 이 흉상을 보냈다. 예니는 쿠겔만에게 다음과 같이 감사의 편지를 썼다. "당신은 상상도 못할 겁니다."[57] "당신이 어제 우리에게 얼마나 큰 놀라움과 기쁨을 선사했는지. 당신 의 우정과 지지에 대해, 게다가 최근에 인상에 남을 만한 당신 의 선물, 즉 이제 우리 옆에서 '사랑하는 제 남편'의 자리를 대신하고 있는 신의 아버지 제우스에 대해 어떻게 감사의 마음을 다 표현할 수 있을지 모르겠습니다."[58] 그녀는 렌첸, 그녀의 딸들과 함께 집 부엌에서 성심성의껏 크리스마스 푸딩을 준비하느라 얼마나 바빴는지를 이야기했다. 이 바쁜 와중에 갑자기 초인종이 울렸다고 썼다. "문 앞에 마차가 멈추고, 비밀스러운 발걸음들이 왔다 갔다 하며, 황홀감에 찬 속삭임이 집 안 여기저기에서 들려오고, 마지막으로 위층에서 다음과 같은 큰 소리가 들려왔습니다. '큰 동상이 도착했다.' 만일 '불이야, 불이야, 집이 불에 탄다', '페니언이 여기 있다'는 고함소리가 들렸어도, 그렇게 크게 놀라고 당황해서 위층으로 뛰어올라가지 않았을 겁니다. 그리고 거기 제우스 동상이 이상적인 수순함을 간직한 채 거대하고 장엄한 모습으로, 다시 말해 고대 주피터가 온전하고 무사한 모습으로 우리의 눈을 사로잡고 매료시킨 채 서 있었습니다! …… 그리고 나서 바로 새로운 신, 즉 '하늘과 땅 위에 계시는 신'에게 가장 잘 어울리는 자리가 어디인지를 논의하기 시작했습니다."[59]

그런데 정작 마르크스는 아주 조용히 이 선물을 받았다. 오히려 그가 쿠겔만을 높이 평가한 것은 엥겔스가 《자본론》에 대해 몇몇 필명으로 썼던 서평을 독일의 여러 신문사가 채택하도록 한 쿠겔만의 노력이었다. 예니가 선물에 대한 기쁨을 숨김없이 표현했던 반면 마르크스는 단지 다음과 같은 내용의 편지를 보냈을 뿐이다. "당신이 선전을 하면서 독일 언론을 우롱한 활동과 관심 그리고 주피터에 대해 진심으로 감사드립니다."[60]

쿠겔만이 그에게 《자본론》 2권을 어서 끝내라고 재촉했을 때 마르크스는 자신이 겨울 내내 아파서 일을 할 수가 없었지만 "토지 문제를 다루려면 러시아 토지 소유 관계의 원천에 대한 연구를 피할 수 없기 때문에 러시아어를 지독하게 공부해야 한다"[61]고 말했다. 예니는 자기 몸을 "보호하고 돌보는 대신 어떤 일이 있어도 러시아어를 공부하는"[62] 병든 남편을 걱정했다. 그가 그녀에게 팔 아래쪽에 난 이미 부어오르고 굳어져버린 부스럼을 보여주었을 때 그녀는 엥겔스에게 다음과 같이 편지를 썼다. "나는 종종 친애하는 엥겔스 당신이 여기 몇 년 머물러 있으면 얼마나 좋을까 하고 진정 바랐어요! 그렇게 되면 많은 것들이 달라질 거예요."[63] 그러나 곧 그녀는 불안해져서 편지 내용을 마르크스에게 절대로 언급하지 말아달라고 부탁했다. "그는 지금 너무 쉽게 동요하고 나에게 화를 너무 많이 냅니다. 이렇게 당신에게 내 심경을 쏟아내는 것만이 나에게 위안이 되네요. 나는 그의 삶의 방식을 바꿀 아무런 힘이 없으니까요."[64]

엥겔스는 맨체스터 직물 제조업자로서 일한 20년 생활이 끝나자 그의 친구 곁으로 이사할 것인지 자주 고민했다. 그러던 차에 예니의 편지를 받았다. 그는 예니에게 근처에 집 하나를 알아봐달라고 부탁했다. 그녀 역시 열성을 가지고 신중하게 처리했다. 예니는 두 딸 예니, 투시와 함께 "탐험 여행"을 한 다음 서둘러 엥겔스에게 "보고했다".[65] "지금 집을 찾았습니다. 우리가 이 집을 마음에 들어한 이유는 너무나 아름답고 탁 트인 주위 환경 때문이었습니다. …… 이 집은 프림로즈 힐과 가까운 곳에 있어서 앞쪽에 있는 모든 방은 바깥 전망이 장엄하고 탁 트여 있습니다."[66] 그러고는 이 집에 대해 하나하나 설명

했다. 큰 욕조가 있는 넓은 욕실이 있고, "시원한 와인 저장고
로 유용하게 쓰일 만한" 깊은 지하실이 있으며, "1층에는 양쪽
으로 여는 문에 의해 나뉜 두 개의 아주 쾌적한 방이 있습니다.
뒤쪽에는 매우 매력적인 온실이 있고요. 2층 앞쪽 바깥으로는
아주 아름답고 큰 방이 있으며 그 옆에 작은 방이 있습니다. 2
층에는 세 개의 침실이 있습니다. 나는 의심의 여지없이 당신
이 이 집보다 더 나은 곳을 찾지 못할 것이라 장담하며, 당신
부인도 매우 좋아할 겁니다."[67]

엥겔스의 부인(엄밀히 말하자면 그의 인생의 반려자인데, 그는 그녀가 임
종하는 자리에서 그녀와 결혼했다)은 그의 첫 번째 인생의 반려자였던
메리 번스의 여동생 리지였다. 그러나 예니는 메리와 어떤 친
밀한 관계도 맺지 않았고 엥겔스에게 메리의 죽음에 대해 한
번도 애도의 말을 건네지 않았다. 반면 리지는 예니의 좋은 친
구가 되었다. 그래서 그녀는 근처에 엥겔스와 리지의 집을 알
아봐주려 했고, 좋은 집을 찾아준 것에 대해 기뻐했다. 1870년
9월 20일 엥겔스는 NW, 리젠트 파그로드 122번지의 아름다운
집으로 이사했다. 이때부터 마르크스와 엥겔스는 마지막으로
가장 친밀한 관계를 맺으며 새로운 사회 체제를 선전하는 공
동 작업을 시작했다.

이러한 마지막 공동 작업은 보불전쟁 그리고 파리코뮌에 대
한 피의 탄압이라는 예기치 못했던 정치적, 군사적 사건들을
통해 이루어지기 시작했다. 인터내셔널의 지도자는 "프로이센
의 대지주 비스마르크"가 1848년 독일 통일을 위해 사람들을
바리케이드 앞으로 나오게 했다는 사실을 알고 매우 실망했
다. 여전히 더 실망스러웠던 것은 독일 노동자들이 독일 공화

국을 위해 싸우는 대신 독일 제국을 박수 치며 받아들였다는 사실이다. "마르크스는 그의 엄청난 재능을 독일 민족의 이익을 위해 써야 한다"[68]는 비스마르크의 제안을 받아들인다고 가정했을 때, 마르크스는 자신이 이러한 사태 전개에 영향을 미칠 수 있을지 남몰래 생각해보았다. 그렇지만 그때는 너무 늦은 다음이었다.

보불전쟁을 혼란스러운 감정으로 유심히 지켜보았던 예니는 조국으로 돌아가고 싶은 마음이 전혀 나지 않았다. 그녀는 큰 관심을 가지고 《펠 멜 가제트Pall Mall Gazette》에 연재되어 세인의 주목을 끌었던 엥겔스의 기사 '전쟁에 관하여Über den Krieg'를 읽었다. 그녀는 다음과 같이 축하 인사를 보냈다. "나는 당신을 젊은 몰트케(보불전쟁 당시 프로이센의 육군 원수이자 참모총장—옮긴이)라 부르지 않을 수 없네요."[69] 그런데 그녀의 딸들이 프랑스인들에게 공감했던 반면, 그녀는 프랑스인에 대해 이렇게 생각했다. "모두가 프로이센에게 당해도 싸요. 왜냐하면 모든 프랑스인들, 심지어 아주 소수의 의식 있는 사람들조차도 그들의 마음속 깊은 곳에는 맹목적 애국주의가 숨어 있기 때문이에요. 실로 그들은 애국주의에 의해 이끌려 다니고 있어요."[70]

그러나 프랑스인들만이 맹목적 애국주의 감정을 가진 것은 아니라는 사실이 밝혀졌다. 프랑스군을 빠르게 물리친 것을 고려해볼 때 애국주의 자부심이 독일인들의 마음속에도 생겨났다. 나폴레옹 3세가 1870년 9월 2일 세단 전투에서 포로가 되었다는 사실이 알려지자 애국주의의 광풍이 독일 인민 전 계급을 휩쓸었다.

마르크스는 밤샘 회의를 통해 준비했던 인터내셔널의 호소문을 통해 양 진영의 노동자들이 자신의 무기를 서로에게 겨누지 말고 그들의 착취자들을 향해 조준하라고 설득했다. 1870년 7월 20일 마르크스가 작성하고 인터내셔널 소속 동지들 전원에게 보낸 보불전쟁에 관한 인터내셔널 총평의회의 첫 번째 결의문 내용은 다음과 같다. "작센의 5만 노동자들을 대표하는 노동조합 대의원 대회가 켐니츠에서 열렸는데, 다음의 결론이 만장일치로 통과되었다. 우리는 독일 민주주의의 이름으로, 다시 말해 사회민주주의당 노동자들의 이름으로 지금의 전쟁이 명백히 왕조들 사이의 전쟁임을 공언한다. …… 인터내셔널의 구호인 '전 세계 노동자들이여, 단결하라!'를 상기하며, 모든 나라의 노동자들은 우리의 친구이며 모든 국가의 폭군들은 우리의 적임을 결코 잊지 말아야 한다."[71] 그는 다음과 같은 말을 덧붙였다. "자살과도 같은 이런 싸움의 배경에는 러시아의 무시무시한 모습이 숨어 있다."[72] 마르크스는 차르에 의해 통치되던 러시아 농민들 속에서 유럽 노동자들이 그렇게 낙관적으로 기다렸던 혁명이 발생할 엄청난 가능성을 보았다.

백해무익한 전쟁이 끝나갈 무렵인 1871년 3월 파리의 노동자들이 바리케이드로 올라가 코뮌(그러나 이 코뮌은 너무나도 빨리, 너무나도 많은 피를 흘리며 진압되었다)을 공포했다. 마르크스는 때를 놓치지 않고 인터내셔널 동지들에게 〈투쟁의 일반적 경향에 대하여About the general tendency of the struggle〉라는 상세한 호소문을 작성해 이 소식을 전했다. 이 뛰어난 호소문은 다음과 같은 말로 끝난다. "노동자들의 파리는 그들의 코뮌과 더불어 영광스런 새 사회질서의 전조로서 영원히 기억될 것이다."[73] 그는 "경찰이 색칠해놓은 부르주아 사고방식"[74]에 강하게 항의했는데, 이 사고방식은 인터내셔널을 비밀 공모 조직으로 보고 "여러 나라에서 폭동을 사주하는 조직"[75]으로 여긴 것이다.

놀랍게도 이 결의문은 그의 이전 책이나 기사들보다 훨씬 더 많이 세인의 주목을 끌었다. 그는 프랑스 신문들에 의해 "인터내셔널의 위대한 지도자"로서 맹렬히 비난당했고, 영국 신문에서도 그의 이름은 경고 대상이 되었다. 그는 친구 쿠겔만에게 다음과 같이 편지를 썼다. "나는 이 순간에 런던에서 가장 크게 비방당하고 협박당하는 사람이 된 것에 대해 영광스럽게 생각합니다."[76] "이것은 20년 넘게 단조로운 목초지 생활을 하는 사람에게나 확실히 쓸모 있는 것이죠."[77]

그의 갑작스런 '명성'은 그의 가족에게는 결코 좋은 것이 아니었다. 그들은 영국 정부가 '파리의 살인 방화범'(영국 정부는 파리코뮌에 참여했던 사람들을 이렇게 불렀다)을 옹호한 자를 국외로 추방할 것이라고 해서 두려워할 수밖에 없었다. 정부 기관지《더 옵저버The Observer》는 법적 조치들을 취하겠다고 협박했다. 그렇지만 그런 일은 일어나지 않았다. 영국의 먼로 가문(마르크스 예니첸이 이 가문의 아이들을 가르쳤다)이 예니첸에게서 "내가 극악무도한 코뮌운동을 지키려고 돌아다니는 자들을 지도하는 자의 딸"이라는 말을 들었을 때, "그 가문은 나와의 모든 관계를 끊어버렸다".[78] 인터내셔널이 가혹한 비난을 받은 것은 프랑스 정부의 선동적인 캠페인 때문이었는데, 영국의 모든 주요 신문의 사설은 이 캠페인을 다음과 같이 묘사했다. "런던의 국제주의자들은 파리에 있는 그들의 형제들과 마찬가지로 '낡은 사회는 몰락할 수밖에 없고 몰락해야만 한다'는 사실을 고집하고 있다. 그들은 한 번 성공했다 하더라도 목적이 달성될 때까지는 공공건물의 방화와 인질 사살 등 사회 전복을 위한 노력을 계속할 것이다."[79] 마르크스와 엥겔스는 많은 신문의 편집자들에게 편지를 보내 이와 유사한 비난들을 반박하려 했으나 실패했다.

영국 대중은 인터내셔널이 국가를 위험에 빠뜨리므로 그들의 지도자를 감옥에 처넣어야 한다고 생각했다. 1871년 6월 7일, 《펠 멜 가제트》는 네덜란드에서 마르크스가 체포되었다는 소문을 기사로 실었다. 다음날 마르크스는 다음과 같이 답했다. "나는 런던에 살고 있다고 생각하고 있는데, 어제 날짜로 나온 파리의 기사에서 내가 네덜란드에서 비스마르크-파브르의 요청으로 체포되었음을 알았다네."[80] 마르크스는 이렇게 반어적으로 대답을 하면서 자신이 체포되었다는 소문을 비웃었다. 그러나 예니는 걱정되어 다음과 같이 편지를 썼다. "무어는 '괜찮습니다'. 이것은 모두 경찰의 거짓말입니다. 최근 몇 주 동안 우리가 겪은 고통과 분노를 당신은 알 수 없을 거예요. 그렇게 용감하고, 유능하며, 영웅적인 사람들을 양성하는 데 20년 이상 걸렸는데, 지금은 그들이 거의 모두 사라졌습니다."[81] 예니와 가까웠던 프랑스 청년 구스타프 플로렌스의 죽음은 예니를 슬프게 했고, 예니는 프랑스 공화국에 널리 알릴 추도사를 썼다. "무엇보다도 구스타프 플로렌스의 죽음은 우리에게 너무나도 크나큰 슬픔을 안겨주었습니다. 우리는 개인적으로 그의 친구였습니다. …… 그는 아주 고귀한 영혼을 가졌습니다. 그는 무모할 정도로 대담하고, 예의바르며, 인간적이고, 동정심이 많았으며, 약자에게 부드러웠습니다(인간적이지 않은 것은 그에게 낯선 것이었습니다). 그의 정신은 풍요로웠고 학식이 풍성한 학자이자 현대 과학의 대표 주자였습니다. 그는 젊고, 여유롭고 또한 기품 있고 호감 가는 품성을 타고났으며, 쾌활한 성격을 가졌습니다. 그는 자신의 따뜻하고 격정적인 본성을 가난한 사람들, 억압받는 자들, 무산자들을 위해 바쳤습니다. 그의 조국에만 한정해서 싸우고 투쟁한 것이 아니라 그의 위대한 마음은 모든 국가와 인종, 종족들을 향해 있었습니다. …… 그는 부르주아계급이 만든 붉은 유령의 화신이며 격렬한 분노로 부르주아지를 괴롭히는 붉은 유령이었습니다. …… 나는 어둠 속 여명을 밝히는 첫 번째 빛인 공산주의 운동이 패배할까봐 매우 두렵습니다."[82]

파리코뮌이 유혈 진압되자 파리 거리에서 공산주의 운동이 패배할 것이라는 걱정이 나돌았다. 이뿐만 아니라 인터내셔널의 미래에 대해서도 여러 말이 나왔다. 마르크스는 공산주의로 가는 길에 대한 견해를 밝힌 인터내셔널의 몇몇 그룹들과 사상투쟁을 처음부터 다시 시작했다. 가장 중요하면서 가장 화나게 한 적수는 아나키스트 미하일 바쿠닌이었다. 그는 프롤레타리아트 계급 독재 선언이 다른 모든 독재와 마찬가지로 자유에 기초한 인간의 권리를 침해할 것이기 때문에 위험하다고 말했다. 그는 다음과 같이 썼다. "자유를 제외한 다른 방법으로 경제적 평등과 정의를 성취할 수 있을 것이라 믿는 사람들의 무분별에 대해 유감스럽게 생각한다. 자유가 없는 평등은 어리석은 사람들을 호도하기 위해 사기꾼들이 만든 터무니없는 허구이다. 자유 없는 평등은 국가의 압제를 의미한다."[83]

프롤레타리아트 독재를 공산주의 사회를 건설하기 위해 필요한 첫 번째 단계로 여겼던 마르크스는 위와 같은 생각을 인터내셔널에 대한 배신이라고 비난했다. 그는 동지들에게 끈질기게 바쿠닌과 그의 동조자들을 인터내셔널에서 반드시 축출해야 한다고 설득했다. 그는 엥겔스와 함께 바쿠닌주의 계열 신문들이 퍼트렸던 "총평의회는 비스마르크주의자들의 수뇌부들이 중심이 된 독일 의회였을 것이다"[84]라는 거짓말을 공개적으로 비난하는 성명서를 인터내셔널 총평의회의 이름으로 작성했다. 부르주아 신문들의 파렴치한 비방에 대한 투쟁에서 마르크스는 딸과 부인의 엄청난 지지를 받았다. 친구들과 동지들에게 보낸 장문의 편지에서 예니는 무어가 인터내셔널을 위해 거의 견딜 수 없을 정도로 많은 일을 몇 년간 계속하고 있지만 아무도 이에 대해 신경 쓰고 있지 않음을 밝혔다. "적들이 그의 이름을 전면에 부각시켜서 이제 사냥개들이 한데 모였고, 또한 경찰과 민주주의자들이 '폭정, 권위주의, 야망'이라는 똑같은 후렴구만 끽끽거리며 읊어대고 있습니다! 그가 조용히 이론 작업에 몰두하면서 투사들의 투쟁에 대한 이론을 발전시킬 수 있으면 얼마나 좋을까요! 그러나 밤낮으로 잠잠한 날이 없습니다! 우리의 사적 관계가 얼마나 파괴되었고 어려움을 겪었는지요! 우리 딸들의 도움이 필요할 때가 바로 지금입니다."[85]

마르크스의 딸들은 부모의 도움이 필요하다는 생각을 거의 하지 않았다. 그녀들 셋 모두 아버지의 영향을 많이 받았다. 라우라는 의사 직업을 포기하고 인터내셔널의 특사가 된 남편과 프랑스에 같이 있었는데, 이곳에서 언니와 동생을 방문했다 (이때는 바로 파리코뮌이 붕괴된 직후였다). 그녀의 어머니는 당연히 그녀를 걱정했다. 인터내셔널 지도자의 딸이 프랑스 경찰에 의해 철저하게 감시당했고 마침내 체포되기도 했기 때문이었다. 프랑스 경찰이 마르크스의 딸들에게 대한 태도에 관해 예니는 장문의 편지를 썼다. 그리고 이 편지를 마르크스가《우드헐 & 클래플린스스 위클리Woodhull & Claflins's Weekly》의 편집인에게 보냈다. 마르크스 역시 여기서 출판을 한 적이 있다.

딸들이 아버지의 투쟁에 매우 활발하게 참여하고 있는 동안 예니는 다음과 같이 썼다. "이런 모든 투쟁이 일어날 때마다 사소하기 때문에 어려운 일은 우리 여자들의 차지가 됩니다. 남자들은 외부 세계와 투쟁하면서 힘을 얻고, 적들과 대면하면서 강해집니다. 그런데 적들의 수가 헤아릴 수 없이 많을지라도 우리는 집 안에 앉아 양말이나 꿰매고 있습니다. 이것으로 걱정이 사라지지는 않습니다. 그리고 매일의 사소한 걱정들은 느리게 그러나 확실하게 삶의 의욕을 갉아먹습니다. 나는 30년 이상 겪은 경험을 통해 말하고 있습니다. 그리고 나는 용기를 쉽게 포기하지 않았다고 자신 있게 말할 수 있습니다. 그러나 많은 희망을 가지기에는 나는 너무 늙었고, 최근의 불행한 사건으로 인해 엄청난 충격을 받았습니다. 나는 우리 자신이, 우리 늙은이들이 더 이상 많은 좋은 것을 체험하지 못하게 될까봐 두렵습니다."[86]

12. 사라져간 혁명가들

파리코뮌의 실패로 마르크스 가족의 삶에 큰 변환점이 생겼다. 공산주의 사회질서를 세우기엔 시기가 충분히 무르익지 않았다는 것이 분명해졌고, 이는 마르크스에게 공산주의 질서가 불가피하다는 것에 대한 이론적 근거가 더욱더 설득력 있게 제시되어야만 한다는 것을 의미했다. 그는《자본론》1권의 2차 개정판에서 이 작업을 시작해 2권에서도 이어나가기로 계획했다. 그러나 인터내셔널의 지도자인 마르크스는 인터내셔널 내부의 끊임없는 불화 때문에 이 진지한 저작에 쏟을 만한 시간이 없었다.

엥겔스와의 긴 논의 끝에 마르크스는 1872년 9월 즈음 헤이그에서 열리기로 예정되어 있던 인터내셔널 대회에서 대표직을 사임하기로 결정했지만 이는 바쿠닌의 추종자들이 인터내셔널 총평의회를 지배하지 못하도록 한다는 조건 아래 내린 결정이었다.

"인터내셔널의 생사는 (헤이그에서 9월 2일에 열리는) 인터내셔널 대회에 달려 있고, 사임하기 전에 인터내셔널을 분열 분자들에게서 보호해야겠습니다."[1] 마르크스는 대회에 참석해 자신에게 투표해줄 것을 바라는 마음에서 대표의 권한을 수여했던 쿠겔만에게 이렇게 썼다. 쿠겔만의 딸의 말에 따르면, 쿠겔만은 국제적인 정치 모임을 좋아하지 않았지만 마르크스가 시키는 대로 했다.

쿠겔만의 딸은 자신의 아버지가 헤이그에서 처음으로 마르크스의 부인을 만났다고 말했다. "호리호리하고 아주 젊어 보이는 여인이었는데, 열정적인 관심으로 당 활동에 참여했고 그 활동에 완전히 몰두하고 있는 것 같았다."[2] 쿠겔만은 예니가 마르크스에게 정치적인 행위를 하게끔 부추기는 것은 아주 옳지 못하다고 생각했는데, 쿠겔만의 딸이 다음과 같이 말했기 때문이었다. "예니첸이 바로 얼마 전에, 이름은 밝히지 않고 이런 말을 했어요. '불행히도 누군가가 무어인을 불안한 상태로 몰아가고 있으며, 사람들은 이 때문에 그녀를 싫어하게 될 거야.'"[3] 예니는 자기 딸을 사랑했기 때문에, 이런 말을 들었다면 깜짝 놀랐을 것이다. 그녀는 세 딸 모두가 아버지를 그녀보다 더 사랑하며 존경한다는 것을 알고 있었지만, 카를의 정치적 선전활동에 대한 책임을 예니에게 묻는 것은 터무니없는 일이었다. 카를은 자기 마음대로 할 수 있는 사람이었고, 어느 누구도 심지어 아내라고 해도 그가 선택한 길의 방향을 바꿀 수는 없었다. 그의 의지가 얼마나 강했는지는 헤이그 대회에서 곧 증명되었다. 마르크스는 매우 인기가 많았던 미하일 바쿠닌을 인터내셔널에서 제명하는 데 성공했다.

마르크스가 총평의회에 참가하지 않기로 결심한 후에 총평의회의 본부를 앞으로도 계속 런던에 둘 것인지 아니면 다른 도시로 이전시켜야 할 것인지에 대한 문제가 제기되었다. 헤이그에 모인 약 60명의 대표들은 거의 모두 인터내셔널의 유럽 지부 대표들이었기 때문에 총평의회 본부를 더 이상 런던에 두지 않는다면 다른 유럽 도시에 둘 수 있다는 주장을 받아

들였다. 그러나 마르크스와 엥겔스는 이미 이 대표들이 헤이
그에 오기 전에 유럽 지부 곳곳에서 여전히 강력하게 작용하
고 있는 바쿠닌의 영향력을 차단하기 위해 인터내셔널의 총평
의회를 뉴욕으로 옮기기로 결심했다. "우리 동지들 내에서조
차 많은 사람들이 이러한 결정에 대해 이상하게 생각하는 것
같다. 왜냐하면 그들은 미국이 말 그대로 노동자의 대륙이라
는 사실을 잊어버리고 있기 때문이다."⁴ 이러면서 마르크스는
인터내셔널 본부를 뉴욕으로 옮기려는 결심을 정당화했다.

　런던으로 망명한 파리코뮌의 일원 가운데 인터내셔널의 지
도자를 찾아온 두 사람이 있었는데, 이 둘이 찾아온 이유는 지
도자에게 조언을 구하기 위해서뿐만 아니라 마르크스의 두 딸
인 스물여덟 살의 예니첸과 열일곱 살의 투시를 좋아했기 때
문이기도 했다. 둘 가운데 더 젊으며 사회주의 신문 《라 리브
고슈La Rive Gauche》의 전 편집자인 샤를 롱게는 카를에게 초면
이 아니었다. 그는 이미 1866년에 라우라 마르크스와 결혼했
던 자신의 친구 폴 라파르그와 함께 마르크스의 집을 자주 방
문한 바 있다. 그 당시 그는 예니첸과 사랑에 빠졌고 예니첸은
그의 사랑을 받아들였으며, 그녀의 부모에게서 그녀와 결혼해
도 좋다는 허락을 받았다. 결혼식은 1872년 10월 10일에 열렸
다. 마찬가지로 프랑스의 저널리스트이며, 프로스퍼 올리비에
리사가레이로 불렸던 다른 이는 백작 출신이었지만 혁명적 신
념 때문에 백작 작위를 버린 인물이었다. 그는 서른네 살이었
고 매우 지적이었으며 잡지 《루즈 에 노아Rouge et Noir》를 펴내
는 일에 열성적으로 참여했다. 그는 자신의 책 《1871년 코뮌의
역사Histoire de la Commune de 1871》를 영어와 독일어로 번역하는

데 조언을 구하려고 마르크스를 찾아왔다. 마르크스는 이 프로젝트에 큰 관심을 가지고 참여했고 독일어로 번역하는 작업을 직접 감수했다.

영어판 번역은 마르크스의 열일곱 살 난 딸 투시가 했고, 그녀는 이 작업을 하는 동안 책의 저자와 열정적으로 사랑에 빠졌다. 리사가레이는 투시의 마음에서 우러난 사랑 표현에 너무 기쁘고 압도되어 그녀를 껴안고서 키스를 하며 "나의 사랑하는 여인ma petite femme"⁵으로 그녀를 받아들였다. 그러나 마르크스 가족이 투시와 리사(투시가 리사가레이에게 붙여준 애칭)의 약혼 사실을 알게 되었을 때 마르크스는 그 약혼은 절대 성사될 수 없다고 단언했다. 마르크스는 리사가레이에게 그가 자신의 딸과 결혼하려 들기 전에 우선 그 자신이 인생에서 무엇을 성취할 수 있는지를 보여줘야 한다고 말했다. 그런데 투시는 아버지의 반대에 시달린 나머지 병에 걸리고 말았다. 아니 더 정확히 말하면 그녀의 어머니가 자주 그랬던 것처럼 병으로 도피했다. 그래서 마르크스는 그녀를 브라이튼 여행에 데려가기로 했다. 브라이튼에서 며칠 있은 뒤 마르크스는 맨체스터로 여행을 계속했지만, 투시는 브라이튼에 머물면서 가정교사 일을 하며 스스로 생활을 해결했다. 예니는 막내딸이 갑자기 떠나는 바람에 매우 괴로워 그녀가 있는 브라이튼을 방문했다. 그리고 런던에 있는 줄 알았던 리사가레이도 사실은 브라이튼에 와 있다는 것, 게다가 투시와 자주 만난다는 것을 알고 몹시 놀랐다. 예니는 카를이 이 사실을 알면 얼마나 화를 낼지 알았기 때문에 투시에게 다시 집에 가서 아버지가 약혼을 허락해줄 때까지 기다리라고 조언했다. 그녀 자신은 이미 투시와 리사가레이가 약혼했다는 사실을 공공연하게 받아들였다. 투시는 런던으로 돌아와 기다렸다. 1874년 3월 23일, 투시는 사랑하는 아버지에게 감동적이고도 순박한 편지를 썼다.

"내가 가장 사랑하는 무어에게.

나 아빠한테 부탁하고 싶은 게 있는데, 화내지 않겠다고 먼저 약속해주세요. 아빠, 내가 언제 다시 L을 만나도 될지 알고 싶어요. 그를 결코 다시 볼 수 없다는 것이 몹시 힘들어요. 정말 참아보려고 했지만 너무 힘들어서 이렇게는 더 이상 못 견디겠어요. 그 사람이 여기에 와도 된다고 허락해주실 거라고는 기대하지 않아요. 그것까지 바라지는 않지만 내가 때때로 그와 함께 산책하는 것도 안 되나요? 아빠는 제가 우틴이나 프란켈이랑 같이 외출하는 건 허락하시잖아요. 그런데 그와는 왜 안 되나요? 모두 우리가 약혼한 사이라는 것을 아니까 아무도 우리가 같이 있는 걸 보고 놀라지 않을 거예요. ⋯⋯

브라이튼에서 내가 몹시 아팠을 때(일주일 동안 매일 하루에 두세 번씩 기절할 때) L이 나한테 와줬고 그때마다 나는 힘이 나고 행복했어요. 그럴 때면 나는 내가 짊어지고 있는 버거운 일들을 더 쉽게 견딜 수 있었어요. 그와 함께 있지 못한 게 이미 너무 오래됐고, 정말 즐겁고 유쾌하게 살아보려 무척이나 애써봤지만 나는 너무 비참해요. 더는 그렇게 못하겠어요. 제발 믿어주세요. 아빠, 내가 가끔 그를 볼 수만 있다면, 앤더슨 선생님이 주시는 약보다 훨씬 좋은 효과가 나타날 거예요. 확신할 수 있어요.

어쨌든, 사랑하는 무어, 내가 지금 그를 봐선 안 된다면, 그를 언제쯤 볼 수 있을지 제발 말해주세요. 그럼 제게도 기대할 만한 일이 생길 거고, 지금처럼 기약 없이 기다려야 하는 게 아니라면 기다리기가 덜 힘들 것 같아요.

나의 사랑하는 무어, 이 편지를 썼다고 제발 화내지 말아주세요. 그리고 제가 또다시 당신에게 걱정을 끼쳤다면 용서하세요.

당신의 투시가."[6]

마르크스는 "모두 우리가 약혼한 사이라는 것을 아니까 아무도 우리가 같이 있는 걸 보고 놀라지 않을 거예요"라는 문장을 보고 화를 억눌렀는데, 투시와 리사가레이가 약혼을 했다는 것이 그에게는 참을 수 없는 일이었기 때문이다. 왜 반대했는지 우리는 알지 못한다. 아마 그는 사랑하는 열일곱 살 난 딸이 그녀보다 나이가 두 배나 많은 남자와 결혼하는 걸 막고 싶었을 것이다. 또한 아마도 그는 예니와 마찬가지로 프랑스 남자를 셋째 사위로 맞길 원하지 않았을지도 모른다. 그러나 그가 투시가 열렬히 사랑하여 10년 동안 약혼녀로 남아 있게 한 남자를 반대하는 이유가 무엇이었든 간에, 이후 투시의 삶은 비극적인 결말을 맞이한다. 이러한 에피소드의 긍정적인 결과는 예니가 "머리끝에서 발끝까지 정치가"[7]라고 불렀던 막내딸 투시가 집에 남아서 아버지 곁에 있었다는 것이다. 투시는 아버지에 대해 다음과 같이 말했다. "아무도 내가 그를 얼마나 사랑하는지 모를 거야."[8]

때때로 여러 가지 병 때문에 중단되기는 했지만 그 후로 몇 년간 마르크스의 주된 작업은 《자본론》 2권을 집필하는 것이었다. 그는 이것을 끝내 완성하지 못했다. 그는 투시와 함께 몇 차례 요양 치료차 칼스바트로 여행을 떠났는데, 거기서조차 경찰에게 감시당했으나 괴롭힘을 당하지는 않았고 최상위 계층의 사람들과 함께 어울렸다. 사교계의 귀부인들은 잘 만들어진 영국식 양복을 입은 품위 있고 나이 든 신사가 노동자들의 대부라는 것을 알고 매우 놀랐다. 언젠가 마르크스를 슬쩍 떠보는 질문이 나왔다. "당신이 귀족적인 성향과 습관을 갖고 있는 것으로 보아서는 당신이 계급 없는 시대에 사는 걸 생각할 수 없네요."[9] 이에 대해 그는 아마 이렇게 대답했을 것이다. "나도 그 시대에 살고 있을 것이라고 생각하지 않습니다. 계급이 사라진 시대가 올 테지만, 그때는 우리도 이미 사라졌을 겁니다."[10]

예니 마르크스는 말년에 육체적이고 정신적인 고통에 시달렸다. 예니는 그녀의 세 딸(결혼한 두 딸 라우라와 예니, 또한 투시까지)이 자신보다 아버지와 더 강한 유대감을 느낀다는 것에 상처를 받았다. 카를이 치료를 위해 칼스바트에 갔을 때 그녀는 집에 남아 있거나 혼자 또는 리지와 함께 램즈게이트에 가거나 영국의 다른 바닷가 휴양지에 갔다. 딱 한 번, 1877년 카를은 의사의 조언에 따라 칼스바트로 다시 가려고 하면서 엥겔스에게 편지를 썼다. "난 다음과 같은 이유들 때문에 가능하면 8월 12일 전에 칼스바트 말고 노이에나르로 떠날 생각이네. 첫째, 비용 때문이네. 자네도 알다시피 아내가 소화 장애로 몹시 고생하고 있어. 그리고 투시도 심한 발작 증세를 보이고 있네. 그런데도 어쨌든 난 그 애를 데려가려 하네. 그렇게 되면 아내는 혼자 남게 되어 매우 기분이 상할 걸세."[11] 그러나 예니는 기분이 상하지 않았다. 왜냐하면 카를이 자신이 하고 싶어하는 일을 하고야 마는 사람이라는 것을 받아들인 지 이미 오래되었기 때문이다. 게다가 그녀는 자신만의 삶의 방식을 이루었다.

그녀는 손자들을 돌봤고 극장에 가는 것을 즐겼으며 종종 소녀 시절에 했던 대로 셰익스피어를 낭송하기도 했다.

그녀의 아버지가 그녀에게 셰익스피어의 세계를 소개해주었고 삶이 끝나가는 지금 그녀가 다시 보게 된 것도 셰익스피어였다. 그녀는 햄릿 역을 맡았던 젊은 영국 배우 헨리 어빙의 연기를 매우 감명 깊게 봐서 그것에 대한 비평을 썼고, 투시는 《프랑크푸르트 신문Frankfurter Zeitung》 특파원에게 그 비평을 실어달라고 부탁했다. "만약 당신이 어머니의 비평을 《프랑크푸르트 신문》에 실어준다면 우리는 아주 기쁠 거예요. …… 어머니는 본인 이름이 《프랑크푸르트 신문》에 실리는 걸 원하지 않는다고 하셨는데, 그래도 누가 그 비평을 썼는지 밝히고 싶다면 '친구들 중 누군가'라고 쓰면 될 겁니다."[12] 비평은 개재되었고 이후 다른 몇 개의 비평도 실렸다. 1877년 1월 1일에 썼고 1877년 2월 8일 《프랑크푸르트 신문》에 실렸던 그녀의 마지막 비평 가운데 하나는 터키가 헤르체고비나와 불가리아 등에게 자치권을 주는 것을 거부했기 때문에 콘스탄티노플의 인터내셔널 대회가 '붕괴'한 것에 대한 서문으로 시작했다. 이 서문은 아이러니하게도 마르크스의 문체와 매우 비슷했다. "전쟁의 트럼펫 소리는 고요하고, 그리고 정치에 대해 시시껄렁하게 지껄이는 속물들이 조용히 자신의 두려운 마음을 진정시키고 평화롭게 잠들며 평화와 번영이 있는 금빛 꿈에 잠긴다."[13]

그 후 그녀는 그주의 엄청난 사건, 즉 완전한 원본에 기초하여 최초로 영국 관객들 앞에서 펼쳐졌던 셰익스피어의 〈리처드 3세〉 공연에 대한 평을 썼다. 이 작품은 셰익스피어 사후 반세기 동안 완전히 무대에서 사라졌다가 후에 주요 부분이 삭

제된 채로 개작되어 공연되었다. 그러나 그 당시에 어빙은 용기를 내어 이 작품을 원문 그대로 공연했다. "지난주 월요일에 리세움의 문을 에워싸고 있던 어마어마한 수의 사람들은 그 실험이 얼마나 성공적이었는지를 증명했다. ……

　이제 우리의 불만의 겨울은
　요크의 태양으로 인해서 영광스러운 여름이 되었으며.

　이러한 글로스터의 첫 번째 독백이 시작된 후로 즉시 숨죽인 침묵이 이어졌고 낙원의 신들조차 마법의 주문을 엿들었다."[14]

　그녀의 활동 무대는 셰익스피어를 끝으로 막을 내렸다. 예니 마르크스는 생애 마지막 몇 해의 대부분의 시간을 의사가 진단했던 소화불량이 아니라 간암으로 침대에서 보냈다. 그녀는 사람들이 가져다준 그렇게나 많은 약을 복용했지만 어떤 약도 효과가 없었다. 동시에 카를도 그녀와 함께 침대에 매여 있었다. 그는 뒷방에 누워 있었고 그녀는 앞방에 누워 있었다. 그 후 1881년 12월 2일, "죽음이 오는 순간을 느꼈을 때, 그녀는 말했다네. '카를, 기운이 없어요.' 이것이 그녀가 마지막으로 분명하게 알아들을 수 있게 한 말이었네. 12월 5일에 그녀는 하이게이트 묘지의 신에게 버림받은 이들(무신론자를 뜻함―옮긴이)을 위한 구역에 묻혔다네."[15] 그녀의 남편은 너무 아파서 장례식에 참석할 수 없었지만 프리드리히 엥겔스가 그녀의 무덤 앞에서 짧은 추도 연설을 했다.

후기

예니가 죽기 며칠 전에 마르크스는 그의 사상에 대해 긴 사설을 게재한 월간지 《현대사상Modern Thought》의 12월호를 받았다. "이 첫 번째 영문 잡지는 새로운 사상에 대한 진심어린 열광을 담고 있었고 영국의 속물들과 대담하게 맞섰습니다. 그렇다고 해서 저자가 주장하는 내 삶에 대한 정보가 대부분 틀렸다는 사실이 사라지지는 않습니다."[1] 마르크스는 저자의 경제에 관한 기본 상식이나 《자본론》에서 가져온 인용구들도 틀렸거나 뒤죽박죽이라고 생각했다. 하지만 이런 단점에도 이 기사는 그를 기쁘게 했다. "런던 웨스트엔드의 벽에 대담하게 적혀 있던 광고문들로 인해 알려지게 된 이 기사는 나오자마자 세상을 놀라게 하고 있습니다. 가장 중요했던 것은 내가 이 잡지를 11월 30일에 받았기 때문에, 내 아내가 생의 마지막 나날 동안 기운을 차릴 수 있었다는 사실입니다."[2]

마르크스 스스로도 대중에게 그의 사상을 알리려는 첫 시도에 대해서는 칭찬했지만, 자신의 삶에 대해 언급한 것에 대해서는 비판했기 때문에 그 이후로 마르크스를 정치적 상황에 따라 비난받았던 인물로 묘사하려는 시도가 이어진 것도 놀라운 일은 아니다.

마르크스의 사위 샤를 롱게는 파리 신문 《정의》에 예니의 부고를 썼는데, 그 기사에는 예니가 유대인 변호사의 아들과 결혼하기 위해 수많은 편견을 극복해야 했으며 그중에서도 인종적 편견이 가장 심했다는 내용이 있었다. 마르크스는 이렇게 응답했다. "처음부터 끝까지 전부 거짓말이야. 극복해야 할 편견 따위는 전혀 없었다. 룽게에게 그의 글에서 다시는 내 이름을 보지 않게 해달라고 부탁하고 싶다."[3] 하지만 설령 이게 농담이 아니었다고 해도, 그의 기원은 이루어질 수 없었다. 어느 누가 카를 마르크스의 이름을 언급하지 않은 채 세계 공산주의 운동에 대해 쓸 수 있을까. 1883년에 그가 죽은 이후로 그에 대한 책들이 피라미드처럼 쌓여왔고, 몇 권이나 될지 셀 수조차 없다. 마르크스에 대한 아무 선입견도 없이 이 피라미드에 접근하는 독자는 이 사람에 대해 쉴러 폰 발렌슈타인(1583~1634, 30년 전쟁에서 합스부르크군을 지휘한 오스트리아의 장군 ─ 옮긴이)이 썼던 문장과 비슷한 인상을 받을 것이다.

사람들의 두려움이나 애정으로 인해 곡해된 사람.
그가 정말 어떤 사람이었는지 우리는 모른다.

예니 마르크스의 삶을 이해하려고 노력했던 7년 동안, 나는 이 작업을 결코 해낼 수 없을 것 같다는 생각에 자주 사로잡혔다. 수많은 개인 문서들과 편지들, 일기들이 밝혀지지 않았거나 이미 훼손되었기 때문이다. 나는 이론적인 논지를 펴고 싶지는 않았으므로 그녀가 남편, 아이들과 함께했던, 그들에게 헌신했던 삶의 세부적인 사실들을 써보기로 결심했다. 이런 방식도 쉽진 않았는데 예니는 종종 무슨 일이 일어났는지 쓰지 않고 암시하기만 했기 때문이다. 그래도 여기 놓인 예니 마르크스의 초상이 기본적으로는 틀리지 않았다고 확신한다. 그녀는 행동과 말로 여전히 우리 모두에게 좋든 나쁘든 영향을 미치는 거인의 그림자 속에서 살았고 오로지 가장 가까운 사람들만이 예니의 인간적인 행복에서 볼 때 그런 삶이 어떤 의미를 가졌는지 알 수 있었다. 어떤 사람들은 마르크스를 칭송할 때 그녀를 이상화하면서 언급하기도 했다. 다음 글은 1899년 매사추세츠의 보스턴에서 있었던 카를 마르크스 기념식에서 낭독된 것이다.

부드러운 사랑으로 가득했던 그의 동반자를 잊지 않을 것이다.
죽음의 어두운 고통 가운데서 보석함도 없이 돈도 없이
그녀의 사랑으로도 지켜주지 못했던 죽은 남편 곁에 누워 있는.
가난과 죽음의 형상에서 당신을 보호하기 위해,
당신의 이름이 성인이나 천사들과 함께 놓이진 못할지라도
당신의 미덕이 통치했던 시대였다고 우리는 외친다. 사랑스러운 예니여.
마르크스, 그리고 우정을 함께 나눴던 엥겔스에게도 헌사를 바친다.
우리가 그들의 이름을 속삭일 때 눈물로 눈이 흐려지기는 하지만.

옮긴이의 말

먼저 오랜 작업 끝에 이 책의 번역본이 나오게 된 것이 정말 감격스럽다. 전문 번역가도 아닌 학생 신분이었던 우리가, 그것도 공동 번역이라는 어려운 작업을 마침내 끝마쳤을 때의 시원함이란 이루 말할 수 없었다. 감수를 맡아주셨던 이재유 선생님께서 처음 제안했을 때, 나를 비롯한 번역팀 친구들은 그저 나눠서 번역하고 대략 검토하면 되는 간단한 작업인 줄 알고 시작했다. 분량도 부담스럽지 않아 금방 끝낼 수 있을 것 같았다. 그러나 그 '대략적인 검토'는 최초의 생각처럼 쉽지만은 않았다. 다섯 명으로 이루어진 번역팀은 각기 다른 언어습관 덕분에, 어떤 우리말 표현이 의미 전달에 더 적합한지를 놓고 오랜 시간 토론하기 일쑤였다. 심지어 한 문장을 놓고 두 시간을 토론했는데도 결론에 도달하지 못한 경우도 있었다. 그래서 2011년 말 겨울방학부터 시작해, 결국 방학을 넘겨 다음해 여름방학까지 지연되었고 간신히 마무리할 수 있었다.

처음 이 책을 접하기 전에는 예니 마르크스에 대해 아는 바가 거의 없었다. 솔직히 마르크스의 부인의 이름이 '예니'인 것도 이 책을 통해 처음 접했다. 저자는 위대한 남성의 뒤에 있는 여성은, 대개 그 남성의 열정 때문에 희생되게 마련이며, 예니 역시 위대한 희생자였음을 강조하고 있다. 그러나 책 전반에 그려진 그녀의 삶은, 그녀를 단순히 '위대한 희생자'로만 압

축할 수 없다는 걸 보여주고 있다. 사실 그녀의 '희생'은 일반적인 남편에 대한 '사랑'의 힘으로만 가능한 것이 아니었다. 물론 예니는 마르크스를 사랑했지만, 마르크스의 생각과 활동에 더 큰 지지와 사랑을 보냈기 때문에 그에 따르는 모든 물리적 어려움을 감내할 수 있었던 것이 아니었을까. 어쩌면 마르크스의 생각 대부분은 예니의 영향을 받았을 가능성이 높다. 어린 시절부터 소꿉친구로 지낸 시간이 많았고, 네 살 연상이었던 그녀가 마르크스에게 많은 영감을 제공했으리라는 것은 쉽게 추측해볼 수 있다. 그렇다면 마르크스의 모든 활동은 곧 그녀의 활동이나 다름없었을 것이다. 그러므로 그녀가 '감내해야 했던 희생'은 남편에게서 강요된 것이 아니라 스스로 기꺼이 '짊어진' 짐이었던 셈이다.

그래서 이 책은 '위대한 혁명가를 남편으로 둔 한 여자의 이야기'에만 그치지 않는다. 너무나 큰 거인의 옆에 있었기 때문에 그 그늘에 가리어 주목받지 못했지만, 그녀 역시 위대한 혁명가였다. 가장 열렬한 마르크스의 지지자이자 동지였던 예니 마르크스. 그녀의 일대기를 쓴 오래된 책이지만, 우리의 작은 정성이 그녀를 다시 새롭게 조명해볼 수 있게 하는 계기가 되었으면 한다.

끝으로 전문 번역가가 아닌 학생들의 작업에 관심을 가져주고 출판을 허락해준 오월의봄과, 감수를 맡아 고생한 이재유 선생님께 무한한 존경과 깊은 감사를 드린다. 그리고 같이 번역한 친구들 수고했습니다!

김보성

옮긴이의 말   273

감수자의 말

세계 공산주의 운동의 창시자인 카를 마르크스를 둘러싼 평가는 크게 두 가지로 나뉜다. 하나는 마르크스를 악의 축 또는 죽은 개 취급하는 것이고, 다른 하나는 마르크스를 고통에 가득 찬 세계를 구원할 수 있는 자로서 영웅시하거나 신성시하는 것이다. 그런데 이 '적대적인' 두 가지 경향 모두에 공통적인 것이 전제되어 있다. 그것은 마르크스가 대단히 출중한 인물이라는 점이다. 이건 부인할 수 없는 사실이다. 그럼에도 이런 사실적인 평가에 뭔가 뒷맛이 개운하지 않다. 무엇 때문일까?

마르크스주의의 역사관은 '피지배계급으로서 민중의 역사관'이다. 지금까지 역사를 이끌어온 것은 몇몇 뛰어난 영웅들이 아니라 '별 볼 일 없는' 자들인 민중이다. 그런데 '별 볼 일 없는' 것은 지배계급의 세계관에서나 그러한 것이다. 지배계급에게 민중은 '별 볼 일 없어야만 하는' 자여야 한다. 그러나 마르크스주의에서 민중은 '별 볼 일 없는' 자들이 아니다. 인간의 역사를 이끌어가는 위대한 자들이다. 왜 민중이 인간의 역사를 이끌어가는 위대한 자일까?

민중은 '실천활동'의 존재이다. 실천활동은 자기 자신을 끊임없이 '인간'으로서 생산하려 하며, 그 생산의 조건인 생산관계를 끊임없이 변혁하려는 활동이다. 그렇기 때문에 민중은 시시포스와 같은 존재이며, 이 존재가 바로 인간이다. 인간은 로빈슨 크루소와 같은 단독자의 존재가 아니다. 인간은 자기 자신을 생산하는 생산관계로서의 존재이다. 어떤 인간도 인간으로서 자기 자신의 생산과 불가분인 이 생산관계망을 벗어나서 존재할 수 없다. 인간은 이 생산관계망에서 생산하며 생산되는 존재이다. 이러한 실천활동의 존재가 바로 '자유로운 개인이 연대하는 사회' 속의 '자유로운 개인'이다.

마르크스 역시도 이 생산관계망 속에서 '자유로운 개인'으로 자기 자신을 생산하며 또한 생산되는 존재이다. 마르크스에게서 이 생산관계망은 그의 부인인 예니 마르크스와 그녀의 세 딸, 엥겔스 그리고 그와 함께했던 이름 모를 동지들이었다. 특히 예니 마르크스는 이 생산관계망에서 가장 기본적인 토대였다. 이 생산관계로서 예니 마르크스가 없었다면, 마르크스는 '마르크스'로서 절대 생산될 수 없었을 것이다.

인간의 역사는 생산관계 속에서 자신을 인간으로서 생산하려고 해왔으며, 또한 새로운 인간으로서 자기 자신을 생산하기 위해 기존의 생산관계를 새로운 것으로 변혁시키고자 한 '인간 생산의 역사'라고 할 수 있다. 한 개인의 역사 역시도 마찬가지로 그 개인의 생산의 역사이다. 예니 역시도 마찬가지였을 것이다. 예니는 '인간'으로서 그리고 '자유로운 개인'으로서 자신을 생산하기 위해 일생 동안 끊임없이 노력했다. 귀족의 딸에 머무르지 않고, 어렸을 때는 공화주의 사상에 눈을 떴고, 시민계급 출신의 마르크스와 결혼을 함으로써 귀족으로서 자신의 신분을 뛰어넘었다. 혁명가 마르크스의 아내로서 혁명가가 되고자 했으며, 그럼으로써 기존의 아내와 어머니상을 넘어서고자 일생 동안 투쟁했다. 이러한 투쟁은 곧 예니 자신뿐만 아니라 마르크스를 비롯한 자신의 생산관계까지도 새롭게 생산하고자 한 실천활동이었다. 우리는 이 책을 통해 이러한 예니를 충분히 엿볼 수 있다. 그렇다고 해서 예니를 영웅시하거나 신비화시키지는 않는다.

이 책을 번역한 사랑하는 제자들인 현진, 상미, 보성, 선웅, 현식에게 감사하다는 말을 전하고 싶다. 결코 쉽지 않았음에도 시시포스처럼 끝까지 성실하게 번역 작업을 공동으로 잘 마쳤다. 매주 함께 모여 자신의 번역 작업 결과에 대해 서로 비판하고 공유하며 서로들 각자 '자유로운 개인'으로 자신을 생산할 수 있는 생산관계를 구축해나갔다. 그런데 이들에게 너무나 미안하다. 이들의 작업에 거의 아무런 도움을 주지 못했기 때문이다. 사랑하는 제자 운운했지만, 무늬만 그런 것이 아니었나 싶다. 많은 반성이 필요하다. 그러면서도 이들이 너무 자랑스럽다. 자랑스러운 제자를 둘 수 있는 영광을 못난 스승에게 준 이들에게 진심으로 감사의 말을 전한다. 정말 고맙습니다!!

서울의 한 대학도서관에서 이재유

들어가는 말

1. *Marx Engels Gesamtausgabe*, Berlin 1975-81 ABt. III, 1, S. 337. (이하 MEGA)
2. Ivonne Kapp, *Eleanor Marx*, New York 1972, S. 298. (이하 Kapp)

1장 예니, 태어나다

1. Marx Engels Werke, Berlin 1961, Bd. 14, S. 433. (이하 MEW)
2. Lutz Graf Schwerin v. Krosigk, *Jenny Marx: Liebe und Leid im Schatten von Karl Marx*, Wuppertal 1975, S. 175. (이하 Krosigk)

2장 예니, 마르크스를 만나다

1. *Krosigk*, S. 183.
2. Ebd., S. 15.
3. Fritz J. Raddatz, *Karl Marx, Eine politische Biographie*, Hamburg 1975, S. 36. (이하 Raddatz)
4. *Krosigk*, S. 17.
5. J. W. v. Goethe, *Faust* II/5. Akt.
6. *MEGA* I(1부), 1(1권), S. 12(12쪽)
7. Ebd.
8. Ebd.
9. Heinz Monz, *Karl Marx, Grundlagen der Entwicklung zu Leben und Werk*, Trier 1973, S. 162. (이하 Monz)

1. *MEGA* III, 1, S. 289.

2. Ebd., S. 290.

3. Ebd., S. 296.

4. Ebd., S. 303.

5. Ebd., S. 304.

6. Ebd., S. 306.

7. Ebd., S. 306.

8. Ebd., S. 9f.

9. Ebd., S. 304.

10. *MEGA* I, 1(2), S. 661.

11. Robert Payne, *Marx, A Biography*, New York 1968, S. 71. (이하 Payne)

12. *MEGA* III, 1, S. 337.

13. *MEGA* I, 1(2), S. 607.

14. *MEGA* III, 1, S. 331.

15. Ebd.

16. *MEGA* III, 1, S. 308.

17. Ebd.

18. Ebd., S. 338.

19. *Krosigk*, S. 41.

20. *MEGA* III, 1, S. 308.

21. Ebd., S. 366.

22. Ebd., S. 368.

23. *Karl Marx in Berlin*, hrsg. von Sepp Miller u. Bruno Sawadzki, Berlin 1953, S. 75. (이하 *Karl Marx in Berlin*)

24. *MEGA* III, S. 535.

25. *MEGA* I, 1(2), S. 260.

26. *MEGA* III, 1, S. 364.

27. Ebd., S. 368.

28. Ebd., S. 28.

29. *MEW* I, S. 54.

30. *MEGA* III, 1, S. 338.

4장 새로운 세상으로 가는 길

1. Ebd., S. 38.

2. Ebd., S. 33.

3. Ebd.

4. Ebd.

5. Ebd.

6. *MEGA* III, 1, S. 396.

7. Ebd.

8. Ebd., S. 397.

9. Johann Wolfgang von Goethe, *Torquato Tasso* II, 1.

10. *MEGA* I, 1, S. 152.

11. *MEGA* I, 1, S. 366.

12. *MEGA* III, 1, S. 396.

13. Ebd., S. 47.

14. Ebd., S. 44.

15. Ebd., S. 45.

16. Ebd., S. 397.

17. *MEGA* I, 2, S. 311.

18. Ebd.

19. *MEW* I, S. 372.

20. Nicolajewsky, Boris u. Otto Maenchen-Helfen, *Karl Marx: Mand and Fighter*, London 1976, S. 68. (이하 *Nicolajewsky*)

5장 갈리아 수탉의 커다란 울음소리

1. *MEW* I, S. 391.

2. *MEGA* III, 1, S. 412.

3. *Nicolajewsky*, S. 77.

4. Wolfgang Büttner, *Georg Herwegh: ein Sänger des Proletariats*, Berlin 1886, S. 45. (이하 *Büttner*)

5. Ebd., S. 47.

6. Ebd., S. 47.

7. Ebd., S. 50.

8. Ebd., S. 49.

9. *Nicolajewsky*, S. 68.

10. Büttner, S. 72.

11. Arnold Ruge, *Briefwechsel und Tagebuchblätter aus den Jahren 1825–1880*, hrsg. von Paul Nerrlich, Berlin 1886, Bd. 1, S. 349. (이하 *Ruge*)

12. *Nicolajewsky*, S. 125.

13. Heinlich Heine, *Sämtliche Schriften*, hrsg. von Klaus Briegleb, München 1974, Bd. II, S. 103. (이하 *Heine*)

14. *Heine*, Bd. V, S. 232.

15. Ebd.

16. *Mohr und General, Erinnerungen an Marx und Engels*, Berlin 1965, S. 205. (이하 *Mohr & General*)

17. *MEGA* III, 1, S. 442.

18. *Mohr & General*, S. 205.

19. *MEGA* III, 1, S. 440.

20. Ebd.

21. Ebd., S. 429.

22. Ebd., S. 429f.

23. Ebd., S. 439.

24. Ebd.

25. Ebd.

26. *MEW* I, S. 391.

27. *MEGA* III, 1, S. 440.

28. Ebd., S. 443.

29. Ebd.

30. Ebd.

31. Ebd., S. 441.

32. *MEW* I, S. 405.

33. *MEGA* III, 1, S. 244.

34. *Mohr & General*, S. 205.

35. *MEGA* III, 1, S. 453.

36. *Mohr & General*, S. 205.

6장 우리의 시대가 오고 있다

1. *Krosigk*, S. 59.

2. Stephan Born, *Erinnerungen eines Achtundvierzigers*, Berlin 1978, S. 39. (이하 Born)

3. *Mohr & General*, S. 216.

4. *MEGA* III, 1, S. 263.

5. Ferdinand Freiligrath, *Gedichte*, Stuttgart 1964, S. 4.

6. Ebd., S. 115.

7. Manfred Häckel, Freiligraths Briefwechsel mit Marx und Engels, Berlin 1968, Bd. 1, S. 30.

8. Ebd., S. 116.

9. *MEGA* III, 1, S. 479.

10. Ebd.

11. Ebd., S. 480.

12. Ebd.

13. Born, S. 41.

14. *Mohr & General*, S. 109.

15. *MEW* III, S. 35.

16. *MEGA* III, 1, S. 517.

17. Ebd., S. 518.

18. Ebd., S. 519.

19. Saul Padover, *Karl Marx. An intimate Biography*, New York 1978, S. 112.

20. *MEGA* III, 2, S. 10.

21. Ebd., S. 20.

22. Ebd., S. 16.

23. Internationaal Instituut voor Sociale Geschiedenis, Amsterdam (이하 *IISG*), Brüssel 1847/48 .

24. *Dornemann*, S. 85.

25. *MEGA* III, 2, S. 219.

26. Ebd., S. 253.

27. *MEGA* III, 2, S. 125.

28. Ebd.

29. *Deutsche Brüsseler Zeitung*, 9. Dez. 1847.

30. *MEW* IV, S. 460.

31. Ebd.

32. Ebd., S. 481.

33. *Deutsche Brüsseler Zeitung*, 6. Jan. 1848.

34. *Mohr & Genera*, S. 207.

35. Februar 1848, *IISG*, Amsterdam.

36. *MEW* IV, S. 530.

37. *MEGA* III, 2, S. 389.

38. *Mohr & General*, S. 208.

39. *Ebd*.

40. *Ebd*.

41. *Mohr & General*, S. 209.

42. *Born*, S. 49.

7장 결단의 해: 1848~1849

1. Bert Andréas, "Marx' Verhaftung und Ausweisung, Brüssel, Februar/März 1848", in: Schriften aus dem Karl-Marx-Haus, Trier, 22.

2. *MEGA* III, 2, S. 564.

3. Ebd.

4. Ebd., S. 143.

5. *MEGA* III, 1, S. 518.

6. *MEGA* III, 2, S. 422.

7. Ebd., S. 414.

8. *Dornemann*, S. 115.

9. *MEGA* III, 2, S. 115.

10. *MEGA* III, 2, S. 162.

11. Der Bund der Kommunisten, Dokumente und Materialien, Bd. I, Berlin 1970, S. 849. (이하 *Bund der Kommunisten*)

12. *MEGA* III, 2, S. 168.

13. *Bund der Kommunisten*, S. 84.

14. Ebd., S. 895.

15. *MEW* IV, S. 241.

16. *Bund der Kommunisten*, S. 921.

17. *MEW* IV, S. 468.

18. Ebd., S. 480.

19. *Bund der Kommunisten*, S. 941.

20. Ebd., S. 943.

21. *MEW* IV, S. 503.

22. Ebd.

23. *Karl-Marx-Album*, Berlin 1953, S. 92.

24. *MEGA* III, 2, S. 125.

25. Ebd.

26. Ebd.

27. Paris, 14. Juli 1849, *IISG*, Amsterdam

28. *Mohr & General*, S. 210.

8장 런던의 지옥 같은 생활

1. *Mohr & General*, S. 240.

2. Ebd., S. 240f..

3. Ebd., S. 214.

4. *MEW* VI, S. 15.

5. Ebd., S. 34.

6. *Mohr & General*, S. 212.

7. *Payne*, S. 235.

8. *MEW* VI, S. 316.

9. Gustav Mayer, "Neue Beiträge zur Biographie von Karl Marx", in: Archiv für die Geschichte des Sozialismus und der Arbeiterbewegung, Jhrg. 10, Leipzig 1922, S. 62f. (이하 *Gustav Mayer*)

10. Ebd., S. 58.

11. Ebd.

12. *Mohr & General*, S. 214.

13. *MEGA* III, 3, S. 621/622.

14. Ebd.

15. Ebd.

16. *Mohr & General*, S. 215.

9장 죽음의 거리

1. *Gustav Mayer*, S. 58.

2. MEW XXX, S. 248. 마르크스가 엥겔스에게 보낸 편지

3. *MEGA* III, 3, S. 99.

4. Ebd., S. 108.

5. *Mohr & General*, S. 216.

6. Ebd.

7. *Born*, S. 49.

8. *Mohr & General*, S. 109.

9. Ebd.

10. *MEW* XXVIII, S. 85. 엥겔스가 마르크스에게 보낸 편지.

11. Ebd., S. 490. 마르크스가 바이데마이어에게 보낸 편지.

12. Ebd.

13. *Mohr & General*, S. 217.

14. Ebd.

15. Wilhelm Stieber, Spion des Kanzlers, München 1981, S. 32.

16. Ebd., S. 30.

17. Ebd., S. 33.

18. Ebd.

19. *MEW* XXVIII, S. 641. 예니가 아돌프 클루스에게 보낸 편지.

20. Ebd., S. 642.

21. Ebd., S. 128. 마르크스가 엥겔스에게 보낸 편지.

22. Ebd.

23. *Mohr & General*, S. 220.

24. Ebd.

25. Ebd.

26. *MEW* XXVIII, S. 370. 마르크스가 엥겔스에게 보낸 편지.

27. Ebd., S. 371.

28. Ebd., S. 423.

29. *Mohr & General*, S. 244.

30. MEW XXVIII, S. 441. 마르크스가 엥겔스에게 보낸 편지.

31. Ebd., S. 442.

32. Ebd., S. 444.

33. Jenny an Lassalle, April 1861 IISG, Amsterdam.

34. *MEW* XXVIII, S. 415.

35. 28, Juni, 1855.

36. *MEW* XXVIII, S. 438. 마르크스가 엥겔스에게 보낸 편지.

37. Ebd.

38. Archiv für Sozialgeschchte II. Band, Hannover 1962, S. 176. (이하 *Archiv für Sozialgeschchte*)

39. *MEW* XXX, S. 671. 마르크스가 예니에게 보낸 편지.

40. *MEW* XXIX, S. 40.

41. Ebd., S. 532.

42. Ebd.

43. F 132 IISG, Amsterdam.

44. Ebd.

45. Ebd.

46. Ebd.

47. *MEW* XXIX, S. 67.

48. Ebd.

49. *Archiv für Sozialgeschchte*, S. 177.

50. Ebd.

10장 외롭고 깊은 겨울

1. *Mohr & General*, S. 113.

2. Krosigk, S. 97.

3. Ebd.

4. Ebd., S. 98.

5. *Mohr & General*, S. 222.

6. Ebd., S. 221.

7. Ebd.

8. *MEW* XXIX, S. 150.

9. Ebd., S. 151.

10. Ebd., S. 156.

11. Ebd., S. 267.

12. Ebd., S. 343.

13. Ebd., S. 344.

14. Ebd., S. 345.

15. *Krosigk*, S. 103.

16. *MEW* XXIX, S. 374.

17. Ebd.

18. *MEW* XIII, S. 9.

19. *MEW* XXIX, S. 385.

20. Ebd., S. 442. 마르크스가 엥겔스에게 보낸 편지.

21. Ebd., S. 632. 예니가 프라일리그라트에게 보낸 편지.

22. *MEW* XXX, S. 8. 마르크스가 엥겔스에게 보낸 편지.

23. Ebd., S. 11.

24. Ebd.

25. *MEW* XXIX, S. 654. 예니가 엥겔스에게 보낸 편지.

26. *MEW* XXX, S. 683.

27. Ebd.

28. Ebd., S. 38. 마르크스가 엥겔스에게 보낸 편지.

29. Ebd., S. 85.

30. Karl Vogt, *Mein Prozeß gegen die Allgemeine Zeitung*, Genf 1859, S. 151f.

31. *MEW* XXX, S. 683.

32. *Mohr & General*, S. 256.

33. Ebd., S. 257.

34. Ebd., S. 258.

35. Ebd.

36. Ebd., S. 259.

37. *MEW* XXX, S. 159. 마르크스가 엥겔스에게 보낸 편지.

38. Ebd., S. 685. 예니가 엥겔스에게 보낸 편지.

39. Ebd., S. 168.

40. Ebd., S. 590.

41. Februar 1861 IISG, Amsterdam.

42. April 1861 IISG, Amsterdam.

43. *MEW* XXX, S. 603. 마르크스가 라살레에게 보낸 편지.

44. Ebd., S. 601.

45. Ebd., S. 602.

46. April 1861 IISG, Amsterdam.

47. *Mohr & General*, S. 228.

48. April 1861 IISG, Amsterdam.

49. Ebd.

50. Ebd.

51. *MEW* XXX, S. 248.

52. Ebd.

53. *Mohr & General*, S. 235.

54. *MEW* XXX, S. 257. 마르크스가 엥겔스에게 보낸 편지.

55. Ebd.

56. Ebd., S. 280. 마르크스가 엥겔스에게 보낸 편지.

57. Ebd., S. 287.

58. *Mohr & General*, S. 229.

59. *MEW* XXX, S. 303.

60. Ebd.

61. Ebd., S. 309.

62. Ebd., S. 312.

63. Ebd., S. 314.

64. Ebd., S. 315.

65. Ebd., S. 318.

66. Ebd., S. 532.

67. Ebd.

68. Ebd., S. 327.

69. Ebd., S. 342.

70. Ebd., S. 347.

71. Ebd., S. 691.

72. *Mohr & General*, S. 230.

73. *MEW* XXX, S. 376. 마르크스가 엥겔스에게 보낸 편지.

74. Ebd.

75. Ebd., S. 380.

76. Ebd., S. 382.

77. Dez./Januar 1863/64 D 3309 IISG, Amsterdam.

78. *Mohr & General*, S. 231.

11장 공산주의 사회로 가는 길

1. *Archiv für Sozialgeschchte*, S. 177.

2. Ebd., S. 178.

3. Ebd., S. 179.

4. *MEW* XXXIII, S. 703. 예니가 리프크네히트에게 보낸 편지.

5. *Archiv für Sozialgeschchte*, S. 182.

6. *MEW* XXX, S. 665. 마르크스가 리온 필리프스에게 보낸 편지.

7. Ebd., S. 417.

8. *Payne*, S. 355.

9. *Mohr & General*, S. 232.

10. *MEW* XXXI, S. 417. 마르크스가 카를 클링그스에게 보낸 편지.

11. Ebd.

12. Ebd., S. 10.

13. *MEW* XVI, S. 13.

14. *MEW* XXXI, S. 591. 예니가 루트비히 쿠겔만에게 보낸 편지.

15. Ebd., S. 418. 마르크스가 카를 클링그스에게 보낸 편지.

16. Mai 1865 Jenny an Frau Liebknecht, IISG, Amsterdam.

17. Ebd.

18. Ebd.

19. Ebd.

20. *MEW* XXXI, S. 133. 마르크스가 엥겔스에게 보낸 편지.

21. Ebd., S. 123.

22. Ebd., S. 139.

23. Ebd., S. 140.

24. Ebd., S. 583.

25. Ebd., S. 342.

26. Ebd., S. 151.

27. Ebd.

28. Die Töchter von Karl Marx. Unveröffenlichte Briefe, Köln 1981, S. 6. (이하 *Die Töchter von Karl Marx*)

29. Ebd., S. 30.

30. Ebd.

31. *MEW* XXXI, S. 593. 예니가 엥겔스에게 보낸 편지.

32. Kapp I. S. 298.

33. Ebd., 74.

34. Ebd.

35. MEW XXXII, S. 692. 예니가 필리프 벡커에게 보낸 편지.

36. Ebd.

37. Ebd., S. 43.

38. Ebd.

39. *MEW* XXXI, S. 227.

40. Ebd.

41. *MEW* XVI, S. 549.

42. *MEW* XXXI, S. 262.

43. *MEW* XXXI, S. 217.

44. *MEW* XVI, S. 510. 예니가 필리프 벡커에게 보낸 편지.

45. Ebd.

46. Ebd.

47. Ebd., S. 511.

48. Ebd., S. 439.

49. Ebd., S. 568.

50. Ebd., S. 579.

51. Ebd., S. 581.

52. *MEW* XXXII, S. 703. 예니가 루트비히 쿠겔만에게 보낸 편지.

53. Ebd.

54. Ebd., S. 404. 마르크스가 엥겔스에게 보낸 편지.

55. *MEW* XXXI, S. 290.

56. Ebd.

57. *MEW* XXXI, S. 595.

58. Ebd.

59. Ebd.

60. *MEW* XXXII, S. 533.

61. Ebd., S. 686.

62. Ebd., S. 705. 예니가 엥겔스에게 보낸 편지.

63. Ebd.

64. Ebd.

65. Ebd., S. 714.

66. Ebd.

67. Ebd.

68. *MEW* XXXI, S. 290. 마르크스가 엥겔스에게 보낸 편지.

69. *MEW* XXXIII, S. 675.

70. *Ebd.*

71. *MEW* XVII, S. 6.

72. Ebd.

73. Ebd., S. 362.

74. Ebd.

75. Ebd.

76. *MEW* XXXIII, S. 238.

77. Ebd.

78. Ebd., S. 686.

79. *MEW* XVII, S. 371. 마르크스가 《스탠더드(Standard)》편집자에게 보낸 편지.

80. Ebd., S. 366. 마르크스가 《펠 멜 가제트》편집자에게 보낸 편지.

81. *MEW* XXXIII, S. 681. 예니가 페터 이만트에게 보낸 편지.

82. *Archiv für Sozialgeschchte*, S. 245.

83. *Hugo Ball*, S. 204.

84. *MEW* XVIII, S. 22.

85. *MEW* XXXIII, S. 702. 예니가 리프크네히트에게 보낸 편지.

86. Ebd.

12장 사라져간 혁명가들

1. *MEW* XXXIII, S. 505.

2. *Mohr & General*, S. 310.

3. Ebd., S. 311.

4. *MEW* XVIII, S. 161.

5. *Mohr & General*, S. 312.

6. Kapp I. S. 153.

7. *MEW* XXXIII, S. 703. 예니가 리프크네히트에게 보낸 편지.

8. *Die Töchter von Karl Marx*, S. 159.

9. *Mohr & General*, S. 288.

10. Ebd.

11. MEW XXXIV, S. 52.

12. Shakespeare Jahrbuch, Bd. 105, 1969. S. 55.

13. Ebd., S. 65.

14. Ebd., S. 66.

15. Ebd., S. 67.

후기

1. *MEW* XXXV, S. 248. 프리드리히 아돌프 조르게에게 보낸 편지.

2. Ebd., S. 249.

3. Ebd., S. 242. 큰딸 예니에게 보낸 편지

레드 예니

— 카를 마르크스와 함께한 삶, 예니 마르크스 평전

초판 1쇄 펴낸날   2015년 5월 28일

지은이   하인츠 프레데릭 페터스
옮긴이   김보성 강상미 김현식 이현진 백선웅
펴낸이   박재영
편집   양선화 강곤
디자인   나윤영

펴낸곳   도서출판 오월의봄
주소   413-841 경기도 파주시 탄현면 참매미길 194-9
등록   제406-2010-000111호
전화   070-7704-2131
팩스   0505-300-0518

이메일   maybook05@naver.com
트위터   @oohbom
블로그   blog.naver.com/maybook05
페이스북   facebook.com/maybook05

ISBN   978-89-97889-62-4 03300